HARRO-JÜRGEN REJEWSKI

Die Pflicht zur politischen Treue im preußischen Beamtenrecht (1850 - 1918)

Schriften zur Rechtsgeschichte

Heft 4

Die Pflicht zur politischen Treue im preußischen Beamtenrecht (1850 - 1918)

Eine rechtshistorische Untersuchung anhand von Ministerialakten aus dem Geheimen Staatsarchiv der Stiftung Preußischer Kulturbesitz

Von

Dr. Harro-Jürgen Rejewski

DUNCKER & HUMBLOT / BERLIN

Gedruckt 1973 bei Buchdruckerei Bruno Luck, Berlin 65
Printed in Germany
ISBN 3 428 02913 5

Vorwort

An einer auf Aktenmaterial beruhenden rechtshistorischen Untersuchung über die politische Treuebindung des Beamten in Preußen während der Zeit der konstitutionellen Monarchie hat es, soweit ersichtlich, bislang gefehlt. Mit der vorliegenden Schrift, die im Frühjahr 1972 von der Juristischen Fakultät der Bayerischen Julius-Maximilians-Universität Würzburg als Dissertation angenommen wurde, soll versucht werden, diese Lücke zu schließen. Zugleich soll damit die Basis an rechtshistorischen Materialien für die in der Gegenwart geführte Diskussion über Inhalt und Grenzen der politischen Treuepflicht des Beamten verbreitert werden, in der Hoffnung, die Erkenntnisbildung hinsichtlich der auf diesem Gebiet gegenwärtig anstehenden Fragen fördern zu helfen.

Meinem hochverehrten Lehrer, Herrn Prof. Dr. Günther Küchenhoff, bin ich zu aufrichtigem Dank für die wissenschaftliche Betreuung der Arbeit verpflichtet.

Dank schulde ich des weiteren allen, die von seiten des Geheimen Staatsarchivs der Stiftung Preußischer Kulturbesitz in Berlin-Dahlem die Durchführung der vorliegenden Arbeit durch freundliches Entgegenkommen gefördert haben, insbesondere dem Direktor des Geheimen Staatsarchivs, Herrn Dr. Zimmermann, dem Wissenschaftlichen Direktor i. R., Herrn Dr. Branig, und Herrn Archivinspektor Struckmann.

Schließlich danke ich dem Inhaber des Verlages Duncker & Humblot, Herrn Ministerialrat a. D. Dr. Johannes Broermann, für die Aufnahme der Schrift in sein Verlagsprogramm und sein großzügiges Entgegenkommen bei der Übernahme des Druckes.

Berlin-Zehlendorf, im Herbst 1972

Harro-Jürgen Rejewski

Inhaltsverzeichnis

Erster Teil

Zweiter Teil

Dritter Teil

Abkürzungen

a.a.O.	am angegebenen Ort
ADB	Allgemeine Deutsche Biographie, auf Veranlassung Seiner Majestät des Königs von Bayern herausgegeben durch die Historische Commission bei der Königlichen Akademie der Wissenschaften, Leipzig 1875—1912
ALR	Allgemeines Landrecht für die preußischen Staaten vom 5. Februar 1794 (Zitiert nach §, Teil und Titel; benutzt wurde die 1804 in Berlin bei Gottfried Carl Nauck erschienene vierbändige Textausgabe.)
AöR	Archiv des öffentlichen Rechts
a.u.s.	actum ut supra
BGBl.	Bundesgesetzblatt
BRRG	Beamtenrechtsrahmengesetz vom 1. Juli 1957 (BGBl. I S. 667), jetzt in der Fassung vom 22. Oktober 1965 (BGBl. I S. 1753)
cr.	currentis
d.d.	de dato
Diss.	Dissertation
DJZ	Deutsche Juristenzeitung
d.M., d.Mts.	dieses Monats
DÖV	Die öffentliche Verwaltung
Ew.	Euer, Eure, Eurer
GG	Grundgesetz für die Bundesrepublik Deutschland vom 23. Mai 1949 (BGBl. S. 1)
GS	Gesetz-Sammlung für die Königlichen Preußischen Staaten (ab 1907: Preußische Gesetzsammlung)
GStA	Geheimes Staatsarchiv der Stiftung Preußischer Kulturbesitz, Berlin-Dahlem
JM	Preußisches Justizministerium
JMBl.	Justiz-Ministerialblatt für die Preußische Gesetzgebung und Rechtspflege
MBliV	Ministerial-Blatt für die gesamte innere Verwaltung in den Königlich Preußischen Staaten
p., pp.	und so weiter
PrOVG	Entscheidungen des Königlich Preußischen Oberverwaltungsgerichts
PrVBl.	Preußisches Verwaltungsblatt
PrVerf. 1848	Verfassungsurkunde für den Preußischen Staat vom 5. Dezember 1848 (GS S. 375); sog. oktroyierte Verfassung

PrVerf. 1850	Verfassungsurkunde für den Preußischen Staat vom 31. Januar 1850 (GS S. 17); sog. revidierte Verfassung
R	Rückseite
Reichs- und Staatsanzeiger	Deutscher Reichs-Anzeiger und Königlich Preußischer Staatsanzeiger
Rep.	Repositur
RGBl.	Reichsgesetzblatt
StenBer. AH	Stenographische Berichte über die Verhandlungen des Preußischen Hauses der Abgeordneten (bis 1901 unter dem Titel: Stenographische Berichte über die Verhandlungen der durch die Allerhöchste Verordnung vom . . . einberufenen beiden Häuser des Landtages; Haus der Abgeordneten)
StenBer. HH	Stenographische Berichte über die Verhandlungen des Preußischen Herrenhauses (bis 1898 unter dem Titel: Stenographische Berichte über die Verhandlungen der durch die Allerhöchste Verordnung vom . . . einberufenen beiden Häuser des Landtages [bzw. Landtages der Monarchie]; Herrenhaus)
StenBer. RT	Stenographische Berichte über die Verhandlungen des Deutschen Reichstages
StM	Preußisches Staatsministerium
v.J.	vorigen Jahres
v.M., v.Mts.	vorigen Monats
z.D.	zur Disposition

Im übrigen wurden die allgemein bekannten Abkürzungen verwendet.

Zitierweise der Akten:

Akten des Preußischen Staatsministerium = Akten des StM,
Akten des Preußischen Justizministeriums = Akten des JM,
jeweils mit Zusatz von Akten- und gegebenenfalls Blattnummer. Die zugehörige Archivangabe (GStA) und Repositurbezeichnung (Rep. 90 bzw. Rep. 84a) sind in Zitaten weggelassen.

Hinweis zur Quellenwiedergabe:

Bei Quellenzitaten innerhalb des fortlaufenden Textes sind Interpunktion und Orthographie auf den modernen Stand gebracht, wobei jedoch die in der Monarchie gebräuchliche Großschreibung auf den Monarchen bezogener Adjektive und Pronomina beibehalten wurde.

Erster Teil

Die juristischen und historischen Grundlagen

1. Der Staatsdiener zwischen Beamtenpflicht und Staatsbürgerrecht

(Zu Gegenstand und Ziel der Arbeit)

Die besondere Treuepflicht des Beamten gegenüber seinem Dienstherrn ist eines der Wesensmerkmale des Beamtenverhältnisses[1]. Diese Treuepflicht, die den ethischen Charakter des Beamtenverhältnisses prägt[2], ist keine feststehende Größe, sondern ein Beamtenrechtsbestandteil mit veränderlichen Grenzen[3], dessen Inhalt von der jeweiligen Staatsform und der damit verbundenen Rechtsordnung bestimmt wird. Hieraus erklärt es sich, daß die beamtenrechtliche Treuepflicht eine eigene, wandlungsvolle Geschichte aufzuweisen hat.

Am nachhaltigsten hat sich auf die Treuepflicht der im 19. Jahrhundert vollzogene Übergang vom Absolutismus zum Verfassungsstaat konstitutioneller Prägung ausgewirkt[4]. Mit diesem historischen Einschnitt trat ein neuer, rechtlich problematischer Aspekt der Treuepflicht hervor: Es war die Frage, inwieweit die Treuepflicht dem Beamten bei der Beteiligung am allgemeinen politischen Leben im Vergleich zu den übrigen Staatsbürgern besondere Beschränkungen auferlege.

Im absolut regierten Staat hatte sich diese Frage als Rechtsproblem nicht stellen können, da die Gestaltung der politischen Verhältnisse

---

[1] Vgl. die Legaldefinition in § 2 Abs. 1 BRRG: „Der Beamte steht zu seinem Dienstherrn in einem öffentlich-rechtlichen Dienst- und Treueverhältnis (Beamtenverhältnis)."

[2] W. *Fürst*, Beamtenrecht, Stuttgart 1968, S. 65; vgl. auch *Paul Laband*, Das Staatsrecht des Deutschen Reiches, 5. Aufl., 1. Bd., Tübingen 1911, S. 459.

[3] Hierzu *Ulrich Scheuner*, Politische Betätigung von Beamten gegen die freiheitliche demokratische Grundordnung, in: Politische Treupflicht im öffentlichen Dienst, Drei Gutachten, hrsg. vom Deutschen Bund für Bürgerrechte, Frankfurt a. M. 1951, S. 73.

[4] Zum Folgenden: *Albert Lotz*, Geschichte des Deutschen Beamtentums, 2. Aufl., Berlin 1914, S. 434; *Wilhelm Kahl*, Beamter, Volk, Staat, Vortrag gehalten am 10. Februar 1918 anläßlich der erweiterten Tagung des Verbandes Deutscher Beamtenvereine in Berlin, veröffentlicht im Sitzungsbericht dieser Tagung, Exemplar des Sitzungsberichts in den Akten des StM Nr. 2324 Bl. 256 ff.

allein in der Hand des Monarchen lag und die Untertanen, mithin auch die Beamten keine politischen Mitspracherechte besaßen. Unter diesen Gegebenheiten stellte sich jede politische Willenskundgebung eines Staatsbürgers von vornherein als Eingriff in fremde, allein der Obrigkeit vorbehaltene Befugnisse dar. Folglich war der absolute Herrscher auch völlig frei in der Festlegung dessen, was an politischer Betätigung bei Beamten als Verletzung der Treuepflicht zu gelten habe.

Im konstitutionellen Staat verfügten die Bürger dagegen in gewissem Umfang über das verfassungsmäßig verbriefte Recht, die politische Lebensordnung mitzugestalten, ohne an Richtlinien oder Anschauungen der Staatsführung gebunden zu sein. Dementsprechend konnten auch die Grenzen für die politische Betätigung von Beamten nicht mehr nach freiem Belieben festgelegt werden. Stattdessen galt es nunmehr, widerstreitende Interessen gegeneinander abzuwägen. Eine Verletzung der Treuepflicht konnte jetzt nur noch festgestellt werden nach Abwägung des Anspruchs des Dienstherrn auf berufliche Hingabe gegen den Anspruch des Beamten auf staatsbürgerliche Mitwirkung am politischen Leben. Die juristische Wertentscheidung zwischen diesen beiden konkurrierenden Rechtsgütern bestimmte fortan den politischen Gehalt der beamtenrechtlichen Treuepflicht. So trat der Staatsdiener mit dem Übergang vom Absolutismus zum Verfassungsstaat in ein Spannungsfeld zwischen Beamtenpflicht und Staatsbürgerrecht.

Mit der vorliegenden Arbeit soll die Entwicklung und Lösung dieses Spannungsverhältnisses in Preußen untersucht werden und dargestellt werden, wie die politische Komponente der dem Beamtenverhältnis immanenten Treuepflicht in Preußen von den für die Gestaltung des Beamtenrechts verantwortlichen Kräften bis zum Untergang der konstitutionellen Monarchie aufgefaßt worden ist und mit welchen Mitteln man der jeweiligen Auslegung Geltung verschaffte.

Da die historischen Verhältnisse in Preußen nicht mit den Mitteln der modernen Beamtenrechtsdogmatik angesprochen werden können, bedarf es einer Erläuterung des der Arbeit zugrundeliegenden Beamtenbegriffs: Zu den Beamten zählt die vorliegende Untersuchung alle außerhalb des militärischen Bereichs nicht nur vorübergehend im unmittelbaren oder mittelbaren Staatsdienst stehenden Personen mit Ausnahme der Minister, Richter, Hofchargen und der auf Grund privatrechtlichen Vertrags tätigen Staatsbediensteten. Die Rechtsverhältnisse der unmittelbaren Staatsbeamten, namentlich der Beamtenschaft in den Ministerien und Provinzialbehörden sowie der Landräte, werden im Mittelpunkt der Untersuchung stehen.

2. Die preußischen Beamtengesetze

a) Die Entwicklung bis zum Erlaß des Allgemeinen Landrechts

Die grundlegenden Voraussetzungen für die Entstehung eines Berufsbeamtentums im neuzeitlichen Sinne hat in Brandenburg-Preußen der Große Kurfürst geschaffen[5]. Er führte die Institution des stehenden Heeres ein und baute, um dessen Unterhalt sicherzustellen, zugleich eine den Gesamtstaat erfassende, zentralisierte Verwaltungsorganisation auf. Mit diesen Neuerungen drängte er allmählich das überkommene, hauptsächlich vom Adel getragene, landständische Verwaltungssystem zurück, das sich der zentralen Kontrolle entzogen und ein Bild der Zersplitterung geboten hatte. Die Überwindung des landschaftlichen Sondergeistes durch den Ausbau der Zentralgewalt war ein Sieg der neuaufgekommenen Staatsauffassung des fürstlichen Absolutismus und der Ausgangspunkt für die Heranbildung eines modernen, staatsbewußten Beamtentums.

Als der eigentliche Begründer des preußischen Berufsbeamtentums wird allgemein Friedrich Wilhelm I. angesehen[6]. Er legte die bislang nebeneinanderbestehenden, rivalisierenden Zivil- und Militärbehörden unter der zentralen Führung eines Generaldirektoriums zusammen[7] und schuf dadurch die äußere Grundlage für einen wirkungsvollen Einsatz der Verwaltungsbeamten, deren Arbeitskraft bis dahin häufig von unergiebigen verwaltungsinternen Auseinandersetzungen in Anspruch genommen worden war. Beinahe wichtiger als diese organisatorische Neuordnung war der Einfluß, den Friedrich Wilhelm I. auf die innere Haltung der Beamtenschaft ausübte. Er führte für den gesamten Amtsbetrieb bis ins einzelne gehende Dienstvorschriften ein, deren Einhaltung er ständig scharf überwachte. Auf diese Weise erzog er die ihm unterstehenden Bediensteten zu Pünktlichkeit, Diensteifer, Sparsamkeit, Pflichttreue und uneigennütziger Gewissenhaftigkeit und prägte damit das typische Bild des für diese Eigenschaften bekannten preußischen Beamten.

---

[5] Zum Folgenden: *Lotz* S. 101 ff.; *Richard Dietrich*, Kleine Geschichte Preußens, Berlin 1966, S. 36 ff.; *Fritz Hartung*, Deutsche Verfassungsgeschichte vom 15. Jahrhundert bis zur Gegenwart, 8. Aufl., Stuttgart 1966, S. 102 ff.; *Hans-Joachim Schoeps*, Preußen, Geschichte eines Staates, 8. Aufl., Berlin 1968, S. 33 ff.

[6] Vgl. *Lotz* S. 148; *Hans Helfritz*, Grundzüge des Beamtenrechts, Berlin, Wien 1929, S. 16; *Fritz Hartung*, Studien zur Geschichte der preußischen Verwaltung, in: Staatsbildende Kräfte der Neuzeit, Gesammelte Aufsätze von Fritz Hartung, Berlin 1961, S. 223; *Schoeps* S. 52 f.

[7] Hierzu und zum Folgenden: *Lotz* S. 175 ff., 148 ff.; *Hartung*, Studien, S. 190 ff., 223; *Schoeps* S. 50 ff.

Der rechtliche Status der Beamtenschaft wurde in jener Zeit von privatrechtlichen Anschauungen bestimmt. Die Beamten galten als Privatbediente des Königs und nicht etwa als Diener des Staatsganzen[8]. Augenfällig wurde dies in der damals gebräuchlichen Bezeichnung des Staatsdienstes als „travailler pour le roi de Prusse"[9]. Die privatrechtlich beeinflußte Auffassung des Beamtenverhältnisses hatte zur Folge, daß diejenige Garantie, mit deren Ausgestaltung die Macht des Beamtentums steht und fällt, nämlich der Schutz vor willkürlicher Entlassung, noch unentwickelt war[10]. Zwar bürgerte es sich schon unter dem Großen Kurfürsten ein, daß dem Beamten in der Anstellungsurkunde zugesichert wurde, er dürfe „nicht ungehört" aus seinem Amt entlassen werden. Doch bot diese Klausel keinen nennenswerten Schutz, da es noch kein geordnetes, ein Mindestmaß an Objektivität gewährleistendes Entlassungsverfahren gab. Unbeeindruckt von der gegenteiligen Rechtsauffassung des Reichskammergerichts und einiger juristischer Fakultäten, die den Fürsten das Recht abgesprochen hatten, ihre Beamten willkürlich zu entlassen, hielten sich die Herrscher in Brandenburg-Preußen lange Zeit hindurch für berechtigt, ihnen unerwünscht gewordene Beamte ganz nach Belieben aus dem Dienst zu entfernen[11].

Eine Verbesserung für die Lage des Beamtenstandes bahnte sich erst mit dem Wandel des monarchischen Selbstverständnisses unter Friedrich dem Großen an[12]. Nachdem dieser, getragen von den Ideen des aufgeklärten Absolutismus, in sich selbst nicht mehr die Verkörperung, sondern den ersten Diener des preußischen Staates erblickt hatte, konnte auch die Beamtenschaft nicht länger in ihrem privatrechtlich gedachten Abhängigkeitsverhältnis verharren. Die Wandlung des Landesherrn vom absoluten Monarchen zum bewußten Staatsorgan mußte zur Folge haben, daß die bisherigen Privatbedienten des Königs zu den mit öffentlichrechtlichem Status ausgestatteten Dienern des Staatsganzen wurden. Dieser Übergang vom Fürstendiener privatrechtlich beeinflußter zum Staatsdiener öffentlich-rechtlicher Prägung vollzog sich allerdings nicht schlagartig, sondern im Laufe eines längeren Entwicklungsvorgangs.

---

[8] *Friedrich Giese*, Das Berufsbeamtentum im deutschen Volksstaat, Berlin 1929, S. 11; *Hartung*, Verfassungsgeschichte, S. 118; *Erwin Schütz*, Disziplinarrecht des Bundes und der Länder, dargestellt an der Disziplinarordnung des Landes Nordrhein-Westfalen, unter Berücksichtigung der Abweichungen der Disziplinar-(Dienststraf-)ordnungen des Bundes und der anderen Länder, Bielefeld 1964, S. 47.

[9] *Lotz* S. 160.

[10] Zum Nachstehenden siehe *Lotz* S. 132 ff.

[11] *Lotz* S. 132, 206; *Hartung*, Studien, S. 249.

[12] Hierzu: *Giese*, Berufsbeamtentum, S. 11 f.; *Schütz* S. 47.

b) Das Allgemeine Landrecht

Auf gesetzlichem Gebiet wurde der sich abzeichnende Statuswandel des Beamtentums erstmalig an den Bestimmungen des Preußischen Allgemeinen Landrechts vom 5. Februar 1794 spürbar. Dieses Gesetzbuch enthielt in seinem zweiten Teil die erste zusammenfassende Regelung einiger wichtiger Grundfragen des Beamtenrechts[13]. Im 10. Titel war allgemein „Von den Rechten und Pflichten der Diener des Staates" die Rede, während der 8. Abschnitt des 20. Titels unter der Überschrift „Von den Verbrechen der Diener des Staates" stand.

Das Allgemeine Landrecht unterteilte die Staatsdiener nach ihrem Tätigkeitsbereich in „Zivil-" und „Militärbediente"[14]. Gemeinsam für beide Gruppen wurde zu Beginn des 10. Titels unter der Überschrift „Allgemeine Grundsätze" festgestellt[15]:

§ 1 Militär- und Zivilbediente sind vorzüglich bestimmt, die Sicherheit, die gute Ordnung und den Wohlstand des Staates unterhalten und befördern zu helfen.

§ 2 Sie sind außer den allgemeinen Untertanenpflichten dem Oberhaupte des Staates besondere Treue und Gehorsam schuldig.

§ 3 Ein jeder ist nach der Beschaffenheit seines Amtes und nach dem Inhalt seiner Instruktion dem Staate noch zu besonderen Diensten durch Eid und Pflicht zugetan.

In der Abteilung, die allein den Zivilbeamten gewidmet war[16], bestimmte § 69:

„Dergleichen Beamte stehen entweder in unmittelbaren Diensten des Staates oder gewisser demselben untergeordneter Kollegien, Korporationen und Gemeinen."

Damit wurde in einer Rechtsnorm klargestellt, was schon durch den Eingang der Bezeichnung „Staatsdiener" in die Gesetzessprache deutlich geworden war: Der Beamte war nicht mehr Bedienter des Monarchen, sondern Inhaber eines staatlichen Amts.

Dessenungeachtet hielt sich in der Staatsrechtslehre allerdings noch lange die Auffassung, das Beamtenverhältnis beruhe auf einem privatrechtlichen Vertrag. Daß dies nicht der Fall sei, sondern daß das Beamtenverhältnis im öffentlichen Recht verwurzelt sei, wurde erstmals von Nicolaus Thaddäus Gönner zum Ausdruck gebracht und zwar in seinem im Jahre 1808 in Landshut erschienenen, richtungweisenden

---

[13] II, 10 und 20, Abschnitt 8 ALR.

[14] § 68, II, 10 ALR.

[15] §§ 1—3, II, 10 ALR.

[16] §§ 68 ff., II, 10 ALR.

Werk „Der Staatsdienst aus dem Gesichtspunkt des Rechts und der Nationalökonomie betrachtet“[17]. Doch brauchte diese Rechtsansicht noch bis zur Mitte des 19. Jahrhunderts, um die ältere Anschauung vollends zurückzudrängen[18].

Die in dem „Von den Verbrechen der Diener des Staates“ überschriebenen Abschnitt des Allgemeinen Landrechts[19] aufgeführten Delikte lassen noch jegliche Unterscheidung zwischen wirklichen Straftaten im Amt und bloßen Disziplinarvergehen vermissen[20]. Eine Bestimmung über politische Verfehlungen war in dem Deliktskatalog nicht enthalten. Doch konnte politische Unbotmäßigkeit von Beamten nach der allgemeinen Ahndungsnorm des § 333, II, 20 in Verbindung mit dem die besondere Treuepflicht der Beamten statuierenden § 2, II, 10 ALR verfolgt werden[21].

In der die Beamtenschaft besonders bewegenden Frage des Schutzes vor willkürlicher Entlassung durch den Landesherrn brachte das Allgemeine Landrecht trotz seiner modernen Auffassung des Staatsdienstes den Beamten nicht die erhoffte Lösung. Die von Svarez ursprünglich in den Gesetzentwurf aufgenommene Bestimmung[22] „Kein Zivilbedienter soll des ihm einmal anvertrauten Amtes ohne Urteil und Recht[23] wieder entsetzt werden“ mußte auf Veranlassung Friedrich Wilhelms II. gestrichen werden, da dieser befürchtete, durch eine derartige Regelung in der freien Wahl seiner Diener eingeschränkt zu werden[24]. Nur für Richter gelang es, die hinsichtlich ihres Geltungsbereichs allerdings umstrittene Vorschrift einzuführen „Wer ein richterliches Amt bekleidet, kann nur bei den vorgesetzten Gerichten oder Landeskollegien wegen seiner Amtsführung belangt, in Untersuchung genommen, bestraft oder

---

[17] Siehe ebenda S. 83 ff.

[18] Anderer Ansicht als Gönner noch 1844 *Heinrich Simon* in seinem in Breslau erschienenen Werk „Das Preußische Staatsrecht“, Bd. 1, S. 293.

[19] §§ 323 ff., II, 20, Abschnitt 8 ALR.

[20] Näheres: *Paul von Rheinbaben,* Die preußischen Disziplinargesetze, 2. Aufl., Berlin 1911, S. 1 f.; *Schütz* S. 49 ff.

[21] § 333, II, 20 ALR lautete: „Wer den Vorschriften seines Amts vorsätzlich zuwiderhandelt, der soll sofort kassiert, außerdem nach Beschaffenheit des Vergehens und des verursachten Schadens mit verhältnismäßiger Geld-, Gefängnis- oder Festungsstrafe belegt und zu allen fernern öffentlichen Ämtern unfähig erklärt werden.“

[22] Abgedruckt bei *Adolf Stölzel,* Brandenburg-Preußens Rechtsverwaltung und Rechtsverfassung, dargestellt im Wirken seiner Landesfürsten und obersten Justizbeamten, Bd. 2, Berlin 1888, S. 301.

[23] „Recht“ ist hier gleichbedeutend mit „Gericht“, so *Stölzel* ebenda.

[24] *Stölzel* S. 316 f. — Zum Vorstehenden auch: *Hartung,* Studien, S. 225; *Bernhard Steinbach,* Die politische Freiheit der Beamten unter der konstitutionellen Monarchie in Preußen und im Deutschen Reich, Diss., Bonn 1962, S. 22.

seines Amts entsetzt werden"[25]. Mit dieser Sonderregelung wurde eine unterschiedliche Behandlung der Richter und Verwaltungsbeamten eingeleitet, die im Laufe der Zeit das richterliche Statusrecht aus dem allgemeinen Beamtenrecht herauslöste und verselbständigte[26].

Den Verwaltungsbeamten brachte das Allgemeine Landrecht wenigstens insofern eine Besserstellung, als das Entlassungsverfahren erstmalig durch Gesetz förmlich festgelegt und mit gewissen Garantien ausgestattet wurde. Der entsprechende Passus des Gesetzes hatte folgenden Wortlaut[27]:

§ 98 Kein Vorgesetzter oder Departementschef kann einen Zivilbedienten wider seinen Willen einseitig entsetzen oder verabschieden.

§ 99 Vielmehr muß er, wenn die Verabschiedung nötig befunden wird, den Beamten mit seiner Erklärung oder Verantwortung darüber ordnungsmäßig hören und die Sache zum Vortrage im versammelten Staatsrate[28] befördern.

§ 100 Was dieser durch die Mehrheit der Stimmen beschließt, dabei hat es lediglich sein Bewenden.

§ 101 Doch muß bei Bedienungen, zu welchen die Bestellung von dem Landesherrn selbst vollzogen wird[29], ein auf Entsetzung oder Entlassung ausgefallener Beschluß des Staatsrats jedesmal dem Landesherrn zur unmittelbaren Prüfung und Bestätigung vorgelegt werden.

Die Regelung des Staatsdienstes im Allgemeinen Landrecht war für die damaligen Verhältnisse bahnbrechend. Sie war aber auch mit den typischen Schwächen behaftet, die gewöhnlich dann auftreten, wenn sich der Gesetzgeber auf Neuland begibt. Der Hauptfehler war die Lückenhaftigkeit[30]. Dadurch, daß in ihm nur Teilfragen des Beamtenwesens und auch diese nicht einmal erschöpfend geregelt waren, konnte das Allgemeine Landrecht niemals die ihm zugedachte Rolle eines Grundgesetzes für den Staatsdienst übernehmen. Vielmehr mußten weitere Rechtsnormen ergänzend hinzutreten, um die Materie voll zu erfassen. Damit war die Gefahr der Unübersichtlichkeit und Rechtszersplitterung heraufbeschworen. Die preußische Regierung hätte sie abwenden

---

[25] § 99, II, 17 ALR (auf diese Norm verwies § 103, II, 10 ALR). — Zweifelhaft war, ob die Bestimmung allgemein für alle Richter oder nur für die Patrimonialrichter (hierzu § 23, II, 17 ALR) gelten sollte, um diese vor der Willkür des die Gerichtshoheit ausübenden Gutsherrn zu schützen (Näheres: *Stölzel* S. 316 f.; *Steinbach* S. 22), und ob die Bestimmung auch für die Ahndung außeramtlicher Verfehlungen Bedeutung habe (siehe hierzu *Hans Schneider*, Der preußische Staatsrat 1817—1918, Ein Beitrag zur Verfassungs- und Rechtsgeschichte Preußens, München und Berlin 1952, S. 174 ff.).

[26] Hierzu *Stölzel* S. 316.

[27] §§ 98—101, II, 10 ALR.

[28] Unter „Staatsrat" war hier die Vereinigung aller Minister zu verstehen, vgl. *Stölzel* S. 316, 306.

[29] Dies war immer bei höheren Beamten üblich, vgl. *Lotz* S. 206.

[30] Vgl. die kritische Stellungnahme von *Gönner*, S. 15.

können, wenn sie dem Beispiel anderer deutscher Länder gefolgt wäre und das Mosaik der beamtenrechtlichen Vorschriften durch eine eigenständige Kodifikation des gesamten Beamtenrechts abgelöst hätte. Vorbild hätte insbesondere die Königlich Bayerische Hauptlandespragmatik über die Dienstverhältnisse der Staatsdiener vom 1. Januar 1805[31] sein können. Offenbar scheute man sich aber in Preußen, schon nach kurzer Zeit einen im Allgemeinen Landrecht mitbehandelten Gegenstand völlig neu zu ordnen. Eine solche Maßnahme hätte, wenn sie auch nur durch die Unzulänglichkeit des Preußischen Landrechts auf einem Teilbereich veranlaßt war, den Wert des gesamten Gesetzbuchs in Frage stellen können. In dieser Lage hielt man lieber daran fest, das Vorhandene durch ergänzende Einzelregelungen auf den Stand der Zeit zu bringen. Die hierdurch eintretende Zerrissenheit des Beamtenrechts wurde auch später niemals mehr überwunden[32].

c) *Die Reformen in der Zeit des Spätabsolutismus*

Die weitere Entwicklung des preußischen Beamtenrechts, die angesichts seiner zunehmenden Verästelung[33] hier nur noch in den Hauptzweigen verfolgt werden soll, brachte vor allem in der Gestaltung des Verfahrens bei unfreiwilliger Entlassung wesentliche Neuerungen.

Durch Kabinettsorder vom 12. April 1822[34] wurde zwecks Bekämpfung sogenannter „demagogischer Umtriebe" ein vereinfachtes Verfahren zur Entlassung von Geistlichen[35] und Jugendlehrern eingeführt, in dem der Kultusminister weitreichende Entscheidungsbefugnisse erhielt. — In derselben Kabinettsorder wurde mit Wirkung für die übrige Beamtenschaft verfügt, daß der Staatsrat künftig nur noch bei der Amtsenthebung der höheren, vom König selbst bestallten Beamten als Beschlußorgan zu fungieren habe, während die Entscheidung über die Entlassung solcher Beamten, deren Anstellungsurkunde nicht vom König selbst vollzogen worden war, allein dem Staatsministerium zu-

---

[31] Abgedruckt bei *Gönner*, Anhang, S. III ff.

[32] Vgl. *Eberhard Schmidt*, Rechtsentwicklung in Preußen, 2. Aufl., Berlin 1929, S. 47.

[33] Einen Eindruck von der Fülle der beamtenrechtlichen Zweifelsfragen, die als Folge mangelhafter gesetzlicher Koordination auftraten, vermitteln insbesondere die Akten des StM Nr. 640—642.

[34] Kabinettsorder vom 12. April 1822 betreffend das Verfahren bei Amtsentsetzung der Geistlichen und Jugendlehrer wie auch anderer Staatsbeamten (GS S. 105).

[35] Geistliche hatten in Preußen zeitweilig Beamtenstatus, vgl. hierzu *H. A. Mascher*, Der Preußische Civil-Staatsdienst oder systematische Darstellung der Rechte und Pflichten der unmittelbaren und mittelbaren Civil-Beamten in Preußen, Ein Handbuch für die Preußischen Civil-Staatsdiener aller Klassen und alle Die, welche solche werden wollen, 2. Aufl., Leipzig 1863, S. 3.

gewiesen wurde. Damit fiel ein großer Teil der bislang dem Staatsrat vorbehaltenen Angelegenheiten nunmehr dem Staatsministerium zu, das sich für die Behandlung dieser neuen Aufgaben eine förmlich ausgestaltete Verfahrensordnung schuf, die in einer weiteren Kabinettsorder vom 21. Februar 1823 niedergelegt wurde[36]. Die Tatsache, daß diese Übertragung von Kompetenzen des Staatsrats auf das Staatsministerium in derselben Kabinettsorder verfügt wurde wie die erklärtermaßen politisch motivierte Einrichtung eines vereinfachten Entlassungsverfahrens für Geistliche und Jugendlehrer, legt die Annahme nahe, daß die Zuständigkeitsverlagerung vom Staatsrat auf das Staatsministerium gleichfalls dazu dienen sollte, die Verfolgung politisch unliebsamer Staatsdiener zu erleichtern[37]. Tatsächlich bestand zwischen den beiden in der Kabinettsorder vom 12. April 1822 geregelten Gegenständen jedoch nur ein äußerlicher Zusammenhang. Der Grund für die Übertragung von Aufgaben des Staatsrats auf das Staatsministerium war unpolitischer, rein verwaltungstechnischer Natur. Es ging lediglich darum, den Staatsrat von unbedeutenden Alltagsgeschäften zu entlasten[38], nachdem er durch die Stein-Hardenbergschen Reformen zu einem vielköpfigen Ratskollegium umgestaltet worden war[39] und die Funktion als Ministerversammlung an das neugebildete Staatsministerium[40] abgegeben hatte.

Ein zusätzlicher Weg, Beamte ohne ihr Einverständnis aus ihrem Amt zu entfernen, wurde durch die Kabinettsorder vom 16. August 1826[41] eingerichtet, die in Ergänzung des Pensionsreglements vom 30. April 1825[42] ein Verfahren der Zwangspensionierung „wegen mangelhafter

---

[36] Kabinettsorder vom 21. Februar 1823 betreffend das Verfahren bei auf administrativem Wege erfolgenden Dienstentlassungen der Zivilbeamten (GS S. 25); vgl. auch *Lotz* S. 399. — Der umfangreiche Willensbildungsprozeß, der im Staatsministerium der Einigung auf diese Verfahrensordnung vorausging, ist in den Akten des StM Nr. 640 verfolgbar.

[37] So *Steinbach* S. 23; *Hartung*, Studien, S. 242.

[38] Hierzu: Protokoll der am 23. Oktober 1822 abgehaltenen Sitzung des Staatsministeriums (Abschrift in den Akten des StM Nr. 640); ferner *Schneider* S. 158.

[39] Näheres: *Ernst Rudolf Huber*, Deutsche Verfassungsgeschichte seit 1789, Bd. 1, 2. Aufl., Stuttgart, Berlin, Köln, Mainz 1967, S. 156 ff.; *Hartung*, Studien, S. 235; *Lotz* S. 338.

[40] Zur Entstehung des Staatsministeriums: *Huber*, Verfassungsgeschichte, Bd. 1, S. 151 f.; *Franz-Ludwig Knemeyer*, Regierungs- und Verwaltungsreformen in Deutschland zu Beginn des 19. Jahrhunderts, Köln und Berlin 1970, S. 88 ff., 291 ff.; derselbe, Politisches Kabinett und Verwaltungskabinett in Deutschland zu Beginn des 19. Jahrhunderts, Ein Beitrag zur Entwicklung der Ministerialkabinette in Deutschland, in: Die Verwaltung, Bd. 2, 1969, S. 411 ff. (411 ff., 420 ff.).

[41] Ausfertigung in den Akten des StM Nr. 640. — Eine amtliche Publikation unterblieb auf Weisung des Königs.

[42] Text: *Karl Albert von Kamptz* (Hrsg.), Annalen der preußischen innern

Dienstführung und moralischer Gebrechen" einführte. Nunmehr gab es für die preußischen Beamten drei verschiedene Arten des unfreiwilligen Amtsverlustes: 1. die Entlassung durch strafgerichtliches Erkenntnis, 2. die Amtsenthebung ohne Zubilligung von Ruhebezügen im Verwaltungswege und 3. die ebenfalls verwaltungsbehördlich angeordnete zwangsweise Versetzung in den Ruhestand unter Gewährung einer Pension.

Da alle drei Wege kaum voneinander abgegrenzt waren, kam es ständig zu Überschneidungen und Unklarheiten[43], die die Dringlichkeit einer Neuregelung auf diesem Gebiet immer deutlicher werden ließen. Den Anstoß zur Reform gab schließlich Friedrich Wilhelm III. in einer an das Staatsministerium gerichteten Order vom 6. April 1835[44]. Ausgehend von Unklarheiten hinsichtlich des bei der unfreiwilligen Dienstentlassung von Richtern einzuhaltenden Verfahrens[45] beauftragte er das Ministerkollegium, diesen Gegenstand „im Zusammenhange mit der ganzen Materie über den Staatsdienst" legislativ zu beraten und diese Arbeit abgesondert von der damals laufenden allgemeinen Gesetzesrevision[46] voranzutreiben. Obwohl jetzt Gelegenheit gewesen wäre, die Kodifikation des gesamten Beamtenrechts nachzuholen, kam man auch diesmal über Teilregelungen nicht hinaus. Der verantwortliche Minister von Kamptz[47] legte 1837 lediglich den Entwurf für ein Gesetz über das Strafverfahren gegen Beamte vor[48] und trat in den Motiven dazu allen Wünschen nach einem umfassenden Beamtengesetz energisch entgegen[49].

Staatsverwaltung, Bd. 16, Jahrgang 1832, Heft 4, S. 843 ff. — Näheres zum Pensionsreglement: *Hartung*, Studien, S. 235.

[43] Beispielhaft die mit zahlreichen Voten (Akten des StM Nr. 640) diskutierte Frage, ob es zulässig sei, einen durch richterliches Erkenntnis völlig freigesprochenen Beamten im administrativen Wege aufs neue zur Untersuchung zu ziehen.

[44] Abschrift in den Akten des StM Nr. 643.

[45] Einzelheiten: *Schneider* S. 174 ff.

[46] Zur allgemeinen Gesetzesrevision *Huber*, Verfassungsgeschichte, Bd. 2, 2. Aufl., Stuttgart, Berlin, Köln, Mainz 1968, S. 26 f.

[47] Biographisches bei *Huber* ebenda.

[48] Entwurf des Gesetzes über das Strafverfahren gegen Beamte und über die Entlassung und Versetzung derselben im Wege der gerichtlichen oder Disziplinar-Untersuchung mit den Motiven desselben, Als Ergänzung des 21. Abschnitts des revidierten Entwurfes des Strafgesetzbuchs für die Königlichen Preußischen Staaten, Berlin 1837.

[49] a.a.O., S. 14. Es hieß dort: „Noch weiter zu gehen und, wie hin und wieder der Wunsch wohl geäußert worden, die gesamten Verhältnisse der Beamten durch ein umfassendes Gesetz und eine Staatsdienstpragmatik zu regulieren, dazu ist weder im preußischen Staat auch nur das entfernteste praktische Bedürfnis noch in den Wirkungen, welche solche Gesetze in anderen Staaten auf die wohlverstandene größere Sicherheit der Staatsbeamten oder auf ihre Diensterfüllung geäußert haben, irgendein Anreiz vorhanden. Der treue, redliche Staatsdiener hat bei uns eine weit höhere und sichere Garantie, als solche Gesetze gewähren können und, wie die Erfahrung beweiset, gewähren."

Hierauf blieben die Reformbemühungen im wesentlichen auf den Bereich der Beamtenverfehlungen und ihrer Folgen beschränkt. Trotzdem dauerte es noch sieben Jahre, bis als Ergebnis der legislatorischen Arbeiten am 29. März 1844 das Gesetz betreffend das gerichtliche und Disziplinar-Strafverfahren gegen Beamte[50] erging.

Dieses letzte für Richter und Verwaltungsbeamte gemeinsam geltende Gesetz hat eine weitergehende Bedeutung als seine kurze, nur bis 1849 reichende Geltungszeit vermuten läßt[51]. Es war das erste Gesetzgebungswerk, dem — wenn auch noch unvollkommen — die moderne Unterscheidung von echtem Kriminalstrafrecht und bloßem Disziplinarrecht zugrundelag. In seinen einleitenden Vorschriften (§§ 2—13) teilte es die im Allgemeinen Landrecht[52] normierten Beamtendelikte nach Strafart und Begehungsweise in „Amtsverbrechen" und „Vergehen gegen die Disziplin" auf und wies die Aburteilung der Amtsverbrechen den Gerichten und die Ahndung der Vergehen gegen die Disziplin bestimmten Verwaltungsbehörden zu, die dabei nach einem ebenfalls in dem Gesetz geordneten (§§ 23 ff.) besonderen Disziplinarverfahren vorzugehen hatten. Zugleich wurde erstmals ein ausgewogenes System von Disziplinarstrafen gesetzlich festgelegt (§§ 14—20), deren mildeste die Warnung und deren schärfste die gänzliche Entlassung aus dem Dienste war. Auch die Strafversetzung war in diesem Katalog enthalten (§ 20). Im Zusammenhang mit ihrer Behandlung traf das Gesetz eine über das Dienststrafrecht hinausgehende Neuregelung[53], indem es zum Ausdruck brachte, daß Versetzungen ohne Strafcharakter, d. h. Versetzungen in ein gleichwertiges Amt mit Erstattung der Umzugskosten und ohne Einkommensverkürzung, jederzeit von Beamten hingenommen werden müßten. Diese Regelung, die auch die Richter einbezog und insoweit als Eingriff in die richterliche Unabhängigkeit angegriffen wurde[54], kam den Wünschen des sich ausweitenden Verwaltungsapparats nach personeller Beweglichkeit entgegen und löste die früher herrschende Rechtsauffassung ab, nach der der Beamte als für ein bestimmtes Amt angestellt galt und nicht als verpflichtet angesehen wurde, die Übertragung eines anderen Amtes zu akzeptieren.

Über die Voraussetzungen der Dienstentlassung im Disziplinarwege äußerte sich in Ergänzung des Allgemeinen Landrechts § 21 Satz 2 des neuen Gesetzes, der folgenden Wortlaut hatte:

---

[50] GS 1844, S. 77. — Die Materialien zu dem Gesetz befinden sich in den Akten des StM Nr. 643—645.

[51] Zu Inhalt und Bedeutung des Gesetzes: *v. Rheinbaben* S. 2 ff.; *Schütz* S. 51 ff.; *Steinbach* S. 23 ff.

[52] II, 20, Abschnitt 8 ALR.

[53] Hierüber *Lotz* S. 399 f.

[54] Vgl. *Steinbach* S. 24 f.

„Die Entlassung aus dem Dienste soll besonders dann eintreten, wenn der Beamte sich einer fortgesetzten mangelhaften Amtsführung schuldig oder durch seinen außeramtlichen Lebenswandel, namentlich durch Trunk, Verschwendung, leichtsinniges Schuldenmachen oder überhaupt durch ein die Religion oder die Sittlichkeit verletzendes Betragen des zu dem Amte erforderlichen Ansehens oder Vertrauens verlustig gemacht hat."

Bei der Verteilung der Zuständigkeiten im disziplinarischen Amtsenthebungsverfahren (§§ 28 ff.) zeigte das neue Gesetz eine Tendenz zur Entlastung der Behördenspitze. Künftig lag die Entscheidung über die unfreiwillige Entlassung der höheren Verwaltungsbeamten beim Staatsministerium — bei vom König selbst bestallten Beamten bedurfte es darüber hinaus der gutachtlichen Mitwirkung des Staatsrats und der Zustimmung des Königs —, während über die Entfernung eines Verwaltungsbeamten niedrigeren Ranges die nachgeordneten Behörden zu befinden hatten. Für Richter wurde rechtlich zweifelsfrei festgelegt, daß sie nur durch Richterspruch gegen ihren Willen entlassen werden könnten (§ 40).

Bestimmungen über politische Verfehlungen enthielt das Gesetz vom 29. März 1844 nicht. Dies bedeutete jedoch keineswegs, daß die Entlassung eines Beamten aus politischen Gründen ausgeschlossen war[55]. Vielmehr war sie weiterhin auf der Grundlage des fortgeltenden § 333, II, 20 ALR möglich[56]. Allerdings war die Anwendbarkeit dieser Vorschrift durch § 4 Absatz 1 des neuen Disziplinargesetzes insofern eingeschränkt, als dem Beamten, der wegen politischen Fehlverhaltens zur Verantwortung gezogen werden sollte, künftig auch nachgewiesen werden mußte, daß er in der Absicht gehandelt habe, dem Staat einen Nachteil zuzufügen. Hinzukam, daß Maßnahmen nach § 333, II, 20 ALR nach der neuen, durch das Gesetz vom 29. März 1844 geschaffenen Ordnung nur noch durch Gerichte verhängt werden konnten. — Die Einführung besonderer Beamtenrechtsnormen zur Sicherung politischen Wohlverhaltens wurde erst aktuell, nachdem die Revolution von 1848 das Gefüge des preußischen Staates erschüttert hatte.

d) *Die Neuerungen im konstitutionellen Staat*

Nach der Niederlage des Königtums in den revolutionären Märzereignissen des Jahres 1848[57] wurde in Preußen das alte, spätabsolutisti-

---

[55] So *Carl Hermann Ule*, Zur Entstehungsgeschichte der Institution der politischen Beamten (Bemerkungen zum Aufsatz Anders in: DÖV 1964, 109 ff.), in: DÖV 1964, S. 293 ff. (294).

[56] Hierüber der ausführlich auf die Entlaßbarkeit von Beamten aus politischen Gründen unter der Geltung des Disziplinargesetzes vom 29. März 1844 eingehende Bericht des Staatsministeriums an den König vom 10. November 1850 (Akten des StM Nr. 2322 Bl. 67 ff.).

[57] Überblick bei *Huber*, Verfassungsgeschichte, Bd. 2, S. 571 ff.

sche Herrschaftssystem durch die konstitutionelle Staatsordnung abgelöst[58]. Der Übergang zu der neuen Staatsform vollzog sich in zwei verfassungsgebenden Akten: der einseitigen Oktroyierung einer Verfassungsurkunde durch den preußischen König am 5. Dezember 1848[59] und der anschließenden Revision dieser oktroyierten Verfassung durch die preußischen Kammern[60]. Die Kammerberatungen verliehen der von oben eingeleiteten staatlichen Neuordnung die Legitimation durch die Volkssouveränität und führten zum Erlaß der revidierten Verfassung vom 31. Januar 1850[61], die bis 1918 das Staatsgrundgesetz für Preußen bildete.

Angesichts des erkennbar gewordenen Einflusses, den die Beamtenschaft auf das öffentliche Leben und damit die Verfassungswirklichkeit ausübte, konnte der preußische Verfassungsgeber den Staatsdienst nicht unerwähnt lassen. Schon in der oktroyierten Verfassung vom 5. Dezember 1848 wurde allgemein für alle Beamten ein neuer Diensteid vorgeschrieben[62], der das bislang nur auf die Person des Monarchen bezogene Treuegelöbnis um die Verpflichtung auf die Verfassung erweiterte[63]. Außerdem wurde je ein gesonderter Abschnitt des Verfassungswerks der Rechtsstellung der Richter und der Verwaltungsbeamten gewidmet[64]. Die für beide Staatsdienergruppen erlassenen Verfassungsbestimmungen hoben sich in ihrem sachlichen Gehalt deutlich voneinander ab. Während der für Richter geltende Titel konkrete Vorschriften zum Schutz vor unfreiwilliger Amtsenthebung bzw. Versetzung enthielt[65], beschränkte sich der für die nichtrichterlichen Beamten gültige Abschnitt auf einen bloßen Verfassungsauftrag an den allgemeinen Gesetzgeber, das Recht der Verwaltungsbeamten neu zu ordnen. In dieser recht weit gefaßten Anweisung hieß es[66]:

---

[58] Zum Wesen des Konstitutionalismus siehe unten S. 36 f.

[59] GS 1848, S. 375; Text auch bei *Ernst Rudolf Huber* (Hrsg.), Dokumente zur deutschen Verfassungsgeschichte, Bd. 1, Stuttgart 1961, S. 385 ff.

[60] Dargestellt bei *Huber*, Verfassungsgeschichte, Bd. 3, 2. Aufl., Stuttgart, Berlin, Köln, Mainz 1970, S. 51 ff.

[61] GS 1850, S. 17; Text auch bei *Huber*, Dokumente, Bd. 1, S. 401 ff.

[62] Art. 107 PrVerf. 1848; später Art. 108 PrVerf. 1850.

[63] Zur Anpassung der überkommenen Eidesvorschriften an die neue Rechtslage: Akten des StM Nr. 2334 Bl. 100 ff. — Nach der Umstellung hatte der preußische Beamteneid folgenden Wortlaut (Beschluß des Staatsministeriums vom 12. Februar 1850, MBliV 1850, S. 26): „Ich N. N. schwöre zu Gott, dem Allmächtigen und Allwissenden, daß, nachdem ich zum . . . des . . . bestellt worden, Seiner Königlichen Majestät von Preußen, meinem Allergnädigsten Herrn, ich untertänig, treu und gehorsam sein und alle mir vermöge meines Amtes obliegenden Pflichten nach meinem besten Wissen und Gewissen genau erfüllen, auch die Verfassung gewissenhaft beobachten will, so wahr mir Gott helfe."

[64] Titel VI. und VII. PrVerf. 1848; später Titel VI. und VII. PrVerf. 1850.

[65] Art. 86 Abs. 2 PrVerf. 1848; später Art. 87 Abs. 2 PrVerf. 1850.

[66] Art. 96 PrVerf. 1848; später Art. 98 PrVerf. 1850.

„Die besonderen Rechtsverhältnisse der nicht zum Richterstande gehörigen Staatsbeamten, einschließlich der Staatsanwälte, sollen durch ein Gesetz geregelt werden, welches, ohne die Regierung in der Wahl der ausführenden Organe zweckwidrig zu beschränken, den Staatsbeamten gegen willkürliche Entziehung von Amt und Einkommen angemessenen Schutz gewährt."

Über den Rechtszustand bis zum Erlaß des angekündigten Staatsdienergesetzes enthielt die Verfassungsurkunde vom 5. Dezember 1848 keine Bestimmung. Diese Lücke ermöglichte es der preußischen Regierung, durch Übergangsvorschriften dem künftigen Gesetzgeber vorzugreifen. Gestützt auf das in Artikel 105 der Verfassung vorgesehene Notverordnungsrecht erließ sie am 11. Juli 1849 ohne Mitwirkung der Volksvertretung eine Verordnung betreffend die Dienstvergehen der nichtrichterlichen Beamten, die Versetzung derselben auf eine andere Stelle oder in den Ruhestand[67]. Als äußerer Anlaß[68] für die damit verbundene Ablösung des Disziplinargesetzes vom 29. März 1844 diente die Tatsache, daß ein auf Amtsenthebung gerichtetes Dienststrafverfahren gegen Beamte königlicher Ernennung nicht mehr in der gesetzlich vorgeschriebenen Weise durchgeführt werden konnte, weil der zur gutachtlichen Mitwirkung berufene Staatsrat[69] im Frühjahr 1848 seine Tätigkeit eingestellt hatte. Hinzukam, daß das Gesetz vom 29. März 1844 seine Geltung für Richter schon früher verloren hatte[70] und es ungerechtfertigt erschien, nur für diese, nicht aber für die Verwaltungsbeamten eine neue Dienststrafordnung einzuführen. Der eigentliche Grund für den Erlaß der Disziplinarverordnung vom 11. Juli 1849 dürfte jedoch die Furcht der Regierung vor einem Verlust der politischen Kontrolle über den Staatsapparat gewesen sein[71]. Der Inhalt der Verordnung läßt deutlich das Bestreben erkennen, angesichts der neuen, in der Verfassung

---

[67] GS 1849, S. 271.

[68] Zum Folgenden: Bericht des Staatsministeriums an den König vom 9. Juli 1849, MBliV 1849, S. 119 ff.; *v. Rheinbaben* S. 5 ff.

[69] § 37 Satz 2 Disziplinargesetz vom 29. März 1844 (GS S. 77).

[70] Siehe § 3 der Verordnung über einige Grundlagen der künftigen preußischen Verfassung vom 6. April 1848 (GS S. 87; Text dieser Verordnung auch bei *Huber*, Dokumente, Bd. 1, S. 367 f.). — Die Neuordnung des richterlichen Disziplinarrechts erfolgte durch die Verordnung vom 10. Juli 1849 betreffend die Dienstvergehen der Richter und die unfreiwillige Versetzung derselben auf eine andere Stelle oder in den Ruhestand (GS S. 253), nach Bestätigung durch die Kammern gültig als Gesetz vom 7. Mai 1851 (GS S. 218).

[71] Zum Einfluß, den politische Auseinandersetzungen zwischen der Regierung und einigen Beamten auf das Gesetzgebungsvorhaben ausübten, vgl. *Hartung*, Studien, S. 254, *Steinbach* S. 29 f.; zur politischen Motivation im allgemeinen siehe *G. Thilo*, Die Preußische Disziplinargesetzgebung für die unmittelbaren und mittelbaren Staatsbeamten, erläutert aus den Materialien, der Rechtslehre, den Entscheidungen des Königlichen Obertribunals und den Ministerialreskripten, Berlin 1864, S. 78.

verbrieften bürgerlichen Freiheiten die Beamtenschaft stärker als bisher politisch an die Staatsführung zu binden.

Stärksten Ausdruck fand die politische Zielsetzung der Disziplinarverordnung in § 20 Abs. 2, der für alle Beamten eine strenge Pflicht zu politischem Wohlverhalten einführte, indem er bestimmte:

„Die Dienstentlassung *muß* insbesondere dann erfolgen, wenn der Beamte die Pflicht der Treue verletzt oder den Mut, den sein Beruf erfordert, nicht betätigt *oder sich einer feindseligen Parteinahme gegen die Staatsregierung schuldig gemacht hat*[72]."

Bemerkenswert an dieser Bestimmung war, was in der Literatur nicht immer zum Ausdruck kommt[73], daß es sich um eine Mußvorschrift handelte, d. h., daß die Dienstentlassung an den damals als solchen noch unbekannten „unbestimmten Rechtsbegriff" der „feindseligen Parteinahme gegen die Staatsregierung" als zwingende Rechtsfolge geknüpft war. Gerade diese Fassung verlieh der Norm eine besondere Schärfe.

Eine weitere bedeutsame Neuerung mit politischem Hintergrund brachte § 94 der Verordnung[74]. Diese Vorschrift räumte der Staatsführung erstmals das Recht ein, eine Reihe von Beamten in Schlüsselstellungen jederzeit im Interesse des Dienstes unter Gewährung von Wartegeld einstweilig in den Ruhestand zu versetzen. Hierbei war weder ein förmliches Verfahren einzuhalten, noch bedurfte es einer Begründung für die Maßnahme oder der Anhörung des Betroffenen. Beamte, die die Regierung auf diese Weise „zur Disposition stellen" konnte, wie es im allgemeinen Sprachgebrauch hieß[75], waren gemäß der Verordnung Unterstaatssekretäre, Ministerialdirektoren, Oberpräsidenten, Regierungspräsidenten, Regierungsvizepräsidenten, Staatsanwälte, Polizeidirektoren, Landräte und Beamte des diplomatischen Dienstes. 1852 kamen die Militärintendanten zum Kreis der disponiblen Beamten hinzu[76], für den sich später die Bezeichnung „politische Beamte" einbürgerte[77].

Die Höhe des Wartegeldes für zur Disposition gestellte Beamte richtete sich nach zwei Kabinettsordern, die bereits 1848 für Dispositions-

---

[72] Hervorhebungen nicht amtlich.

[73] Vgl. *Friedrich Dermietzel*, Freiheitsrechte und deutsches Beamtenverhältnis unter besonderer Berücksichtigung der politischen Betätigung des Beamten, Diss., Würzburg 1967, S. 15, *Ulrich Scheuner*, Erfahrungen und Probleme des geltenden Beamtenrechts für die politische Stellung des Beamten, in: Scheuner / v. Merkatz, Die politischen Pflichten und Rechte des deutschen Beamten, Öffentlicher Dienst zwischen Parteiung und Staatsräson, Baden-Baden 1962, S. 15.

[74] Später § 87 Nr. 2 des Gesetzes vom 21. Juli 1852 (GS S. 465).

[75] Der Ausdruck kam aus dem militärischen Bereich, vgl. *Otto Hintze*, Der Beamtenstand, Leipzig 1911, S. 37.

[76] § 87 Nr. 2 des Gesetzes vom 21. Juli 1852 (GS S. 465).

[77] Hierüber unten S. 89.

stellungen aus Anlaß von Behördenumbildungen ergangen waren[78]. Es war in den unteren und mittleren Besoldungsstufen degressiv gestaffelt und lag zwischen 75 und 50 Prozent des Gehalts. In den darüber liegenden Gehaltsklassen betrug es 50 Prozent, durfte aber den Höchstsatz von 2 000 Reichstalern bzw. 6 000 Mark im Jahr nicht überschreiten. Die Versetzung in den einstweiligen Ruhestand bedeutete also für den betroffenen Beamten eine empfindliche finanzielle Einbuße, die der Maßnahme strafartige Wirkung verlieh[79].

Obgleich in der die jederzeitige Dispositionsstellung bestimmter Beamten zulassenden Vorschrift keineswegs sämtliche Inhaber einflußreicher Ämter erfaßt waren, bemerkenswert ist vor allem die Auslassung der vortragenden Räte in den Ministerien[80], verschaffte die neuartige Regelung der Regierung einen bedeutenden Machtzuwachs. Außer der schon seit 1844 zulässigen Versetzung in ein anderes Amt, mit der man einen politisch unliebsamen Beamten mit den Mühen eines Umzugs und dem Verlust der vertrauten Lebenssphäre belasten konnte, stand ihr nun ein zweites Mittel zur Verfügung, mit dem sie politisch unfolgsame Beamte disziplinieren konnte, ohne ein Dienststrafverfahren einleiten zu müssen und ohne gerichtlicher Kontrolle zu unterliegen[81]. Im Rahmen der beamtenrechtlichen Gesamtentwicklung in Preußen, die in der Schlußphase des Absolutismus zu einer Erschwerung der Voraussetzungen für die Beamtenentlassung aus politischen Gründen geführt hatte[82], stellte die Einführung disponibler Beamter, wie mit Ule festzustellen ist[83], einen entschiedenen Rückschritt dar.

---

[78] Kabinettsordern vom 14. Juni 1848 (GS S. 153) und vom 24. Oktober 1848 (GS S. 338); vgl. auch *J. C. Reinecke,* Die Einkommens- usw. Verhältnisse der preußischen unmittelbaren Staatsbeamten, Berlin 1876, S. 249 ff., *Gustav Herrfurth,* Das Beamtenrecht, 4. Aufl., Berlin 1905, S. 802 f.

[79] Tatsächlich konnte die Versetzung in den einstweiligen Ruhestand unter bestimmten, hier nicht näher zu behandelnden Voraussetzungen auch im Disziplinarverfahren als Ahndungsmittel angewendet werden, vgl. § 50 der Verordnung vom 11. Juli 1849 (GS S. 271), § 46 des Gesetzes vom 21. Juli 1852 (GS S. 465); Akten des StM Nr. 814 Bl. 130 ff.; *H. Cl. Schmid-Burgk,* Der Wartestand nach deutschem Beamtenrecht, Bonn 1913, S. 16 f.

[80] Hierzu *Hartung,* Studien, S. 254 f.

[81] Für die Feststellung eines dienstlichen Interesses, das nach § 94 der Verordnung vom 11. Juli 1849 (GS S. 271) bzw. § 87 des Gesetzes vom 21. Juli 1852 (GS S. 465) sowohl für die Versetzung in ein anderes Amt als auch für die Versetzung disponibler Beamter in den einstweiligen Ruhestand Voraussetzung war, besaßen in der Zeit des Konstitutionalismus in Preußen die zuständigen Verwaltungsbehörden die abschließende Entscheidungskompetenz. Eine Möglichkeit gerichtlicher Nachprüfung bestand nicht; vgl. *v. Rheinbaben* S. 366 f., 379.

[82] Vgl. oben S. 22.

[83] *Ule,* Zur Entstehungsgeschichte der Institution der politischen Beamten, in: DÖV 1964, S. 293, gerichtet gegen *Georg Anders,* Zur Problematik der Institution der politischen Beamten, in: DÖV 1964, S. 109 ff. (112).

Neben der auffälligen Verschärfung der politischen Dienstzucht brachte die Verordnung vom 11. Juli 1849 eine deutlichere Abgrenzung von Straf- und Disziplinarrecht[84] und einen Umbau des Disziplinarverfahrens, wobei dies aber weiterhin in der Hand der Verwaltungsbehörden blieb und es nicht etwa zur Errichtung einer unabhängigen Disziplinargerichtsbarkeit kam. Näher soll hierauf später eingegangen werden[85]. Hinsichtlich der Disziplinarstrafen blieb es im wesentlichen bei dem im Gesetz vom 29. März 1844[86] festgelegten System[87].

Da für Notverordnungen in der Verfassung die nachträgliche Billigung durch die Volksvertretung vorgeschrieben war, wurde die Disziplinarverordnung vom 11. Juli 1849 alsbald den preußischen Kammern zur Bestätigung vorgelegt. Die Prüfung und Beratung dieser beamtenrechtlichen Teilregelung hätte mit der Ausarbeitung eines umfassenden Beamtengesetzes verbunden werden können. Hierdurch wäre der auch in die revidierte Verfassung vom 31. Januar 1850 übernommene Auftrag zum Erlaß eines Staatsdienergesetzes erfüllt worden. Unter dem Druck der zahlreichen anderen Gesetzgebungsaufgaben, die beim Übergang in die neue Staatsform zu lösen waren, beschränkte man sich jedoch im Beamtenrecht wiederum auf das Notwendigste und ging über den in der Regierungsverordnung festgelegten Rahmen nicht hinaus. Im Ergebnis führten die Kammerberatungen, die sich bis 1852 hinzogen[88], zu einer fast vollständigen Bestätigung der Notverordnung. Zahlreiche Bestimmungen wurden zwar redaktionell überarbeitet, doch wurde ihr materiellrechtlicher Gehalt dabei nicht angetastet. Die einzige tiefgreifende Veränderung, die die Kammern an der Verordnung vornahmen, war die ersatzlose Streichung des als zu streng empfundenen § 20 Absatz 2, der die Rechtsfolgen feindseliger Parteinahme gegen die Staatsregierung geregelt hatte. Etwaige feindselige Parteinahme gegen die Staatsregierung war demnach nicht mehr zwingend mit der Dienstentlassung zu ahnden, konnte aber auch weiterhin disziplinarisch verfolgt und mit einer je nach Lage des Falles zu wählenden Disziplinarstrafe bedacht werden. Grundlage hierfür war die disziplinarrechtliche Generalklausel[89], in der es hieß, daß derjenige Beamte ein Dienstvergehen begehe, der die Pflicht verletze, die ihm sein Amt auferlege, oder sich durch sein Verhalten in oder außer dem Amte der Achtung, des Ansehens oder des Vertrauens, die sein Beruf erfordere, unwürdig zeige.

---

[84] Zur disziplinarrechtlichen Bedeutung: *v. Rheinbaben* S. 4; *Schütz* S. 53 ff.

[85] Vgl. unten II. Teil, 6.

[86] GS 1844, S. 77.

[87] Vgl. oben S. 21.

[88] Zusammenstellung der im Laufe der Beratungen erarbeiteten Parlamentsdrucksachen in den Akten des JM Nr. 3068, 3069.

[89] § 2 der Verordnung vom 11. Juli 1849 (GS S. 271) und des Gesetzes vom 21. Juli 1852 (GS S. 465).

Als Resultat der Revision des Disziplinarrechts erging am 21. Juli 1852 das Gesetz betreffend die Dienstvergehen der nichtrichterlichen Beamten, die Versetzung derselben auf eine andere Stelle oder in den Ruhestand[90]. Da auch die spätere Gesetzgebung in Preußen nicht über die Regelung dienstrechtlicher Einzelfragen hinauskam und die in der Verfassung vorgeschriebene Kodifikation des Beamtenrechts ausblieb, bildete dieses aus der Notverordnung von 1849 hervorgegangene Disziplinargesetz jahrzehntelang eine der wichtigsten Rechtsquellen im Bereich des Beamtenwesens. In großem Umfang umgestaltet wurde das Disziplinarrecht erst durch die Einführung der Beamtendienststrafordnung vom 27. Januar 1932[91].

Die nicht zum Dienststrafrecht gehörenden Sachgebiete wie etwa das Anstellungs-, Prüfungs- und Versorgungswesen verteilten sich auch in der konstitutionellen Rechtsordnung auf viele Einzelgesetze. Im übrigen blieb manche grundlegende Vorschrift aus vorkonstitutioneller Zeit gemäß Artikel 109 der Verfassung vom 31. Januar 1850 weiterhin in der neuen Staatsform gültig. So wies beispielsweise das preußische Oberverwaltungsgericht[92] in einem Urteil aus dem Jahre 1909[93] darauf hin, daß § 2, II, 10 ALR, worin festgelegt war, daß die Beamten dem Oberhaupte des Staates besondere Treue und Gehorsam schuldig seien, nach wie vor uneingeschränkte Geltung habe.

Im Zusammenhang mit dem Gegenstand der vorliegenden Untersuchung bleibt am Schluß der Betrachtung der preußischen Beamtengesetze für die konstitutionelle Zeit festzustellen, daß abgesehen von dem vorstehend erwähnten § 2, II, 10 ALR und dem nur kurz geltenden § 20 Abs. 2 der Disziplinarverordnung vom 11. Juli 1849, der die feindselige Parteinahme gegen die Staatsregierung zwingend mit Dienstentlassung bedrohte[94], keine geschriebenen Normen über die Treuepflicht des Beamten existierten. Mit Ausnahme des nur kurzfristig in Kraft befindlichen § 20 Abs. 2 der Disziplinarverordnung vom 11. Juli 1849 gab es somit auch keine Rechtsnorm, die eine Treuebindung des Beamten an die aus den Ministern bestehende Staatsregierung aussprach. Dessenungeachtet gingen jedoch die im damaligen Staat über das entscheidende politische Gewicht verfügenden Kräfte in ihrer Ge-

---

[90] GS 1852, S. 465.

[91] GS 1932, S. 59. — Zur disziplinarrechtlichen Entwicklung in Preußen bis zum Erlaß dieses Gesetzes siehe *Arthur Brand*, Die Preußischen Dienststrafordnungen vom 27. Januar 1932 nebst Ausführungs- und Ergänzungsvorschriften, 2. Aufl., Berlin 1932, S. 1 ff.

[92] Zur Einrichtung der Verwaltungsgerichtsbarkeit in Preußen siehe unten S. 84 f.

[93] PrOVG Bd. 55, S. 467 (Urt. v. 24. September 1909).

[94] Siehe oben S. 25.

samtheit davon aus, daß eine derartige Treuepflicht bestehe, wobei über deren Inhalt allerdings unterschiedliche Auffassungen vertreten wurden.

3. Die Pflicht zur politischen Treue in der ersten Hälfte des 19. Jahrhunderts

Anfang und Ende der ersten Hälfte des 19. Jahrhunderts standen im Zeichen zweier Ereignisse der preußischen Geschichte, die zu einer tiefgreifenden Umgestaltung der politischen Lebensverhältnisse in Preußen geführt haben: der vernichtenden Niederlage des preußischen Heeres bei Jena und Auerstädt im Jahre 1806, die den Weg für die Stein-Hardenbergschen Staatsreformen freimachte, und dem Erlaß der oktroyierten Verfassung im Jahre 1848, der den Übergang vom Spätabsolutismus zum Konstitutionalismus einleitete. Dazwischen lagen Jahrzehnte politischen Ringens, in dessen Mittelpunkt innenpolitisch die preußische Verfassungsfrage und außenpolitisch der Kampf um die nationale Einheit standen.

Da es in Preußen, anders als in Frankreich, noch an einem politisch interessierten, staatsbewußten, nach Macht drängenden Bürgertum fehlte, entwickelte sich das Beamtentum in jener Zeit kraft seiner Überlegenheit an Bildung, Verwaltungserfahrung und politischem Geschick zum Motor des staatlichen Fortschritts[95]. So wurden beispielsweise die preußischen Reformen nach 1806, die sich ja nicht nur auf die Staatsorganisation erstreckten, sondern auch den Einzelnen unmittelbar berührende Fragen betrafen wie etwa die Abschaffung der bäuerlichen Erbuntertänigkeit oder die Einführung der Gewerbefreiheit, nicht von einer Volksbewegung ausgelöst, sondern in Behörden erarbeitet und durch erfahrene Verwaltungsbeamte von ober her verordnet[96]. Dank dieses Einsatzes wuchs das Beamtentum in die Rolle der staatstragenden Schicht hinein, die das Gemeinwesen zusammenhielt und durch eine geordnete Verwaltung die noch fehlende Verfassung zu ersetzen versuchte[97].

Der politischen Macht der Beamtenschaft entsprach das Maß ihrer politischen Freiheit. Da die Vorstellungen über die staatliche Zukunft in jener Epoche des Umbruchs noch nicht ausgereift waren, sondern in heftigen Meinungskämpfen aufeinandertrafen, wobei niemand behaupten konnte, den einzig richtigen Weg aufzuzeigen, nahm auch die Staats-

[95] Näheres: *Hartung*, Studien, S. 235 ff.; *Huber*, Verfassungsgeschichte, Bd. 1, S. 121, 125 ff., Bd. 2, S. 21 ff.

[96] Zur reformtragenden Stellung des Beamtentums siehe: *Lotz* S. 329; *Huber*, Verfassungsgeschichte, Bd. 1, S. 126; *Knemeyer*, Regierungs- und Verwaltungsreformen, S. 88, 278 f., 285, 287 f.

[97] Zur Rolle des Beamtentums als Verfassungsersatz: *Hartung*, Studien, S. 237 ff.; *Schoeps* S. 175.

führung für sich keineswegs das Recht in Anspruch, die Beamten politisch einzuengen. Sofern es nicht in verletzender Form geschah, war es jedem Beamten freigestellt, von der Regierungslinie abweichende Meinungen offen zu vertreten[98]. „Die befehlsgebundenen Vollzugsorgane wurden", wie Ernst Rudolf Huber treffend die Stellung der Beamtenschaft in jener Zeit kennzeichnet, „zugleich mitbestimmende Willensorgane innerhalb der staatlichen Hierarchie"[99].

Die politische Freiheit, über die die Beamtenschaft verfügte, blieb auf die Dauer allerdings nicht unangefochten. Vielmehr setzte, sobald sich der Staat nach den kriegerischen Erschütterungen und der verwaltungsmäßigen Reorganisation wieder konsolidiert hatte, eine auf größere Einengung der Beamten zielende Gegenbewegung ein. Auch die Beamten wurden von den politischen Verfolgungswellen erfaßt, die mit dem Zeitalter der Restauration einsetzten. Besonders hart wurde das Lehrpersonal an den Schulen und Hochschulen getroffen, das den berüchtigten Demagogenverfolgungen ausgeliefert war, die nach den Karlsbader Beschlüssen des Jahres 1819[100] eintraten. Der politische Druck schlug sich dabei nicht nur in Einzelmaßnahmen nieder, sondern auch in einer Verschärfung des Beamtenrechts. So wurde im Hauptteil der in anderem Zusammenhang bereits erwähnten Kabinettsorder vom 12. April 1822[101] ein vereinfachtes Verfahren zur Entlassung von Geistlichen und Lehrern eingeführt. Gleichzeitig wurde der Kultusminister angewiesen, in den folgenden fünf Jahren vor jeder Anstellung oder Beförderung eines öffentlichen Lehrers die Äußerung des Innenministers und der Polizei über dessen politische Zuverlässigkeit einzuholen. Die Universitätslehrer wurden durch ähnliche Bestimmungen einer politischen Kontrolle unterworfen[102]. Diese Zwangsmaßnahmen hielten mit wechselnder Schärfe jahrelang an. Nachdem sie etwas an Heftigkeit verloren hatten, wurde 1833 als Reaktion auf das von der Nationalbewegung getragene Hambacher Fest und den Frankfurter Wachensturm eine zweite, noch härtere Demagogenverfolgung eingeleitet[103], die vor allem auf die Entfernung politisch unzuverlässiger Hochschullehrer zielte.

Neben den sogenannten „demagogischen Umtrieben" an Schulen und Universitäten lieferte die Mitwirkung von Beamten in den neueingerich-

---

[98] Vgl. *Aaron Bernstein*, Revolutions- und Reaktionsgeschichte Preußens und Deutschlands von den Märztagen bis zur neuesten Zeit, Berlin 1882, Bd. 1, S. 16.

[99] Verfassungsgeschichte, Bd. 2, S. 22 f.

[100] Hierzu *Huber*, Verfassungsgeschichte, Bd. 1, S. 732 ff.

[101] Vgl. oben S. 18 f.

[102] Vgl. *Huber*, Verfassungsgeschichte, Bd. 1, S. 739 ff., 750 f.

[103] Einzelheiten *Huber*, Verfassungsgeschichte, Bd. 2, S. 133 ff., 164 ff., 173 ff.

teten Provinziallandtagen eine Reibungsfläche für politische Auseinandersetzungen zwischen Regierung und Beamtenschaft. Die ständisch zusammengesetzten Provinzialvertretungen hatten zwar keine echten parlamentarischen Befugnisse, sondern nur beratende Stimme[104], dennoch aber entwickelte sich in ihnen häufig reges politisches Leben, das auch vor Kritik an der Staatsführung nicht haltmachte. Hier griff die Regierung mitunter ein, um die Entstehung einer Beamtenopposition in den Provinzialständen zu verhindern[105].

Ungeachtet ihrer vorstehend geschilderten Erfolge gelang es der auf eine Einengung der politischen Freiheit der Beamten gerichteten Tendenz nicht, die liberale Anschauung dauerhaft zurückzudrängen. Vielmehr setzte diese sich in den letzten Jahren des Absolutismus wieder durch und gewann die Oberhand.

Andeutungsweise zeigte sich die erneute Hinwendung zur liberalen Auffassung der von den Beamten zu wahrenden politischen Disziplin im Fall des Oberpräsidenten Theodor von Schön[106]. Dieser an der Spitze der Provinz Preußen stehende hohe Beamte ließ sich trotz enger persönlicher Beziehungen zu König Friedrich Wilhelm IV. nicht daran hindern, in der preußischen Verfassungsfrage Anschauungen zu vertreten, die in schroffem Gegensatz zum damaligen Regierungskurs standen. Während sich der Monarch dagegen sträubte, das von seinem Vater, Friedrich Wilhelm III., erteilte Verfassungsversprechen vom 22. Mai 1815[107] einzulösen, das die Einrichtung einer Nationalrepräsentation vorgesehen hatte, konzentrierte Schön sein ganzes politisches Streben auf die Schaffung einer verfassungsmäßig verankerten, den Gesamtstaat repräsentierenden Volksvertretung. In seinem Eifer ging er 1840 so weit, seine Gedanken in einer politischen Denkschrift unter dem Titel „Woher und Wohin?“ niederzulegen. Diese in wenigen Exemplaren gedruckte Schrift gelangte zunächst nicht an die Öffentlichkeit, sondern — abgesehen von einem kleinen Kreis Vertrauter, dem sie zugänglich gemacht wurde — nur in die Hände des Königs und zweier Minister. Dort rief sie erhebliche Mißbilligung hervor, ohne jedoch dienstliche Konsequenzen für Schön heraufzubeschwören, und, als Schön von sich aus seinen

---

104 Näheres *Huber*, Verfassungsgeschichte, Bd. 1, S. 170 f.

105 Vgl. *Reinhart Koselleck*, Preußen zwischen Reform und Revolution, Allgemeines Landrecht, Verwaltung und soziale Bewegung von 1791 bis 1848, Stuttgart 1967, S. 385.

106 Biographisches bei *Lotz* S. 358 f.; *Huber*, Verfassungsgeschichte, Bd. 1, S. 129 f. — Zum Folgenden: *Hans Rothfels*, Theodor von Schön, Friedrich Wilhelm IV. und die Revolution von 1848, Halle (Saale) 1937, S. 111 ff., 121 ff.; *Huber*, Verfassungsgeschichte, Bd. 2, S. 485 ff.

107 Verordnung über die zu bildende Repräsentation des Volkes vom 22. Mai 1815 (GS S. 103); auszugsweise abgedruckt bei: *Huber*, Verfassungsgeschichte, Bd. 1, S. 303; *Schoeps* S. 350 f.

Abschied anbot, wurde dieses Anerbieten zurückgewiesen. Die in der großzügigen Behandlung Schöns zum Ausdruck kommende liberale Auffassung der den Beamten obliegenden Pflicht zur politischen Treue wurde aber 1842 von einer strengen Haltung abgelöst, als Schöns Verfassungsdenkschrift unbefugt von einem Emigranten in Straßburg veröffentlicht wurde und damit der interne Konflikt für die Allgemeinheit sichtbar wurde. Nunmehr wurde ein weiterer Verbleib Schöns in seinem Amt als untragbar angesehen und das Dienstverhältnis, allerdings unter Wahrung aller Ehren, durch königliche Order vom 3. Juni 1842 beendet. Mit dieser Lösung des Konflikts zeigte sich die Staatsführung im Endeffekt hart in der Sache, aber mild in der Form[108].

Einen echten Durchbruch der liberalen Auffassung der Pflicht zur politischen Treue brachte die die Entlaßbarkeit aus politischen Gründen einschränkende Disziplinarrechtsreform des Jahres 1844. Unter der Geltung des Disziplinargesetzes vom 29. März 1844 verfügten die Beamten über eine beachtliche politische Freiheit. Deutlich zeigte sich die veränderte Lage, als sich 1847 auf dem Ersten Vereinigten Landtag einige Beamte an der Opposition gegen die Politik des Königs beteiligten[109].

Der Vereinigte Landtag, den Friedrich Wilhelm IV. durch Patent vom 3. Februar 1847[110] nach Berlin einberufen hatte, um dem immer stärker werdenden Drängen der Bevölkerung nach Einrichtung einer Nationalrepräsentation entgegenzukommen, war das erste Parlament der preußischen Staatsentwicklung[111]. Er war jedoch keine aus der Gesamtheit des Volkes hervorgegangene parlamentarische Körperschaft, sondern eine Vereinigung der Mitglieder sämtlicher acht Provinziallandtage, die nach ständischen Gesichtspunkten als Vertreter von Ritterschaft, Bauernstand und Bürgertum bestimmt worden waren. Trotz dieser von der sozialen

---

[108] Zu wenig differenzierend *Steinbach* S. 26 f., der den Vorgang als Beweis für die Unabhängigkeit der Verwaltungsbeamten in jener Zeit sieht, worin ihm angesichts des Ausgangs jedoch nicht gefolgt werden kann.

[109] Die nachstehend behandelten Vorfälle werden vielerorts erwähnt (vgl. *Heinrich von Treitschke*, Deutsche Geschichte im 19. Jahrhundert, 5. Teil, Leipzig 1894, S. 642 f.; *Herbert Kaltheuner*, Der Freiherr Georg von Vincke und die Liberalen in der preußischen zweiten Kammer 1849—1855, Ein Beitrag zur Geschichte der Reaktionszeit, Diss. Berlin, Münster 1928, S. 3, 5; *Hartung*, Studien, S. 250 f.; *Huber*, Verfassungsgeschichte, Bd. 2, S. 497; *Steinbach* S. 38 f.; ferner, wobei die Vorgänge allerdings irrig mit der deutschen Nationalversammlung von 1848 in Zusammenhang gebracht werden: *Dimitris Th. Tsatsos*, Die parlamentarische Betätigung von öffentlichen Bediensteten, Das Problem ihrer Beschränkbarkeit, Bad Homburg v. d. H., Berlin, Zürich 1970, S. 130). Soweit ersichtlich sind jedoch seit Treitschke, der als Historiograph des preußischen Staates Zugang zu den Archiven hatte und dessen die spätere Literatur stark beeinflussende Darstellung sehr schonend für den Monarchen ausfiel, die einschlägigen Akten nicht mehr ausgewertet worden.

[110] GS 1847, S. 33.

[111] *Huber*, Verfassungsgeschichte, Bd. 2, S. 493.

Wirklichkeit längst überholten Zusammensetzung entwickelte sich der Vereinigte Landtag, anders als es sich der König vorgestellt hatte, zu einer echten Repräsentation des Gesamtstaats. Über die Schranken von Provinzen und Ständen hinweg sammelten sich politische Fraktionen, die sich nicht nur mit der Ausgabenbewilligung beschäftigten, zu deren Zweck der Landtag zusammengerufen worden war, sondern auch intensiv an die preußische Verfassungsfrage herangingen.

Zur liberalen Gruppe im Vereinigten Landtag zählten mehrere hohe Beamte. Unter ihnen traten am meisten die Landräte Georg Freiherr von Vincke[112] und Heinrich von Bockum-Dolffs[113] hervor. Zusammen mit den Landräten von Bardeleben und von Platen schlossen sie sich am 26. April 1847 einer Protesterklärung an[114], mit der insgesamt 138 Abgeordnete dem König zu verstehen gaben, daß sie auch in der Einberufung des Vereinigten Landtags und der neueren ständischen Gesetzgebung noch nicht die Erfüllung des Verfassungsversprechens erblicken könnten, das den Preußen eine echte nationale Interessenvertretung in Aussicht gestellt hatte. Darüber hinaus verweigerten von Vincke und von Bockum-Dolffs zusammen mit 56 anderen Landtagsabgeordneten die Teilnahme an den Wahlen zum Vereinigten Ständischen Ausschuß, der gemäß königlicher Verordnung vom 3. Februar 1847[115] aus der Mitte des Vereinigten Landtags gebildet werden sollte, um der Regierung periodisch zur Beratung neuer Gesetzentwürfe zur Verfügung zu stehen. Der König war über die oppositionelle Haltung seiner Beamten so empört, daß er nach Schließung des Vereinigten Landtags in einer Order vom 24. Juli 1847[116] das Staatsministerium beauftragte, die vier Landräte zu entlassen, falls sie auch in einer dienstlichen Vernehmung an ihrer ablehnenden Einstellung gegenüber den ständischen Gesetzen vom 3. Februar 1847 festhalten sollten. In der daraufhin eingeleiteten Untersuchung äußerten sich die Beamten unterschiedlich. Der Landrat von Platen gab seine bisherige Haltung auf und erkannte die ständischen Gesetze vor-

---

[112] Kurzbiographie bei *Hellmuth Rössler, Günther Franz*, Biographisches Wörterbuch zur deutschen Geschichte, unter Mitarbeit von Willy Hoppe, München 1952, S. 860; vgl. auch *Kaltheuner* S. 2 f.

[113] Kurzbiographie bei *Rössler/Franz*, Biographisches Wörterbuch, S. 79.

[114] Abgedruckt bei Eduard Bleich (Hrsg.), Der Erste Vereinigte Landtag in Berlin 1847, Bd. 2, Berlin 1847, S. 718 ff. Die auch als „Deklaration der Rechte" bekannte Erklärung enthält, anders als es diese Bezeichnung vermuten läßt, keinen flammenden revolutionären Aufruf, sondern eine trockene, vergleichende Aneinanderreihung von Gesetzesbestimmungen. *Treitschke* (S. 624) spricht von einem „seltsamen Aktenstücke, das in langer Reihe abgerissene Stellen der älteren Gesetze aufzählte".

[115] GS 1847, S. 40.

[116] Akten des StM Nr. 2322 Bl. 6; abgedruckt im Dokumentarischen Anhang unter I. a).

behaltlos an[117]. Zugleich ließ er durchblicken[118], daß er sich in Zukunft aus den Ständeversammlungen zurückziehen wolle. Vincke[119] und Bockum-Dolffs[120] blieben dabei, daß die vom König erlassene Ständeverfassung der früheren Gesetzgebung widerspreche, sie gelobten aber, die Gesetze dennoch amtlich auszuführen, sofern ihr Gewissen sie nicht zur Aufgabe des Dienstes zwingen sollte. Beide legten großen Wert darauf, daß zwischen ihrer Eigenschaft als Beamte und als Mitglieder der Ständevertretung unterschieden werde. Am wenigstens klar äußerte sich der Landrat von Bardeleben[121], der an seiner Ablehnung der ständischen Gesetze festhielt und auch auf die Frage, ob er sie dienstlich achten werde, ausweichend antwortete. Bis auf Platen hatten damit alle Landräte kaum etwas von ihrem bisherigen Standpunkt preisgegeben, so daß nach den Intentionen des Königs sehr wohl ihre Entlassung hätte betrieben werden müssen. Nach der durch das Gesetz betreffend das gerichtliche und Disziplinar-Strafverfahren gegen Beamte vom 29. März 1844[122] geschaffenen Rechtslage[123] hätte die Dienstentlassung aber zur Voraussetzung gehabt, daß man den Landräten ein treuwidriges politisches Verhalten nachwies, das von der Absicht hätte getragen sein müssen, dem Staat einen Nachteil zuzufügen. Gerade der Nachweis einer derartigen Absicht aber wäre, ohne dem Recht Gewalt anzutun, im konkreten Fall nicht möglich gewesen.

Schon der das Untersuchungsergebnis zunächst begutachtende Kabinettssekretär Costenoble erkannte diese Rechtssituation und gab sich mit den abgegebenen Erklärungen der Landräte zufrieden, indem er in einem die Entschließung des Staatsministeriums vorbereitenden Votum[124] als Fazit der Untersuchung gegen die Landräte feststellte[125]:

„Obwohl hiernach ihre Erklärung im Sinne des Reskripts vom 20. September c[urrentis] *nicht ganz* befriedigend ausgefallen ist, so glaube ich doch, daß ein Verfahren wider sie auf Dienstentlassung nach den bestehenden Gesetzen mit Aussicht auf Erfolg nicht eingeleitet werden kann, weil kein Beamter dem Gouvernement wegen seiner *Ansichten* Rechenschaft schuldig ist

---

[117] Protokoll der Vernehmung vom 19. Oktober 1847, Akten des StM Nr. 2322 Bl. 35 f.

[118] Bericht des vorgesetzten Regierungspräsidenten von Blumenthal (Danzig) vom 19. Oktober 1847, Akten des StM Nr. 2322 Bl. 13.

[119] Protokoll der Vernehmung vom 30. September 1847, Akten des StM Nr. 2322 Bl. 31 f.

[120] Protokoll der Vernehmung vom 25. September 1847, Akten des StM Nr. 2322 Bl. 29 f.

[121] Protokoll der Vernehmung vom 12. Oktober 1847, Akten des StM Nr. 2322 Bl. 33 f.

[122] GS 1844, S. 77.

[123] Vgl. oben S. 22.

[124] Votum vom 29. Oktober 1847, Akten des StM Nr. 2322 Bl. 19 f.

[125] Die nachfolgenden Hervorhebungen entsprechen denen im Originaltext.

und daher kein Beamter wegen seiner *Ansichten* seines Amts entsetzt werden darf."

Das Plenum des Staatsministeriums schloß sich diesen Ausführungen an und gab sie, sprachlich leicht abgewandelt, im Bericht vom 10. Dezember 1847[126] an den König weiter. Dieser beugte sich der eindeutigen Stellungnahme seines Ministeriums und stimmte der Einstellung des Verfahrens durch Kabinettsorder vom 4. Januar 1848[127] zu. Allerdings konnte er es nicht unterlassen, dem Staatsministerium einige väterlich verbitterte Ermahnungen an die Landräte Vincke und Bardeleben aufzutragen.

Heinrich von Treitschke[128] hat diese menschliche Seite des politischen Vorgangs so sehr in den Vordergrund gerückt, daß sich seither in Anlehnung an ihn in der Literatur die Auffassung findet[129], die väterliche Güte des Monarchen habe zur Einstellung des Verfahrens geführt, während doch die Akten beweisen, daß es tatsächlich der energische Hinweis des Staatsministeriums auf die bestehenden gesetzlichen Vorschriften war, dem es die Landräte zu verdanken hatten, daß ihr oppositionelles Auftreten ohne Verfolgung blieb.

---

[126] Akten des StM Nr. 2322 Bl. 21 f.; Dokumentarischer Anhang I. b).

[127] Akten des StM Nr. 2322 Bl. 28; Dokumentarischer Anhang I. c).

[128] a.a.O., S. 642 f.

[129] Vgl. *Steinbach* S. 38 f., *Tsatsos* S. 130.

Zweiter Teil

Die Pflicht zur politischen Treue in der Zeit von 1850 bis zur Reichsgründung

1. Die allgemeine Entwicklung der politischen und staatlichen Verhältnisse von 1850 bis 1871

Der Zeitabschnitt von 1850 bis 1871 wird von zwei historisch bedeutsamen Daten eingerahmt: dem 31. Januar 1850 und dem 18. Januar 1871.

Am 31. Januar 1850 fertigte König Friedrich Wilhelm IV. die gemeinsam mit den Kammern revidierte Verfassungsurkunde für den Preußischen Staat aus. Mit diesem formellen Akt wurde der Schlußstrich unter die Revolutionszeit gezogen und endgültig die neue Staatsordnung des Konstitutionalismus eingeführt.

Am 18. Januar 1871 wurde König Wilhelm I. in Versailles zum deutschen Kaiser und damit zum Oberhaupt des wiedergegründeten Deutschen Reiches proklamiert. Preußen gab mit diesem Tag seine bisherige Selbständigkeit und Unabhängigkeit auf und wechselte in die Rolle eines Gliedstaats des neuen Kaiserreichs über.

Wesentlich an der neuen Staatsordnung des Konstitutionalismus[1] war die Beteiligung des Volkes an der Ausübung der Staatsgewalt durch Einrichtung eines Parlaments. Gesetze konnten nun nicht mehr wie bisher allein vom Monarchen, sondern nur noch vom Monarchen und vom Parlament gemeinschaftlich erlassen werden. Im übrigen behielt der König jedoch weiterhin die Stellung als Herr der innerstaatlichen Exekutive, Inhaber der auswärtigen Gewalt und Oberbefehlshaber über die Armee. Ferner ernannte und entließ er die Minister, ohne dabei von parlamentarischer Zustimmung abhängig zu sein. Der Einfluß des Parlaments war also noch recht eng begrenzt. Dabei ist, was den Gegenstand der vorliegenden Untersuchung betrifft, besonders hervorzuheben, daß das Parlament keine Befugnis hatte, der Exekutive Weisungen hinsichtlich der Handhabung der politischen Beamtendisziplin zu erteilen und dementsprechend auch nicht über Mittel verfügte, eine von der Exe-

---

[1] Zum Wesen der konstitutionellen Monarchie: *Huber,* Verfassungsgeschichte, Bd. 3, S. 3 ff.; *Günther* und *Erich Küchenhoff,* Allgemeine Staatslehre, 7. Aufl., Stuttgart, Berlin, Köln, Mainz 1971, S. 199, 287 (Schaubild 12 b).

kutive für richtig gehaltene, von ihm aber mißbilligte Auslegung der Pflicht zur politischen Treue abzustellen. Aus diesem Grunde konnte das Parlament in der konstitutionellen Ära keine Rolle als inhaltsbestimmende Kraft für die politische Treuepflicht spielen. Die vor der Einführung der Verfassung freie Regierungsgewalt des Monarchen wurde dadurch in starkem Maße eingeschränkt, daß er zum Erlaß von Regierungsakten stets der Gegenzeichnung durch einen verantwortlichen Minister bedurfte. Dem Staatsministerium, dem im konstitutionellen System die Führung der Regierungsgeschäfte oblag, verlieh dieses Gegenzeichnungsrecht, verbunden mit der Unabhängigkeit von etwaigen parlamentarischen Mißtrauensvoten, eine machtvolle Stellung.

Zwischen der Verfassungsausfertigung im Jahre 1850 und der Kaiserproklamation im Jahre 1871 lagen politisch bewegte Jahre, in denen heftige Auseinandersetzungen um das innere Schicksal des preußischen Staates geführt wurden[2]. Die Ursache für diese innenpolitische Unruhe lag in dem Kompromißcharakter des zur neuen Staatsordnung erhobenen konstitutionellen Systems. Als Mischform zwischen Absolutismus und Parlamentarismus konnte es weder die extrem konservativen noch die liberalen Kreise befriedigen. Die Konservativen schöpften daraus, daß der König den Wünschen der Revolution nur einen halben Schritt entgegengekommen war, die Hoffnung, das Rad werde sich noch einmal zurückdrehen lassen. Bestärkt durch ihren Teilerfolg hofften dagegen die Liberalen, der Monarch werde sich nach und nach weitere Rechte abtrotzen lassen und schließlich seine gesamten staatlichen Befugnisse zugunsten einer echten Parlamentsherrschaft aufgeben. Beide Richtungen standen einander mit wechselndem Erfolg schroff gegenüber, ohne daß es einer von ihnen gelang, den Sieg davonzutragen.

Die erste Phase der Auseinandersetzung, die Reaktionszeit, stand im Zeichen konservativen Sturmlaufs gegen die neue Verfassungsordnung. Otto Freiherr von Manteuffel, der Ministerpräsident jener Jahre, gab diesem Druck durch Teilrevisionen und eine restriktive Verfassungsauslegung nach, verhinderte jedoch eine restaurative Totalrevision der Verfassung. Die sich anschließende Zeit der Neuen Ära, die mit einem Wechsel in der Regentschaft eingeleitet worden war, brachte eine gewisse Beruhigung. Erst aus Anlaß der Heeresreform, die den preußischen Verfassungskonflikt auslöste, brach das innenpolitische Ringen wieder offen aus. Diesmal waren die liberalen Kräfte im Angriff. Sie hofften, den schon lange schwelenden Kampf um die Machtverteilung zwischen Krone und Parlament endlich zugunsten der Volksvertretung entscheiden zu können und den Übergang zum parlamentarischen Re-

---

[2] Die im folgenden angedeuteten Geschehnisse sind näher dargestellt bei *Huber*, Verfassungsgeschichte, Bd. 3, S. 159 ff., 269 ff.

gierungssystem zu erzwingen. Dadurch, daß Bismarck an die Seite des Monarchen trat, wurde die konstitutionelle Monarchie jedoch gerettet.

Die zwei Jahrzehnte zwischen 1850 und 1870 boten somit ein bewegtes Bild innenpolitischer Spannungen, von deren Auswirkungen auch die Beamtenschaft nicht verschont bleiben konnte.

2. Die Ära Manteuffel

a) Die politische Treuepflicht im allgemeinen

Anfang November 1848 kam es in Preußen zu einer Regierungsneubildung[3]. Sie brachte dem Staat, nachdem seit März 1848 eine Reihe kurzfristig wechselnder, liberaler bzw. politisch farbloser Regierungen amtiert hatte, ein längerfristig wirkendes Kabinett von entschieden antiliberaler und antidemokratischer Grundeinstellung. Die Ministerpräsidentschaft übernahm Graf Brandenburg. In das Amt des Innenministers wurde Otto Freiherr von Manteuffel[4] berufen, der dank reicher administrativer und politischer Erfahrung, die er in einer erfolgreichen Verwaltungslaufbahn als Landrat und leitender Beamter im Innenministerium erworben hatte, unter den Männern der neuen Regierung den stärksten Einfluß erlangte und 1850 nach dem Tode des Grafen Brandenburg dessen Nachfolge als Ministerpräsident antrat.

Die Regierung Brandenburg-Manteuffel griff schon kurz nach ihrer Konstituierung energisch in das noch immer unter dem Eindruck der Revolution stehende politische Leben ein[5]. Am 9. November 1848 verlegte sie die in Berlin zur Vereinbarung einer Verfassung tagende preußische Nationalversammlung nach Brandenburg. Am 5. Dezember 1848 folgte die völlige Auflösung dieses Gremiums, die mit der einseitigen Oktroyierung einer Verfassungsurkunde durch den König verbunden war. — Auch in der Frage der von den Beamten einzuhaltenden politischen Disziplin nahm die Regierung eine energische Haltung ein. Während die Beamten in den letzten Jahren des absolutistischen Regierungssystems eine gewisse politische Freiheit hatten genießen können, gewann nunmehr eine äußerst strenge Auffassung von der Pflicht zur politischen Treue die Oberhand. Danach war es den Beamten untersagt, in ihren politischen Meinungen von den Richtlinien der Regierungspolitik abzuweichen. Darüber hinaus verlangte die Staatsführung

---

[3] Hierüber *Huber*, Verfassungsgeschichte, Bd. 2, S. 746 ff.

[4] Biographisches bei *Huber* ebenda S. 345.

[5] Hierzu *Huber* ebenda S. 749, 751 ff.

sogar von sämtlichen Beamten innerhalb und außerhalb des Dienstes eine aktive Unterstützung der Regierungspolitik. Artikel 24 der oktroyierten Verfassung[6], der jedem Preußen das Recht garantierte, durch Wort, Schrift, Druck und bildliche Darstellung seine Gedanken frei zu äußern, war für die Beamten in seiner Geltung nicht nur eingeschränkt, sondern praktisch außer Kraft.

Die Einführung dieser Prinzipien rührte allerdings nicht allein aus der Vorstellungswelt der neuen Regierung her. Schon vor ihrer Amtszeit hatte es eine Zeitströmung gegeben[7], die davon ausgegangen war, daß man die Beamten in der neuen Staatsform des Konstitutionalismus einer besonders straffen politischen Dispizlin unterwerfen müsse, wenn man die Handlungsfähigkeit der Staatsverwaltung erhalten wolle. Dieser Meinung hingen selbst freiheitlich denkende Kreise an, wie eine Zirkularverfügung an die Regierungspräsidenten vom 15. Juli 1848[8] beweist, mit der die nur kurze Zeit im Amt befindliche liberale Regierung Auerswald die Beamten politisch zu disziplinieren versuchte. In dem von den damaligen Ministern Hansemann und Kühlwetter unterzeichneten Erlaß wurde den Regierungen aufgetragen, alle Beamten, insbesondere die Landräte und Bürgermeister, scharf auf ihre politische Einstellung hin zu überwachen und all diejenigen möglichst schnell aus dem Dienst zu entfernen, die dem Regierungssystem ihre Anerkennung versagten und der Regierungspolitik entgegenarbeiteten.

Dieser Erlaß der liberalen Regierung Auerswald fand in der reaktionären Ära Manteuffel eine Vielzahl von Nachfolgern:

Am 11. Mai 1849 erging eine Zirkularverfügung an sämtliche Regierungspräsidenten[9], in der Manteuffel die Behörden zur kräftigen Unterstützung des Ministeriums aufforderte und allen, die sich dazu nicht bereit finden könnten, den freiwilligen Rücktritt empfahl. Zugleich kündigte er an, daß die Regierung dort, wo dies nicht geschehe, von sich aus für die Entfernung solcher Beamten sorgen müsse, die „ihre Pflichten lässig und widerstrebend erfüllten und Mißtrauen hätten, wo sie durch Belehrung und Verständigung Vertrauen erwecken sollten“.

---

[6] Später Art. 27 PrVerf. 1850.

[7] Vgl. *Hartung*, Studien, S. 252.

[8] MBliV 1848, S. 250; erwähnt bei *Hartung*, Studien, S. 252, 311 f.

[9] Auszugsweise abgedruckt bei *Ferdinand Fischer*, Preußen am Abschlusse der ersten Hälfte des 19. Jahrhunderts, Geschichtliche, culturhistorische, politische und statistische Rückblicke auf das Jahr 1849, Berlin 1876, S. 112, *Steinbach* S. 31 f.

Am 8. Juni 1849 folgte ein Runderlaß des Justizministers Simons[10] an die Präsidien der Appellationsgerichte, in dem es um die genauere Beaufsichtigung der Referendarien und Auskultatoren[11] „in betreff ihrer Teilnahme an politischen Umtrieben" ging. Hierin hieß es:

„Es ist von mehreren Seiten zur Kenntnis des Justizministers gebracht worden, daß Referendarien und Auskultatoren sich vorzugsweise bei politischen Demonstrationen und Versammlungen beteiligen, in denselben aufregende Reden halten und wesentlich dazu beitragen, eine der Königlichen Regierung feindselige Gesinnung zu unterhalten.

Ein solches Betragen widerstrebt ebensosehr ihren Verhältnissen, welche dieselben zur gründlichen Vorbereitung für ihren künftigen Beruf und zur gewissenhaften Benutzung ihrer Zeit für diesen Zweck auffordern, als den besonderen Pflichten, welche ihnen als angehenden Staatsdienern obliegen.

Das Präsidium des Königlichen Appellationsgerichts wird daher veranlaßt, auf solche Referendarien und Auskultatoren sein besonderes Augenmerk zu richten und, wenn ernstliche Ermahnungen nicht von Erfolg gewesen sind, unnachsichtlich deren Entlassung aus dem Justizdienste nach Vorschrift des § 60 des Gesetzes vom 29. März 1844 (Gesetzsammlung Seite 89)[12] herbeizuführen."

Am 26. Juli 1849 erging ein Zirkular des Kultusministers Ladenberg[13], in dem die Regierungspräsidien aufgefordert wurden, „die treue und gewissenhafte Erfüllung der Berufspflichten seitens der Lehrer" zu überwachen und unnachsichtlich gegen inner- oder außerdienstliche politische Opposition in ihren Kreisen einzuschreiten.

Am 7. April 1850 wandte sich Manteuffel erneut mit einem Zirkularerlaß[14] an die Provinzialoberbehörden und wies nochmals auf die Notwendigkeit politischer Disziplin in der Beamtenschaft hin. In seinen Ausführungen hieß es unter anderem:

„Die Bewegungen der letzten Jahre haben ihren Einfluß auch auf den Beamtenstand geübt. Wenn einerseits anerkannt werden muß, daß die Tüchtigkeit, Treue und Hingebung der Beamten wesentlich dazu beigetragen hat, den drohenden Verfall unserer inneren Verhältnisse abzuhalten, so kann andererseits nicht in Abrede gestellt werden, daß auch vielfach Schwanken,

[10] Akten des JM Nr. 3140 Bl. 212.

[11] Früher übliche Stufe in der Juristenausbildung, die dem Universitätsstudium folgte und dem Referendariat vorausging, vgl. *Lotz* S. 374 f.

[12] Die angeführte Bestimmung hatte folgenden Wortlaut: „Referendarien und Auskultatoren, welche durch eine tadelhafte Führung zu einer weiteren Anstellung sich unwürdig zeigen oder die Erwartung ihrer Brauchbarkeit für den Dienst durch ihre Leistungen nicht erfüllen, kann der Verwaltungschef auf den Antrag der Provinzialdienstbehörde aus dem Dienste entlassen; das in den §§ 25 u. f. vorgeschriebene Verfahren [Anm. des Verf.: d. h. das regelmäßig für die Dienstentlassung von Beamten im Disziplinarwege vorgesehene, mit weitergehenden Formvorschriften ausgestattete Verfahren] findet auf dieselben keine Anwendung."

[13] MBliV 1849, S. 167.

[14] MBliV 1850, S. 89.

Unsicherheit und Lauheit wahrzunehmen gewesen ist. Es ist jetzt nötig, daß solchen Übelständen mit Entschiedenheit ein Ziel gesetzt werde.

...

Ich bin daher fest entschlossen und halte es für meine Pflicht, rücksichtslos alle Beamte, welche die Treue verletzen oder den Mut, den ihr Beruf erfordert, nicht betätigen oder einer feindlichen Parteinahme gegen die Staatsregierung sich schuldig machen, im gesetzlichen Wege aus ihren Ämtern zu entfernen."

Die Kette der grundlegenden die politische Disziplin betreffenden Beamtenerlasse wurde am 1. Januar 1851 durch eine Rundverfügung[15] geschlossen, die der Minister von Westphalen an die Oberpräsidenten richtete, als er das durch Manteuffels Aufstieg zum Ministerpräsidenten freigewordene Innenministerium übernahm. In dem Erlaß betonte von Westphalen, daß er an der Politik festhalten wolle, die sein Vorgänger Manteuffel in der Verfügung vom 7. April 1850 niedergelegt hatte. Zugleich prägte er den seinen Willen zur Gleichschaltung aller politischen Meinungen charakterisierenden Satz: „... e i n Geist, e i n Wille muß die gesamte Administration durchwehen und beleben."

Die Regierung beließ es nicht nur bei den Ankündigungen, sondern schritt auch tatsächlich gegen politisch mißliebige Beamte ein[16]. Prominente Opfer dieser Maßnahmen waren die liberalen Oberpräsidenten von Auerswald und von Bonin, die 1851 zur Disposition gestellt wurden[17], sowie der Oberbürgermeister von Elberfeld, von Carnap, der durch einen Regierungskommissar ersetzt wurde[18]. Ein ähnliches Schicksal erlitt der liberale Oberbürgermeister von Elbing, Phillips, der 1853 auf Druck des Innenministers Westphalen sein Amt niederlegen mußte[19].

Die Zuspitzung der Beamtenpolitik entsprach auch den Intentionen Friedrich Wilhelms IV., bei dem lange Zeit der Eindruck der Revolution nachwirkte und der dem Staatsministerium gegenüber mehrfach erkennen ließ, daß er ein scharfes Einschreiten gegen jede liberale Regung in der Beamtenschaft wünsche[20]. In einer Kronratssitzung am 20. September 1854[21] ging der König sogar so weit, die Ergänzung der Strafgesetze um einen besonderen Straftatbestand für den Bruch des

---

[15] MBliV 1851, S. 1.

[16] Zu den politischen Säuberungsmaßnahmen vgl. *Fischer* S. 256 ff., *Hartung*, Studien, S. 255 f., 315.

[17] Vgl. *Otto Freiherr von Manteuffel*, Unter Friedrich Wilhelm IV., Denkwürdigkeiten des Ministers Otto Freiherrn von Manteuffel, hrsg. von Heinrich von Poschinger, Bd. 2, Berlin 1901, S. 41.

[18] Siehe *Fischer* S. 258.

[19] Vgl. *Bernstein*, Bd. 2, S. 154 ff.

[20] Hierzu Akten des StM Nr. 2322 Bl. 41, 56.

[21] Protokollauszug in den Akten des StM Nr. 2334 Bl. 155.

Diensteids in Erwägung zu ziehen. Von einer derartigen Bestimmung erhoffte er sich eine Erleichterung beim Vorgehen gegen oppositionelle Beamte. Die Minister kamen jedoch nach eingehender Prüfung zu dem Ergebnis[22], daß die bestehenden Gesetze ausreichten und die Einführung der vom König ins Auge gefaßten Regelung insofern einen nicht zu verantwortenden Rückschritt in der Rechtsentwicklung bedeuten würde, als dadurch die gerade erst schärfer gesetzlich herausgearbeiteten Grenzen zwischen Disziplinarrecht und Kriminalstrafrecht wieder verwischt würden. Dementsprechend fanden sie sich nicht zur Unterstützung des Plans bereit, der daraufhin nicht weiterverfolgt wurde.

b) Treuepflicht und Vereinigungsfreiheit

Eines der ersten Einzelprobleme aus dem Bereich der Pflicht zur politischen Treue, mit dem sich die Regierung nach dem Erlaß der Verfassung zu beschäftigen hatte, war die Frage, inwieweit sie berechtigt sei, von den Beamten die Zurückhaltung von Vereinen zu verlangen, deren politische Haltung ihr unerwünscht war.

Den Anstoß zur Beschäftigung mit dem Vereinsrecht[23] gab ein im Oktober 1849 vom Oberpräsidenten der Provinz Posen ausgesprochenes Verbot, mit dem allen Beamten der Provinz die Teilnahme an der Liga Polska untersagt wurde. Bei dieser Vereinigung handelte es sich um einen Zusammenschluß der polnischen Minderheit, dessen statutenmäßig ausgesprochener Zweck sich auf die „Verteidigung der nationalen Rechte und Freiheiten angesichts der Regierung" richtete. Das vom Oberpräsidenten eigenmächtig ausgesprochene Verbot der Teilnahme an diesem Verein brachte die Regierung insofern in Verlegenheit, als der Liga Polska kein den Strafgesetzen widersprechendes Verhalten nachgewiesen werden konnte. Demgemäß durfte die Allgemeinheit der Staatsbürger nach der Verfassung nicht an der Mitwirkung in der Vereinigung gehindert werden. Denn es hieß in Artikel 28 der oktroyierten Verfassung vom 5. Dezember 1848[24]:

> „Alle Preußen haben das Recht, sich zu solchen Zwecken, welche den Strafgesetzen nicht zuwiderlaufen, in Gesellschaften zu vereinigen."

Den Beamten durfte die Beteiligung an dem Verein nur untersagt werden, wenn die verfassungsrechtlich garantierte Vereinigungsfreiheit

---

[22] Hierzu Bericht des Staatsministeriums an den König vom 14. März 1855, Akten des StM Nr. 2334 Bl. 162 ff., sowie die Ministervoten ebenda Bl. 151 ff., 156 ff.

[23] Zum Folgenden Votum des Kultusministers Ladenberg vom 21. Februar 1850, Exemplar in den Akten des JM Nr. 3140 Bl. 237 f.

[24] Entsprechend Art. 30 PrVerf. 1850.

für sie nicht in gleichem Maße galt wie für die übrigen Staatsbürger. Zu dieser Frage hatte die Regierung bisher noch keine grundsätzliche Stellungnahme abgegeben. Das Problem war jedoch sehr aktuell, da die Liga Polska nur eine von zahlreichen politischen Vereinigungen war, deren Ziele der Regierungspolitik zuwiderliefen, ohne die Grenzen des Strafrechts zu überschreiten. Das Staatsministerium nahm deshalb die Gelegenheit wahr, sämtliche Behörden mit allgemeinen Richtlinien darüber zu versehen, wie die Teilnahme von Beamten an Vereinen mit „regierungsfeindlichen Tendenzen" zu beurteilen sei.

Am 19. April 1850 erging ein Erlaß[25] des Kultusministers Ladenberg, in dem sämtliche Regierungen und die Schul- und Universitätsverwaltungen über die Einstellung der Staatsregierung zum Vereinsrecht der Beamten unterrichtet wurden. Am 11. Mai 1850 folgte ein weiterer Erlaß[26] zu demselben Thema, der sich an die Chefs der Provinzialbehörden richtete und vom Innenminister Manteuffel und dem Finanzminister Rabe gemeinsam unterzeichnet war.

Entsprechend der politischen Grundeinstellung der Regierung behandelten beide Erlasse die Frage der Vereinigungsfreiheit der Beamten in einem restriktiven Sinne. Es wurde festgestellt, daß die Staatsbeamten kraft ihrer gesetzlichen Stellung und ihrer besonderen Pflichten das Vereinsrecht nicht in demselben Umfange ausüben dürften wie die übrigen Staatsbürger. Den angesprochenen Behörden wurde aufgetragen, die Beamten darauf hinzuweisen, daß sie sich immer dann von einer politischen Vereinigung fernzuhalten hätten, wenn diese der Regierung entgegengesetzte Ziele verfolge, unabhängig davon, ob dies bereits strafbar sein sollte oder nicht. Zugleich sollten die Beamten vor den Folgen fernerer Teilnahme an Vereinen mit regierungsfeindlicher Tendenz gewarnt werden. Zur Begründung für die ihrer Ansicht nach im Beamtenverhältnis insoweit bestehende Grundrechtseinschränkung erwähnten die Minister die grundlegenden Beamtenbestimmungen des Allgemeinen Landrechts[27] und § 20 der Disziplinarverordnung vom 11. Juli 1849[28], der den Beamten unter Androhung der Dienstentlassung jede feindselige Parteinahme gegen die Staatsregierung untersagt hatte. Gleichzeitig ließ die Regierung durchblicken, sie sehe es als Entgegenkommen an, daß überhaupt eine Warnung an die betroffenen Beamten vorausgeschickt werde, obwohl doch ihrer Meinung nach die Rechtslage ein sofortiges disziplinarisches Einschreiten erlaube. Von ihrer strengen Auffassung wich die Regierung auch später nicht ab, als

---

[25] MBliV 1850, S. 96.
[26] MBliV 1850, S. 122.
[27] §§ 1—3, II, 10 ALR.
[28] GS 1849, S. 271.

das ausdrückliche Verbot feindseliger Parteinahme gegen die Staatsregierung aus den Disziplinarbestimmungen gestrichen wurde[29]. Ein wichtiges, aus dem Wortlaut der Verfassung selbst herzuleitendes Argument, das gegen ihre Ansicht sprach, ließ die Regierung völlig unberücksichtigt. Es war die Tatsache, daß die Verfassung vom 31. Januar 1850 (Art. 39)[30] lediglich für Militärpersonen ausdrücklich eine Einschränkung der Vereinigungsfreiheit vorsah, für Beamte aber keine gleichartige Vorschrift enthielt. Hieraus im Wege des Gegenschlusses die Feststellung abzuleiten, daß den Beamten ebenso wie allen übrigen Staatsbürgern uneingeschränkte Vereinigungsfreiheit zustehe, fand sich aber, wie sich im weiteren Verlauf der vorliegenden Untersuchung zeigen wird, auch keine der nachfolgenden konstitutionellen Regierungen bereit.

c) Die Treuepflicht bei den Wahlen

Die regelmäßig wiederkehrenden Parlamentswahlen, die mit dem Konstitutionalismus als neues Element in das politische Leben einzogen, stellten die Regierung vor eine weitere die politische Komponente der beamtenrechtlichen Treuepflicht betreffende Entscheidung. Sie mußte sich darüber klar werden, ob die Treuepflicht die Beamten auch als Wähler zu einem regierungsfreundlichen Verhalten verpflichtete oder ob ihre Stimmabgabe bei den Parlamentswahlen eine Handlung war, auf die die Staatsführung keinen Einfluß nehmen durfte. Die Versuchung, diese Frage in dem der Regierung günstigeren Sinne zu entscheiden, war angesichts der Eigenheiten des preußischen Wahlsystems sehr groß. Das Dreiklassenwahlrecht[31] zur Zweiten Kammer, die 1855 den Namen „Haus der Abgeordneten" erhielt[32], beruhte nicht nur auf den Prinzipien der Ungleichheit und Mittelbarkeit, sondern sah auch die Öffentlichkeit der Abstimmung vor. Dies verschaffte der Regierung einen genauen Überblick über den Kreis oppositioneller Wähler und eine günstige Ausgangsposition für gezielte Gegenmaßnahmen.

Trotz dieser vorteilhaften Möglichkeit, die Einhaltung eines an die Beamten gerichteten Verbots oppositioneller Stimmabgabe zu überwachen, hielt sich die Regierung in den ersten Jahren ihrer Amtsführung noch sehr zurück. Zu den 1849 stattfindenden Parlamentswahlen erging zwar am 28. Dezember 1848 ein Erlaß[33] des Innen-

---

29 Vgl. oben S. 27.

30 Vorher entsprechend Art. 32 PrVerf. 1848.

31 Art. 71 und 115 PrVerf. 1850; Verordnung betreffend die Ausführung der Wahl der Abgeordneten der Zweiten Kammer vom 30. Mai 1849 (GS S. 205).

32 Gesetz vom 30. Mai 1855 (GS S. 316).

33 Akten des StM Nr. 111.

ministers Manteuffel an sämtliche Regierungspräsidien, in dem den Behörden aufgetragen wurde, sie müßten eine Stellung einnehmen, „welche die Anhänger der konstitutionell-monarchischen Regierungsform mit Achtung und Vertrauen erfüllt". Doch war dieser Aufruf noch weit davon entfernt, irgendwelche Drohungen gegen regierungsfeindlich abstimmende Beamte auszusprechen. Auch bei den Vorbereitungen zu den im Herbst 1852 stattfindenden Wahlen schlug die Regierung gegenüber den Beamten zunächst einen verhältnismäßig neutralen Kurs ein. In der am 29. September 1852 abgehaltenen Sitzung des Staatsministeriums[34] wurde auf Antrag des Innenministers Westphalen der Plan verworfen, die Beamten durch Erlasse ihrer Behördenchefs aufzufordern, sich bei den Kammerwahlen zu beteiligen und dabei für die Regierung zu wirken. Der Innenminister selbst ließ sich jedoch durch den von ihm herbeigeführten Ministerialbeschluß nicht einengen und wandte sich dessenungeachtet kurz darauf am 7. Oktober 1852 mit einem vertraulichen Wahlerlaß[35] an sämtliche Landräte. Darin forderte er sie auf, alle Kräfte aufzubieten, um einen Wahlsieg der die Regierung stützenden konservativen Partei herbeizuführen. Der Aufruf enthielt zugleich eine versteckte Drohung, indem der Minister ankündigte, daß er bei einem der Regierung unerwünschten Wahlausgang prüfen werde, inwiefern ein regerer Eifer des verantwortlichen Landrats ein besseres Wahlergebnis herbeigeführt haben würde. Eine ausdrückliche Aufforderung an die Landräte, selbst konservativ zu stimmen, war in dem Erlaß nicht enthalten, doch wurde dies so selbstverständlich vorausgesetzt, daß es keiner gesonderten Erwähnung bedurfte. Zur allgemeingültigen Grundlage der offiziellen Regierungspolitik wurde die Anschauung, daß der Beamte auch als Wähler zu regierungsfreundlichem Verhalten verpflichtet sei, bei den 1855 stattfindenden Parlamentswahlen.

1855 stellte die Staatsregierung die Beamten vollends in den Dienst ihrer Wahlziele, indem sie massiv in den Wahlkampf eingriff und die Staatsbediensteten durch eine Anzahl von Erlassen und Aufrufen unter Druck setzte. Die Wahlvorbereitungen begannen am 18. Mai 1855 mit einer Zirkularverfügung[36] des Innenministers Westphalen an die Oberpräsidenten. Sie enthielt ausführliche Anweisungen, welche Maßnahmen zur Herbeiführung eines der Regierung günstigen Wahlausgangs zu treffen seien. Vor allem wurden den Oberpräsidenten Vorschläge und Anregungen zur Neueinteilung der Wahlbezirke unterbreitet, da die Regierung bei der Verfolgung ihrer Ziele auch nicht vor einer ge-

---

[34] Protokollauszug in den Akten des StM Nr. 111.

[35] Akten des StM Nr. 111; Dokumentarischer Anhang II.

[36] Akten des StM Nr. 111.

schickten Wahlkreisgeometrie zurückschreckte. Das Wahlverhalten der Beamten wurde in der am 9. Juni 1855 abgehaltenen Ministerberatung[37] angesprochen, an der auch der König teilnahm. Bei dieser Gelegenheit beklagte Friedrich Wilhelm IV., daß bei früheren Wahlen manche Staatsbeamte auf seiten der Opposition gestanden hätten. Ein derartiges Verhalten laufe ihrer amtlichen Stellung und ihrer Dienstpflicht zuwider und könne nicht geduldet werden. Den Beamten müsse klargemacht werden, daß sie sich der Stimme zu enthalten hätten, wenn sie glaubten, nicht für die Regierung stimmen zu können. Dieses königliche Votum war das Signal für zusätzliche, an die Beamten gerichtete Wahlerlasse.

Am 7. September 1855 erging eine vertrauliche Zirkularverfügung[38] des Innenministers an alle Landräte, in der diese veranlaßt wurden, mit allen Mitteln für die Herbeiführung einer konservativen Mehrheit im Abgeordnetenhaus zu kämpfen. Die Verfügung ging sogar so weit, die Landräte, deren konservativer Gesinnung die Regierung offenbar gewiß war, aufzufordern, notfalls selbst zu kandidieren. Es hieß darin:

„... Wenn aber ... anderweitige zuverlässige Kandidaturen mit Aussicht auf Erfolg nicht aufzustellen sind, so wird es, wie ich ausdrücklich hervorzuheben nicht unterlassen will, angemessen sein, daß Sie selbst als Kandidat auftreten, insofern Sie annehmen dürfen, daß die Stimmen der Majorität Ihnen zufallen. ... Ich werde es daher, insofern eben nicht andere Männer von zuverlässiger Gesinnung sichere Aussichten auf Erfolg haben, gern sehen, wenn das Vertrauen, welches Sie in dem Kreise genießen, sich in Ihrer eigenen Wahl bekundet, und ein besonderes Gewicht darauf legen, wenn hierdurch die sonst etwa drohende Gefahr einer oppositionellen Wahl vermieden worden ist. ...“

Diese Aufforderung erklärt das allenthalben mit Erstaunen vermerkte sprunghafte Ansteigen der Landratskandidaturen gerade in diesem Wahlkampf, aus dem mehr als 70 Landräte[39] in das Abgeordnetenhaus einzogen, so daß man von dem neugewählten Parlament als einer „Landratskammer“ sprach.

Daneben erging seitens des Innenministers ein Zirkular[40] an die Regierungspräsidenten, in dem diese angehalten wurden, ein regierungsfeindliches Auftreten der Beamten bei den Wahlen zu verhindern. Hierin hieß es:

„Ich darf voraussetzen, daß zwar der größte Teil der Beamten in dem Ressort der dortigen Königlichen Regierung bereit sein werde, zu einem glücklichen Ausgang der Wahloperationen im Sinne wahrhaft konservativer und gouvernementaler Wahlen mit tätigem Eifer und mit aller Entschieden-

---

37 Protokollauszug in den Akten des StM Nr. 111.

38 Akten des StM Nr. 111.

39 Vgl. *Bernstein*, Bd. 2, S. 208; *Schoeps* S. 241.

40 Veröffentlicht in StenBer. AH 1855/56, Bd. 1, S. 14.

heit der Gesinnung mitzuwirken; im Hinblick auf die früher an einzelnen Beamten gemachten entgegengesetzten Erfahrungen darf ich jedoch nicht unterlassen, Sie aufzufordern, sämtlichen Beamten des dortigen Ressorts die betreffenden Pflichten ihrer Stellung in geeigneter Weise nahezulegen. Insbesondere sind dieselben allen Ernstes darauf aufmerksam zu machen, daß zwar, wenn sie sich ihrem Gewissen gebunden fühlen, nicht für die Regierung stimmen zu können, ihnen unbenommen bleibe, sich der Teilnahme an den Wahlen zu enthalten, daß aber ein Auftreten gegen die Regierung Sr. Majestät ihrer amtlichen Stellung und ihrer Dienstpflicht zuwiderlaufe und keinesfalls geduldet werden könne."

In Ausführung dieser Weisung erließen die Regierungspräsidenten ihrerseits entsprechende Verfügungen an ihre Untergebenen. Besonderes Aufsehen erregte ein Erlaß des Mindener Regierungspräsidenten Peters, in dem auf oppositionelle Stimmabgabe ausdrücklich ein Disziplinarverfahren angedroht wurde[41].

Das Vorgehen der Regierung bei den Wahlen von 1855 rief später heftige Kritik im Abgeordnetenhaus hervor[42], doch konnte diese der Regierung nichts anhaben, da ihr die Wahlbeeinflussung die gewünschte konservative Mehrheit gebracht hatte[43]. Von Bedeutung waren die Angriffe im Abgeordnetenhaus insofern, als sie den Geheimen Regierungsrat Hahn als Regierungskommissar zu einer Stellungnahme veranlaßten[44], aus der klar ersichtlich wurde, woher die Regierung die Berechtigung herleitete, die Beamten so streng an ihre Politik zu binden. Hahn führte aus, das Ministerium könne sich nicht als eine konstitutionelle Zwischengewalt zwischen König und Kammern betrachten, sondern habe alle Gewalt nur als erster Diener, als höchste Behörde des Königs. Hieraus folgerte er, daß dem Staatsministerium gleiche Autorität und gleiche Treue wie dem Monarchen zukomme.

Zieht man das juristische Fazit aus dem 1855 von der Regierung geübten Wahlkampfverhalten, so ist festzustellen, daß sich offiziell die Auffassung durchgesetzt hatte, daß der Beamte kraft seiner dienstlichen Treuepflicht auch als Wähler zur Rücksichtnahme auf die Regierung verpflichtet sei und in der Stimmabgabe nicht die gleiche Freiheit genieße wie die übrigen Staatsbürger. Da die preußische Verfassung aber keine Einschränkung der Wahlfreiheit für bestimmte Personen-

---

[41] Vgl. die Ausführungen des Abgeordneten Graf von Schwerin in StenBer. AH 1855/56, Bd. 1, S. 12 ff. (Wortlaut des vom Regierungspräsidenten Peters herausgegebenen Wahlerlasses S. 13).

[42] s. Wahlprüfungsantrag des Abgeordneten Graf von Schwerin (StenBer. AH 1856 [Anlagen], Bd. 1, S. 63, Aktenstück Nr. 21) und die daran anschließende Debatte am 7. und 8. Februar 1856 (StenBer. AH 1855/56, Bd. 1, S. 320 ff., 345 ff.).

[43] Übersicht zur Mandatsverteilung im 1855 gewählten Abgeordnetenhaus bei *Huber*, Dokumente, Bd. 2, Stuttgart 1964, S. 535 (Anhang Nr. 391).

[44] StenBer. AH 1855/56, Bd. 1, S. 343 (Sitzung am 7. Februar 1856).

oder Berufsgruppen vorsah, muß diese Haltung als im Widerspruch zur damaligen Verfassung stehend angesehen werden.

d) Die Treuepflicht bei der Ausübung eines parlamentarischen Mandats

In treffender Vorausschau der Rolle, die die Beamtenschaft einmal im preußischen Parlamentsleben spielen würde, schrieb 1833 der Potsdamer Regierungsrat Wehnert[45]: „Der Mangel an Brauchbarkeit und Tüchtigkeit für die Staatsgeschäfte außer dem Beamtenstande und im eigentlichen Volk ist so fühlbar, daß man auch bei einer etwa weitergehenden Entwicklung des konstitutionellen Lebens des Mittels nicht würde entbehren können, vorzüglich Staatsdiener zum Wohl des gesellschaftlichen Zustandes in den Ständeversammlungen zuzulassen ...". Diese Äußerung spiegelte nicht allein die persönliche Meinung des Verfassers wider, sondern entsprach einer zur damaligen Zeit in weiten Kreisen herrschenden Auffassung. Sie hielt sich bis in die Mitte des 19. Jahrhunderts und führte, als beim Übergang zur konstitutionellen Monarchie die Ständeversammlungen durch ein echtes Parlament abgelöst wurden, zu einer besonders beamtenfreundlichen Parlamentsgesetzgebung.

Die Beamtenfreundlichkeit des preußischen Parlamentsrechts schlug sich in drei Punkten nieder: Der erste war das Fehlen von Inkompatibilitätsvorschriften. Beamtenstellung und parlamentarisches Mandat waren ohne weiteres miteinander vereinbar[46]. Eine Unvereinbarkeit bestand nur dann, wenn ein Parlamentarier nachträglich in den besoldeten Staatsdienst eintrat oder ein Abgeordneter, der schon Beamter war, ein Amt mit höherem Rang oder Gehalt übernahm. In solchen Fällen gingen Sitz und Stimme im Parlament verloren, doch war die Wiederwahl zulässig[47]. Mit dieser Bestimmung sollte einer Korruption der Abgeordneten durch Ämter und Beförderungen vorgebeugt werden. — Die zweite Regelung, mit der den Beamten der Zutritt zum Parlament erleichtert wurde, war in Artikel 78 Absatz 2 der Verfassung vom 31. Januar 1850[48] niedergelegt. Dort hieß es: „Beamte bedürfen keines Urlaubs zum Eintritt in die Kammer." Durch diesen Verfassungssatz wurde den Beamten zugesichert, daß sie unabhängig von einem Mit-

---

[45] *Wehnert,* Über den Geist der Preußischen Staatsorganisation und Staatsdienerschaft, Potsdam 1833, S. 92.

[46] Vgl. hierzu *Adalbert Hess,* Das Parlament das Bismarck widerstrebte, Zur Politik und sozialen Zusammensetzung des preußischen Abgeordnetenhauses der Konfliktszeit (1862—1866), Köln und Opladen 1964, S. 89 ff.

[47] Art. 78 Abs. 3 PrVerf. 1850; Art. 77 Abs. 3 PrVerf. 1848.

[48] Entsprechend Art. 77 Abs. 2 PrVerf. 1848.

spracherecht der Dienstvorgesetzten in freier Entschließung über die Annahme eines Abgeordnetenmandats selbst entscheiden könnten. — Der dritte Punkt, in dem die Rechtsordnung parlamentarisch tätigen Beamten entgegenkam, betraf das Aufkommen für die Stellvertretungskosten, die entstanden, wenn ein Beamter durch die Wahrnehmung seiner Aufgaben als Abgeordneter an der Erfüllung seiner Dienstgeschäfte verhindert war. Eine gesetzliche Verpflichtung zur Erstattung derartiger Kosten wurde nirgends festgelegt. Vielmehr behandelte die Regierung die beamteten Mitglieder der neugeschaffenen Kammern ebenso wie früher diejenigen Beamten, die in die Provinziallandtage gewählt worden waren. Für diese hatte ein Ministerialreskript vom 29. März 1831[49] ausdrücklich bestimmt, daß ihnen die Kosten ihrer Stellvertretung im Amt nicht aufzuerlegen seien. Hieraus entwickelte sich für die konstitutionelle Epoche eine gewohnheitsrechtliche Freistellung von den Stellvertretungskosten, die nur einmal für kurze Zeit während des preußischen Verfassungskonflikts unter Bismarck außer Kraft gesetzt wurde[50].

Die in der Gesetzgebung zum Ausdruck gekommene Tendenz entsprach in vollem Umfang den Vorstellungen der Regierung Manteuffel, die einer parlamentarischen Tätigkeit ihrer Beamten zustimmend gegenüberstand und dies immer wieder betonte. So wurde in der am 29. September 1852 durchgeführten Sitzung des Staatsministeriums[51] beschlossen, daß die Beamten in keiner Weise von der Annahme von Kammermandaten abgehalten werden sollten. Am 14. Mai 1858 kam in einer Kronratssitzung[52] zur Sprache, wie notwendig die tätige Mitwirkung der Beamten im Landtag sei und daß alles vermieden werden müsse, was die Beamten zu einem Rückzug aus dem Parlament veranlassen könnte.

Die günstige Rechtslage und die positive Einstellung der Staatsführung hatten zur Folge, daß ein starker Zustrom von Beamten in das Abgeordnetenhaus einsetzte[53]. Die große Anzahl von Beamten im Landtag stellte die Regierung alsbald vor ein neues rechtliches Problem: Angesichts immer wieder vorkommender parlamentarischer Opposition aus Beamtenkreisen hatte sie zu entscheiden, ob sie von den Beamten kraft deren Treuepflicht auch im Parlament Rücksichtnahme auf die

---

49 *v. Kamptz*, Bd. 15, Jahrgang 1831, Heft 1, S. 8 f.

50 Staatsministerialbeschlüsse vom 22. September 1863 (MBliV 1863, S. 194) und vom 24. Oktober 1869 (MBliV 1869, S. 276).

51 Protokollauszug in den Akten des StM Nr. 2322 Bl. 77.

52 Protokollauszug in den Akten des StM Nr. 2322 Bl. 89 f.

53 Vgl. *Louis Rosenbaum*, Beruf und Herkunft der Abgeordneten zu den deutschen und preußischen Parlamenten 1847 bis 1919, Ein Beitrag zur Geschichte des deutschen Parlaments, Frankfurt a. M. 1923, S. 29 f.

Regierungspolitik verlangen könne und einen in diese Richtung gehenden Druck ausüben dürfe.

An sich enthielt Artikel 83 der Verfassung vom 31. Januar 1850[54] eine deutliche Antwort auf diese Frage. Er lautete:

„Die Mitglieder beider Kammern sind Vertreter des ganzen Volkes. Sie stimmen nach ihrer freien Überzeugung und sind an Aufträge und Instruktionen nicht gebunden."

Andererseits war Artikel 84 Absatz 1[55], der die Indemnität[56] der Parlamentsabgeordneten behandelte, weniger klar gefaßt. Er hatte den Wortlaut:

„Sie [erg. die Mitglieder beider Kammern] können für ihre Abstimmungen in den Kammern niemals, für ihre darin ausgesprochenen Meinungen nur innerhalb der Kammer auf den Grund der Geschäftsordnung (Art. 78) zur Rechenschaft gezogen werden."

Die Schwächen dieser Regelung werden sichtbar, wenn man den entsprechenden Passus des Grundgesetzes für die Bundesrepublik Deutschland vom 23. Mai 1949[57] zum Vergleich heranzieht. Artikel 46 Absatz 1 Satz 1 GG bestimmt:

„Ein Abgeordneter darf zu keiner Zeit wegen seiner Abstimmung oder wegen einer Äußerung, die er im Bundestage oder in einem seiner Ausschüsse getan hat, gerichtlich oder dienstlich verfolgt oder sonst außerhalb des Bundestages zur Verantwortung gezogen werden."

Mit dieser Formulierung ist eindeutig klargestellt[58], daß der Abgeordnete schlechthin vor jeder von seiten der Staatsgewalt ausgehenden Zufügung eines Übels wegen parlamentarischer Abstimmungen oder Äußerungen geschützt ist[59]. Die besondere Klarheit dieser Verfassungsbestimmung wird gesetzestechnisch dadurch erzielt, daß der Begriff des „Zur-Verantwortung-Ziehens" durch die beispielhafte Erwähnung des Verbots gerichtlicher oder dienstlicher Verfolgung erläutert wird. Artikel 84 der preußischen Verfassungsurkunde vom 31. Januar 1850 enthielt keine derartige Klärung des Ausdrucks „zur Rechenschaft ziehen", womit der Bereich des dem Parlamentarier zustehenden Schutzes nur mangelhaft bestimmt war.

Die Regierung Manteuffel machte sich diese Verfassungsschwäche zunutze. Sie nahm das Recht für sich in Anspruch, dienstlich gegen

---

[54] Entsprechend Art. 82 PrVerf. 1848.

[55] Ähnlich Art. 83 PrVerf. 1848.

[56] Zum Sprachgebrauch vgl. *Theodor Maunz, Günter Dürig, Roman Herzog*, Grundgesetz, Kommentar, 3. Aufl., München 1969, Art. 46, Randnr. 3—5.

[57] BGBl. 1949, S. 1.

[58] Vgl. *Maunz/Dürig/Herzog*, Art. 46, Randnr. 18.

[59] Der im vorliegenden Zusammenhang nicht interessierende Fall des Art. 46 Abs. 1 Satz 2 (verleumderische Beleidigung) bleibt hier unberücksichtigt.

Beamte einzuschreiten, die in Angelegenheiten, denen sie besondere Bedeutung beimaß, parlamentarisch gegen den Regierungsstandpunkt opponierten, und ließ damit erkennen, daß ihrer Ansicht nach die Beamten kraft der Treuepflicht auch im Parlament Beschränkungen unterworfen seien. Eine Verfassungsverletzung sah sie im dienstlichen Vorgehen gegen parlamentarisch opponierende Beamte nicht, da ihrer Meinung nach derartige Maßnahmen nicht unter den in Artikel 84 enthaltenen Begriff des „Zur-Rechenschaft-Ziehens" fielen. Damit ging sie von einer reinen Wortinterpretation aus, die dem Sinn der Verfassung, die sich in Artikel 83 zur vollen Unabhängigkeit aller Abgeordneten und damit zum freien Mandat bekannte, zuwiderlief und aus heutiger Sicht als verfassungswidrig zu bezeichnen ist[60], dem damals herrschenden positivistischen Verfassungsverständnis aber durchaus entsprach. Bei den Mitteln, mit denen die Regierung gegen parlamentarisch opponierende Beamte vorging, handelte es sich um nach damaligem Recht jederzeit von ihr ohne förmliches Verfahren und Anhörung des Betroffenen verfügbare dienstliche Maßregeln wie namentlich die Versetzung in den einstweiligen Ruhestand[61]. Förmliche Disziplinarmaßnahmen wurden zwar in Erwägung gezogen[62], es ist jedoch kein Fall bekannt geworden, in dem sie tatsächlich angewendet wurden.

Eingehend beschäftigte man sich im Jahre 1858 an der Staatsspitze mit der Frage der politischen Disziplin der parlamentarisch tätigen Beamten, wobei sich die vorstehend charakterisierte Einstellung deutlich zeigte. Ausgangspunkt war eine Regierungsvorlage, in der das Parlament aufgefordert wurde, einer Erhöhung der Rübenzuckersteuer zuzustimmen[63]. Dieser Antrag traf auf heftigen Protest zahlreicher Abgeordneter, da die Regierung 1853 versprochen hatte, diese schon mehrfach erhöhte Steuer nicht nochmals anzuheben. Unter den Gegnern der

---

[60] Vgl. *Huber*, Verfassungsgeschichte, Bd. 4, Stuttgart, Berlin, Köln, Mainz 1969, S. 1100 f.

[61] Wegen oppositioneller Haltung im Parlament zur Disposition gestellt wurden die Landräte Delius, von Hilgers und von Bockum-Dolffs (*Kaltheuner* S. 58; *A. Ernst von Ernsthausen*, Erinnerungen eines preußischen Beamten, Bielefeld und Leipzig 1894, S. 103; Ausführungen des Abgeordneten von Vincke in den Stenographischen Berichten über die Verhandlungen der Zweiten Kammer 1851/52, Bd. 1, S. 95 [Sitzung am 12. Januar 1852] sowie in StenBer. AH 1861, Bd. 1, S. 93 [Sitzung am 5. Februar 1861]).

[62] Schreiben des Innenministers von Westphalen an den Ministerpräsidenten Manteuffel vom 22. April 1851 (Akten des StM Nr. 2322 Bl. 75); vgl. auch die nachstehend wiedergegebene Äußerung des Kronprinzen in der Kronratssitzung am 15. März 1858.

[63] Sammlung sämtlicher Drucksachen des Hauses der Abgeordneten 1858, Bd. 2, Nr. 57; entsprechend: StenBer. AH 1858, Bd. 2 (Anlagen), S. 282 ff. (Aktenstück Nr. 57). — Siehe ferner Bericht der Kommission des Abgeordnetenhauses für Finanzen und Zölle vom 22. März 1858 in: Sammlung sämtlicher Drucksachen des Hauses der Abgeordneten 1858, Bd. 3, Nr. 104; ebenso in: StenBer. AH 1858, Bd. 2 (Anlagen), S. 289 ff. (Aktenstück Nr. 58).

neuerlichen Steuererhöhung befanden sich viele Beamte, über deren Opposition die Regierung besonders verärgert war, da sie der parlamentarischen Billigung insofern große Bedeutung beimaß, als sie sich gegenüber ihren Partnern im deutschen Zollverein bereits vertraglich zur Durchführung der Besteuerungsmaßnahme verpflichtet hatte. Am 15. März 1858 fand unter Teilnahme des Kronprinzen und späteren Königs Wilhelm, der für den inzwischen erkrankten Friedrich Wilhelm IV. die Regierungsgeschäfte führte, eine Kronratssitzung statt[64], in der die Opposition der Beamten zur Sprache kam. Dabei erklärte der Kronprinz hinsichtlich der opponierenden Beamten,

„daß zwar im allgemeinen und der Regel nach einem solchen Beamten seine oppositionelle Stellung im Landtage, wenn dieselbe auf sein Verhältnis als Landtagsmitglied beschränkt bleibe und sich nicht in seiner amtlichen Wirksamkeit bemerkbar mache, nicht zum Vorwurf gemacht werden dürfe, daß aber in einem Falle wie der vorliegende, wo die Ehre und die Autorität des Preußischen Staats nach außen hin auf dem Spiele stehe, jeder dem Landtage angehörende Beamte der Regierung seinen Beistand zu gewähren verpflichtet, mithin eine Opposition der Beamten als eine eigentliche Pflichtverletzung aufzufassen und durch die der Regierung nach dem Disziplinargesetze zu Gebote stehenden Mittel zu ahnden sei“[65].

Im Ergebnis führte die Kronratssitzung jedoch nicht zur Ergreifung allzu scharfer Maßnahmen gegen die Beamtenopposition. Vielmehr kam man überein, daß die Departementschefs „in der nachdrücklichsten Weise“, allerdings unter Vermeidung von Drohungen, ihren Einfluß auf die ihnen unterstehenden dem Landtag angehörenden Beamten geltend machen sollten, um sie zur Unterstützung der Regierungsvorlage zu veranlassen.

In den entscheidenden parlamentarischen Abstimmungen errang die Regierung schließlich in der Sache selbst einen Erfolg. Im Abgeordnetenhaus stimmten 174 Abgeordnete für die Annahme der Übereinkunft zur Erhöhung der Rübenzuckersteuer und nur 93 dagegen[66]. Im Herrenhaus standen 89 Ja-Stimmen 40 Nein-Stimmen gegenüber[67]. Die erhoffte Unterstützung von seiten der Beamten war jedoch ausgeblieben. Unter den Opponenten im Abgeordnetenhaus befanden sich zwei Regierungspräsidenten, 14 Landräte und mehrere Regierungsräte und höhere Justizbeamte. Im Herrenhaus hatten ein Landrat und zwei Regierungsräte gegen die Regierungsvorlage gestimmt.

Mit dem Ergebnis der Abstimmung beschäftigte sich die Staatsführung in einer weiteren, am 14. Mai 1858 abgehaltenen Kronratssitzung[68].

---

[64] Protokollauszug in den Akten des StM Nr. 2322 Bl. 85 f.

[65] Zitat aus dem Protokollauszug.

[66] Schlußabstimmung vom 17. April 1858, StenBer. AH 1858, Bd. 1, S. 583 f.

[67] Schlußabstimmung vom 26. April 1858, StenBer. HH 1858, Bd. 1, S. 371 f.

[68] Protokollauszug in den Akten des StM Nr. 2322 Bl. 89 f.

Bei dieser Gelegenheit wurde darüber beraten, was gegen die Beamten zu veranlassen sei, die oppositionell abgestimmt hatten. Im Mittelpunkt der Debatte stand die Frage, ob die beiden ranghöchsten Opponenten, die Regierungspräsidenten von Byern (Gumbinnen/Provinz Preußen) und von Schleinitz (Bromberg/Provinz Posen) zur Disposition zu stellen seien. Nur zwei Mitglieder des Staatsministeriums sprachen sich für diese Maßnahme aus. Die Mehrheit, deren Ansicht sich der Kronprinz anschloß, war dagegen. Die Gründe für diese Zurückhaltung lagen in politischen Zweckmäßigkeitserwägungen und der versöhnlichen Stimmung, die der trotz der Beamtenopposition zustandegekommene Abstimmungserfolg hervorgerufen hatte. Verfassungsrechtliche Bedenken gegen eine dienstliche Maßregelung der Beamten wegen ihrer Abstimmung wurden von keiner Seite geäußert. Vielmehr zweifelte keiner der Beratungsteilnehmer an der Richtigkeit der Rechtsauffassung,

„daß die Stellung eines solchen Beamten zur Disposition nicht als eine Strafmaßregel betrachtet werden könne, daß damit die Forderung, über das Votum Rechenschaft zu geben, sich darüber zu verantworten, nicht verbunden sei und daß mithin der Artikel 84 der Verfassungsurkunde der beantragten, lediglich als ein politischer Akt, als eine notwendige Manifestation der Stärke der Regierung aufzufassenden Maßregel *nicht* entgegenstehe“[69].

Nach eingehender Abwägung des politischen Für und Wider, wobei auch die bevorstehenden Abgeordnetenhauswahlen eine Rolle spielten, einigte man sich auf ein diskretes Vorgehen und eine mildere Form der Maßregelung und beschloß, den oppositionell hervorgetretenen Beamten vorerst jede Beförderung, Gnadenbezeigung oder sonstige Begünstigung vorzuenthalten. Auch dies war eine Maßnahme, die eine Mißachtung des von der Verfassung vorgesehenen freien Mandats darstellte und die zeigt, daß die Regierung dieses freie Mandat bei Beamten nicht gelten ließ.

e) Das Schicksal der in der Revolution auffällig gewordenen Beamten

Neben den in den vorangegangenen Erörterungen behandelten Problemen aus dem Bereich der politischen Disziplin der Beamten lastete auf der neuen Regierung die Aufgabe, sich mit denjenigen Beamten auseinanderzusetzen, die in der Revolution von 1848 offen für ein demokratisch-parlamentarisches Regierungssystem eingetreten waren und sich damit auf die Seite der politischen Gegner des Monarchen gestellt hatten.

Zunächst verfolgte die Regierung, solange die Eindrücke aus der Revolution noch frisch im Gedächtnis hafteten, diesen Beamten gegen-

[69] Wörtliches Zitat (einschließlich Hervorhebung) aus dem angegebenen Protokollauszug.

über einen strengen Kurs. Gleich nach ihrem Amtsantritt leitete sie Schritte ein, um politisch unliebsam aufgefallene Beamte aus dem Staatsdienst zu entfernen. Schon am 8. Dezember 1848 erließ der Justizminister Rintelen eine Zirkularverfügung[70] an sämtliche Justizbehörden, in der diese aufgefordert wurden, „überall und ohne Ansehen der Person ihre Pflicht zu tun", und in der sie insbesondere angehalten wurden, in den Augen der Obrigkeit politisch schuldig gewordene Justizbedienstete zur Verantwortung zu ziehen. Gegen diejenigen Beamten, die als Mitglieder der nach Brandenburg verlegten preußischen Nationalversammlung verbotswidrig in Berlin weitergetagt hatten und die am 15. November 1848 aus Protest die Bürger zur Verweigerung der Steuerzahlungen aufgerufen hatten[71], leitete das Staatsministerium am 10. Dezember 1848 besondere Verfolgungsmaßnahmen ein[72]. Ebenso wurden die Staatsdiener behandelt, die an den Beratungen des Restes der ehemaligen deutschen Nationalversammlung in Stuttgart teilgenommen hatten[73]. Alle diese Anstrengungen der Regierung zogen eine Vielzahl von Disziplinarverfahren und politischen Strafprozessen nach sich. Am bekanntesten ist das Hochverratsverfahren gegen den Obertribunalsrat Waldeck[74], der sich als Führer der radikalen Linken in der preußischen Nationalversammlung hervorgetan hatte, gegen den das Beweismaterial jedoch nicht zu einer Verurteilung ausreichte.

Als die Eindrücke aus der Revolution nach einigen Jahren verblaßten, widmete sich die Regierung nicht mehr mit gleicher Intensität den politischen Verfolgungen. Dabei ging sie offenbar davon aus, daß es dem von ihr gewünschten Eintreten einer gewissen politischen Beruhigung auf dem Boden des konstitutionellen Verfassungskompromisses abträglich sein werde, wenn noch nach Jahren die inzwischen längst überwundenen Revolutionsereignisse zum Anlaß für staatliche Vergeltungsmaßnahmen genommen würden. Einen Unsicherheitsfaktor in dieser Politik bildete jedoch die Haltung des Monarchen und der ihn umgebenden hochkonservativen Ratgeber.

Schon früher hatte Friedrich Wilhelm IV. von seiner Entscheidungsbefugnis in personellen Fragen gern Gebrauch gemacht und dabei seinen nachtragenden Charakter bloßgelegt. So hatte er beispielsweise im August 1843 die Zustimmung zur Beförderung des Advokatanwalts

---

[70] Akten des JM Nr. 3140 Bl. 206 ff.

[71] Näheres zum Steuerverweigerungsbeschluß bei *Bernstein,* Bd. 1, S. 219 f., *Huber,* Verfassungsgeschichte, Bd. 2, S. 755 f.

[72] Ministerialbeschluß in den Akten des StM Nr. 2322 Bl. 38.

[73] Vorgänge in den Akten des StM, a.a.O., Bl. 47 ff.

[74] Vgl. *Bernstein,* Bd. 1, S. 311 ff., *Huber,* Verfassungsgeschichte, Bd. 3, S. 172 f.

Hardung zum Justizrat[75] deswegen verweigert, weil sich dieser an Protestkundgebungen gegen eine damals geplante Strafrechtsreform beteiligt hatte. Im Juni 1851 wies der König einen Antrag des Justizministers zurück[76], eine Reihe von Kreisrichtern zu Kreisgerichtsräten zu befördern. Zur Begründung führte der Monarch an, in dem Beförderungsvorschlag habe nichts über die politische Haltung der Richter in den Revolutionsjahren gestanden. Nur bei politisch einwandfreier Führung komme eine Beförderung in Betracht. Nach näheren Erkundigungen sah sich hierauf der Justizminister gezwungen, einen Teil der Nominierung rückgängig zu machen[77].

Angesichts derartiger Vorfälle war es unwahrscheinlich, daß der König eine nachsichtigere Haltung des Staatsministeriums geraume Zeit schweigend hinnehmen würde. Tatsächlich dauerte es nicht lange, bis er massiv in die seinem Wesen widersprechende Personalpolitik eingriff. Mehr als fünf Jahre nach der Märzrevolution von 1848 erließ Friedrich Wilhelm IV. am 27. April 1853 eine Order an das Staatsministerium[78], mit der er sämtliche Personalangelegenheiten solcher Staatsbeamten an sich zog, die im Zusammenhang mit der Revolution unangenehm aufgefallen waren. Künftig durften derartige Beamte, wenn sie entlassen worden waren, nur mit seiner Zustimmung wieder in den Staatsdienst aufgenommen werden. Soweit sie im Amt verblieben waren, durften sie nur mit ausdrücklicher Zustimmung des Monarchen befördert oder im Gehalt verbessert werden.

Diese neuen Bestimmungen, die das Staatsministerium in seiner Sitzung vom 1. September 1853 interpretierte und in Vollzug setzte[79], enthielten einen schwerwiegenden Eingriff in die bisherige Kompetenzverteilung, nach der eine Mitsprache des Monarchen nur bei Angelegenheiten höherer Beamten vorgesehen war. Außerdem lösten sie eine Welle der Gesinnungsschnüffelei aus; denn um die Einhaltung des königlichen Genehmigungsvorbehalts zu gewährleisten, mußten die Behörden künftig bei jeder mit einer Beförderung oder Gehaltsverbesserung verbundenen Personalveränderung genauestens prüfen, ob der davon betroffene Beamte im Zusammenhang mit der Revolution politisch auffällig geworden war. Die praktische Folge des Erlasses war,

---

[75] Kabinettsorder an den Justizminister vom 7. August 1843, Akten des JM Nr. 3140 Bl. 204.

[76] Königliche Order an den Justizminister vom 18. Juni 1851, Akten des JM Nr. 3140 Bl. 247.

[77] Immediatbericht des Justizministers an den König vom 13. August 1851, Akten des JM Nr. 3140 Bl. 248 ff.

[78] Akten des StM Nr. 2322 Bl. 79; Dokumentarischer Anhang III. a).

[79] Protokollabschrift in den Akten des StM Nr. 2322 Bl. 81; Dokumentarischer Anhang III. b).

daß belastete Beamte kaum noch Aufstiegschancen im Staatsdienst hatten, da sich selten jemand fand, der an höchster Stelle für sie eintreten wollte.

Obwohl das Ministerium den Eingriff des Monarchen zunächst folgsam hingenommen hatte, war man sich über die Unangemessenheit des Verfahrens im klaren und hoffte, die Einschränkungen schrittweise wieder abbauen zu können. Führend in den darauf gerichteten Bemühungen war der Justizminister Simons. Er erhielt auf einen ausführlichen Immediatbericht vom 11. März 1855[80] vom König die Erlaubnis[81], etatmäßige Gehaltsverbesserungen an revolutionär hervorgetretene Jusitzbeamte auch ohne ausdrückliche königliche Zustimmung zu bewilligen, wenn die Beamten sich untadelhaft geführt hatten und eine schriftliche Loyalitätserklärung für die Zukunft abgaben. Ermutigt durch diesen Erfolg versuchte Simons bald danach, noch einen Schritt weiterzukommen und die Abschaffung der demütigend wirkenden Loyalitätsversicherung in den Fällen zu erreichen, in denen an der politischen Zuverlässigkeit des Beamten keine Zweifel mehr bestanden. Anläßlich einer für den bereits erwähnten Obertribunalsrat Waldeck[82] fällig gewordenen Gehaltszulage stellte Simons am 13. Oktober 1855 beim König einen dementsprechenden Antrag[83]. Diesmal blieb der Justizminister jedoch erfolglos. Friedrich Wilhelm IV. bewilligte zwar ausnahmsweise die Zulage für Waldeck, ohne daß dieser die Loyalitätsversicherung abgegeben hatte, überging aber die Grundsatzfrage mit Schweigen und gab damit zu verstehen, daß alles beim alten bleiben solle[84]. In Anbetracht dieser Hartnäckigkeit unterließen es die Minister in den folgenden Jahren, gegen die Vorbehalte des Königs anzugehen. Erst der spätere Regentschaftswechsel sollte der Staatsregierung wieder Mut geben, für die Abschaffung der ungerechten und zeitlich überholten Regelung zu streiten.

3. Die Regierung Hohenzollern-Auerswald

Nach der Erkrankung Friedrich Wilhelms IV. trat im Herbst 1858 Prinz Wilhelm, der spätere König Wilhelm I., als Regent an die Staatsspitze. Zum Zeichen dafür, daß nunmehr eine „neue Ära“ in der Geschichte des preußischen Staates beginne, löste er kurz nach Übernahme

[80] Akten des JM Nr. 3140 Bl. 262 f.

[81] Allerhöchster Erlaß vom 14. März 1855, Akten des JM Nr. 3140 Bl. 266; Dokumentarischer Anhang III. c).

[82] Vgl. oben S. 54.

[83] Akten des JM Nr. 3140 Bl. 269 f.

[84] Siehe das Schreiben des Geheimen Kabinettsrats Illaire vom 26. November 1855, Akten des JM Nr. 3140 Bl. 271.

der Regentschaft das bisherige Staatsministerium unter Manteuffel ab und ersetzte es durch eine Regierung, die in den maßgebenden Ressorts aus Männern bestand, die in den Reaktionsjahren der liberalen Opposition angehört hatten[85]. Neuer Ministerpräsident wurde Karl Anton Fürst von Hohenzollern-Sigmaringen. Die eigentliche Leitung der Regierungsgeschäfte übernahm Rudolf von Auerswald, der schon 1848 das liberale Ministerium Auerswald-Hansemann geführt hatte und der der neuen Regierung als Minister ohne festen Geschäftsbereich angehörte.

Das Verfassungsverständnis des neuen Kabinetts unterschied sich von dem des früheren Ministeriums. Die Regierung Hohenzollern-Auerswald ließ eine gewisse Hinneigung zum parlamentarischen Regierungssystem erkennen[86]. Als Hauptträger der politischen Willensbildung im Staat sah sie Ministerium und Parlament an, während dem Monarchen nach ihrer Auffassung mehr die Rolle eines neutralen Integrationsfaktors über den Parteien zukam. Diese Meinung gab die Regierung dem König 1861 in einem Bericht[87] unverhohlen zu verstehen, in dem sie ihm unter Hinweis auf „die erhabene Stellung, welche die Krone zum Wohle des Landes hoch über allen Parteien einnimmt" davon abriet, mit einer königlichen Proklamation in den Wahlkampf einzugreifen. Auch das Beamtentum nahm im Verfassungsbild der Neuen Ära eine gewandelte Stellung ein. Während es unter Manteuffel als eine Art politischen Kampfinstruments aufgefaßt worden war, erblickte die neue Regierung in ihm nur noch ein neutrales Hilfsmittel zur Durchführung von Verwaltungsaufgaben. Diese Anschauung hatte eine Änderung im Verständnis der politischen Treuepflicht der Beamten zur Folge[88]. Diese Pflicht beinhaltete nun nicht mehr das Erfordernis einer völligen politischen Übereinstimmung mit den Zielen der Regierung. Vielmehr wurde den Beamten ebenso wie allen übrigen Staatsbürgern das Recht zur eigenen politischen Meinung und Betätigung zugebilligt. Nur ein Gebot blieb zu beachten: Der dienstliche Bereich durfte nicht zum Schauplatz politischer Auseinandersetzung werden. Hier galt der Beamte als verpflichtet, einen vom Regierungskurs abweichenden politischen Standpunkt zurückzustellen und den amtlichen Anordnungen unbedingt Folge zu leisten.

---

[85] Vgl. *Bernstein,* Bd. 3, S. 29; *Lotz* S. 443 f.

[86] *Lotz* S. 444.

[87] Bericht des Staatsministeriums an den König vom 10. Oktober 1861, Akten des StM Nr. 111.

[88] Zum Folgenden die Äußerungen des Innenministers Graf von Schwerin in StenBer. AH 1860, Bd. 3 (Anlagen), S. 358 (Aktenstück Nr. 56, 5. Bericht der Kommission für Petitionen vom 27. Februar 1860, Buchst. O) und in StenBer. AH 1861, Bd. 1, S. 87 (Sitzung am 5. Februar 1861).

Zum Ausdruck kam die geänderte Auffassung unter anderem in der relativen Zurückhaltung, die die Regierung gegenüber den zahlreichen in hohen Ämtern befindlichen, regierungsfeindlich eingestellten, konservativen Beamten übte. Obwohl sie vom Parlament, in dem damals die Liberalen über die Mehrheit verfügten, zu weiterreichenden Schritten aufgefordert wurde[89], begnügte sie sich in ihrer Amtszeit damit, zwei Oberpräsidenten, drei Regierungspräsidenten und zwei Landräte, von denen sie glaubte, keine dienstliche Loyalität erwarten zu können, einstweilig in den Ruhestand zu versetzen[90]. Unter ihnen befanden sich der hochkonservative Oberpräsident von Kleist-Retzow und der Regierungspräsident Peters, deren besonders scharfes Vorgehen bei der Wahlbeeinflussung der Beamten im Jahre 1855 damals heftige Kritik von liberaler Seite ausgelöst hatte[91].

Bei den Wahlen zum Abgeordnetenhaus trennte sich das neue Kabinett von der 1855 hervorgetretenen Haltung der Regierung Manteuffel, die in der oppositionellen Stimmabgabe eines Beamten eine Treuepflichtverletzung erblickt hatte, und billigte den Beamten dieselbe Wahlfreiheit wie den übrigen Staatsbürgern zu. Deutlich kam dies in dem Satz zum Ausdruck „Für ihre Person ist den betreffenden Beamten bei der Ausübung des eigenen Wahlrechts unverschränkt, wie jedermann ihrer Überzeugung zu folgen", der in einem Wahlerlaß an die Oberpräsidenten und Regierungspräsidenten enthalten war[92], mit dem der Innenminister Graf von Schwerin im Oktober 1861 Instruktionen anläßlich der bevorstehenden Neuwahlen erteilte.

Die freiheitliche Einstellung der Regierung zeigte sich ferner in ihrer Haltung zur Frage der Behandlung der in der Revolutioszeit auffällig gewordenen Beamten.

Wie bereits dargestellt[93], durften seit der königlichen Order vom 27. April 1853 Wiederanstellungen, Beförderungen und Gehaltsverbesserungen von solchen Beamten, die in der Revolutionszeit politisch unliebsam aufgefallen waren, nur mit ausdrücklicher königlicher Genehmigung erfolgen. Hiervon gab es seit der königlichen Order vom 14. März 1855 insofern eine Ausnahme, als planmäßige Gehaltsverbesserungen bei revolutionär auffällig gewordenen Justizbeamten ohne

---

[89] Siehe die Debatten in StenBer. AH 1860, Bd. 1, S. 541 ff. (Sitzung am 10. März 1860) und StenBer. AH 1861, Bd. 1, S. 73 ff. (Sitzung am 5. Februar 1861).

[90] Hierzu Ausführungen des Abgeordneten von Blanckenburg in StenBer. AH 1861, Bd. 1, S. 92; ferner: *Huber*, Verfassungsgeschichte, Bd. 3, S. 275; *Bernstein*, Bd. 3, S. 80.

[91] Vgl. StenBer. AH 1855/56, Bd. 1, S. 12 ff., siehe auch oben S. 47.

[92] Textauszug in StenBer. AH 1864, Bd. 4 (Anlagen), S. 605.

[93] Siehe oben S. 55 f.

ausdrückliche Genehmigung des Königs zulässig waren, wenn die betroffenen Beamten sich seither untadelhaft geführt hatten und die Versicherung abgaben, daß sie in Zukunft nicht in der Treue gegen den König wanken würden. Gerade diese Loyalitätsversicherung wurde von vielen der Betroffenen als demütigend empfunden und gab den Anstoß dafür, daß der gesamte Fragenkomplex 1859 wieder vor das Staatsministerium gelangte.

Anlaß dafür, daß die Lage der in der Revolutionszeit auffällig gewordenen Beamten erneut behandelt wurde, war die Weigerung des Kreisrichters Riel aus Soldin[94], zur Erlangung einer dienstaltersmäßig vorgesehenen Gehaltszulage die geforderte Loyalitätserklärung abzugeben. Riel hatte sich 1848 der demokratischen Richtung angeschlossen und hatte als Mitglied der preußischen Nationalversammlung an der Fassung des Steuerverweigerungsbeschlusses vom 15. November 1848 mitgewirkt. Als Grund für die Verweigerung der Loyalitätsversicherung gab er an, allein daraus, daß er nach seinem Rücktritt aus der politischen Wirksamkeit im Staatsdienst geblieben sei, folge schon von selbst, daß er willens sei, dessen Pflichten nach wie vor zu erfüllen, und dies mit seinen Überzeugungen vereinbar sein müsse. Es bedürfe deshalb keiner weiteren Treueversicherung. Der Justizminister Simons trug die Angelegenheit in einem Immediatbericht vom 14. Januar 1859 dem Prinzregenten vor[95] und regte an, sowohl im Falle Riel als auch allgemein das Erfordernis der zusätzlichen Loyalitätsversicherung aufzuheben, da die Vorfälle, die den betroffenen Beamten zur Last gelegt würden, inzwischen zehn Jahre zurücklägen. Der Prinzregent lehnte in seiner Antwort vom 22. Januar 1859[96] jedoch die Bewilligung der Gehaltszulage für den Kreisrichter Riel ab, „da nicht abzusehen ist, weshalb derselbe, wenn es ihm mit seiner Umkehr ernst ist, Anstand nimmt, jene Versicherung abzugeben, und seine Weigerung daher nur Zweifel an deren Aufrichtigkeit zu erregen geeignet ist". Auf den Antrag, allgemein die zusätzliche Treueversicherung abzuschaffen, ging der Regent mit keinem Wort ein.

Nach Ablehnung der ihm dienstaltersmäßig zustehenden Gehaltserhöhung wandte sich Riel mit einer Eingabe an das Staatsministerium, in der er die Vorenthaltung der Zulage als unrechtmäßig bezeichnete. Das Staatsministerium wies die Beschwerde in seiner Sitzung vom 23. Juli 1859[97] zwar zurück, nahm den Fall aber zum Anlaß, generell auf eine Aufhebung aller Nachteile hinzuwirken, die für die revolutio-

[94] Bezirk des Appellationsgerichts Frankfurt/Oder.

[95] Akten des JM Nr. 3141 Bl. 5 f.

[96] Akten des JM Nr. 3141 Bl. 7.

[97] Protokollabschrift in den Akten des JM Nr. 3141 Bl. 8.

när hervorgetretenen Beamten noch immer bestanden. Der Justizminister wurde mit dem Entwurf einer entsprechenden Berichterstattung an den Regenten beauftragt.

Am 19. Oktober 1859 ergingen daraufhin zwei Berichte[98] an den Prinzregenten, in denen einmal das Staatsministerium und zum anderen der Justizminister in untertäniger Formulierung die Abschaffung aller Einschränkungen für die in der Revolutionszeit auffällig gewordenen Beamten verlangten. Diesmal konnte sich der Regent dem Drängen seiner Minister nicht entziehen. Er verzichtete in seinen Antwortsordern vom 14. November 1859[99] für Fälle der Bewilligung planmäßiger Gehaltszulagen auf das bisherige Erfordernis einer ausdrücklichen königlichen Genehmigung bzw. der Abgabe einer besonderen Loyalitätserklärung und bestimmte, daß die Zubilligung derartiger Zulagen durch die zuständigen Behörden künftig nur noch von einer untadelhaften dienstlichen und außerdienstlichen Führung des Betroffenen abhängig sein solle. Mit diesem Entgegenkommen blieb er jedoch hinter dem zurück, was das Ministerium von ihm erwartet hatte; denn ein großer Teil der alten Beschränkungen behielt seine Gültigkeit[100]. Zwar durften nunmehr besoldungsplanmäßige Gehaltserhöhungen bei tadelfreier Führung ohne weiteres vorgenommen werden. Doch blieb für außerplanmäßige Gehaltsverbesserungen sowie für Beförderungen und Wiederanstellungen weiterhin die Zustimmung des Monarchen erforderlich. Mehr als zehn Jahre nach der Revolution von 1848 fand sich der Prinzregent also noch immer nicht zur völligen Vergebung bereit. — Die Frage der Behandlung der in der Revolution auffällig gewordenen Beamten wurde später nicht mehr angeschnitten und erledigte sich schließlich durch Zeitablauf von selbst.

4. Das Übergangskabinett Hohenlohe-Ingelfingen

Im März 1862 wurde die Regierung der Neuen Ära durch ein konservativ eingestelltes Kabinett unter Führung des Fürsten Hohenlohe-Ingelfingen ersetzt. Zu diesem Regierungswechsel kam es, weil der König angesichts der innenpolitischen Entwicklung das Vertrauen zu

---

[98] Bericht des Staatsministeriums vom 19. Oktober 1859, Akten des StM Nr. 2322 Bl. 98 f.; Dokumentarischer Anhang III. d). — Bericht des Justizministers vom 19. Oktober 1859, Akten des JM Nr. 3141 Bl. 14 f.

[99] Allerhöchster Erlaß an das Staatsministerium vom 14. November 1859, Akten des StM Nr. 2322 Bl. 101; Dokumentarischer Anhang III. e). — Allerhöchster Erlaß an den Justizminister vom 14. November 1859, Akten des JM Nr. 3141 Bl. 20; Dokumentarischer Anhang III. f).

[100] Vgl. den Beschluß des Staatsministeriums vom 31. Dezember 1859, Akten des StM Nr. 2322 Bl. 105; Dokumentarischer Anhang III. g).

dem bisherigen Ministerium verloren hatte[101]. Das ständige Anwachsen des politischen Einflusses der im Parlament stark vertretenen liberalen Kräfte ließ ihn befürchten, daß die Politik des Ministeriums Hohenzollern-Auerswald auf längere Sicht zu einer starken Einschränkung der königlichen Macht und schließlich zur Parlamentsherrschaft führen werde. Auch glaubte er nicht, daß es mit dem kompromißbereiten Ministerium gelingen werde, die umstrittene Heeresreform[102] durchzusetzen, an deren Zustandekommen er besonders interessiert war.

Diese im Jahre 1860 vom Kriegsminister Roon eingeleitete Reform sah in erster Linie eine Anpassung der Heeresstärke an die gewachsene Bevölkerungszahl des preußischen Staates vor. Die Bewilligung der hierfür erforderlichen Haushaltsmittel stieß im Abgeordnetenhaus auf erheblichen Widerstand, weil man dort in einigen Fragen der Wehrorganisation andere Vorstellungen vertrat als der König und sein Kriegsminister. Der Streit ging vor allem um die Dauer der Dienstzeit und die Stellung der Landwehr. Da die Heeresorganisation in die verfassungsmäßig dem König vorbehaltene militärische Kommandogewalt fiel, lag in der Mitsprache des Abgeordnetenhauses in Sachfragen der Heeresreform ein Angriff auf die königlichen Machtbefugnisse. Dies hatte zur Folge, daß sich die ursprünglich rein sachbezogene Auseinandersetzung zu einer Kraftprobe zwischen König und Parlament um die Souveränität[103] im Staate ausweitete, die im preußischen Verfassungskonflikt ihren Höhepunkt fand.

Anders als die um Ausgleich und Vermittlung bemühte Regierung Hohenzollern-Auerswald stand das Ministerium Hohenlohe-Ingelfingen in diesem Ringen fest an der Seite des Königs, und die Beamtenschaft war nun wieder einer strengen politischen Disziplin unterworfen. Dies zeigte sich deutlich bei den Wahlen zum Abgeordnetenhaus. Während das abgelöste Ministerium vermieden hatte, den Beamten Vorschriften für ihre Wahlentscheidung zu machen, und im Gegenteil ausdrücklich die Wahlfreiheit der Beamten anerkannt hatte, zeigte sich jetzt eine Tendenz, die an die 1855 unter Manteuffel geübte Haltung erinnerte[104]. In einem Wahlerlaß des neuernannten Innenministers Jagow vom 22. März 1862[105] hieß es:

---

[101] Die Vertrauenskrise ist an Auseinandersetzungen ablesbar, die zwischen König und Ministerium um die Haltung der Staatsführung bei den Wahlen stattfanden, hierzu die Akten des StM Nr. 111.

[102] Zu Heeresreform und Verfassungskonflikt: *Ernst Forsthoff*, Deutsche Verfassungsgeschichte der Neuzeit, 3. Aufl., Stuttgart, Berlin, Köln, Mainz 1967, S. 135 ff.; *Hartung*, Verfassungsgeschichte, S. 260 ff.; *Huber*, Verfassungsgeschichte, Bd. 3, S. 277 ff.

[103] *Forsthoff* S. 135.

[104] *Bernstein*, Bd. 3, S. 226.

[105] Veröffentlicht in: Die innere Politik der Preußischen Regierung von 1862

„Was die Königlichen Beamten anbetrifft, so ist die Staatsregierung zu der Erwartung berechtigt, daß dieselben ihr bei den Wahlen ihre eifrige Unterstützung gewähren werden. Jedenfalls würde es mit der Stellung eines Königlichen Beamten unvereinbar sein, wenn er soweit ginge, sich — uneingedenk des Sr. Majestät dem Könige geleisteten Eides der Treue — in einem der Regierung feindlichen Sinne bei Wahlagitationen zu beteiligen."

Der neue Justizminister Graf zur Lippe ermahnte die Justizbeamten in einem Wahlaufruf vom 31. März 1862[106], sie sollten sich bei den Wahlen ihrer besonderen Stellung bewußt bleiben, und sprach die Erwartung aus, „daß jeder bei Ausübung seines verfassungsmäßigen Wahlrechts in Einklang mit den ihm durch sein Amt und den geleisteten Diensteid auferlegten Pflichten bleiben werde". Mit dieser Äußerung gab er zu verstehen, daß eine Stimmabgabe im regierungsfeindlichen Sinne als Verletzung der Treuepflicht aufgefaßt werde.

Was das Vorgehen des neuen Ministeriums von dem der Regierung Manteuffel unterschied, war die zurückhaltende Formulierung der Erlasse und der Verzicht auf jegliche Drohung. Daß es der Regierung dennoch in der Sache ernst war, beweist die Tatsache, daß der Justizminister gegen einige Justizbeamte des Departements Insterburg, die sich in einer Protesterklärung gegen die Bevormundung bei den Wahlen gewehrt hatten, Disziplinarverfahren einleitete und damit die Billigung des Staatsministeriums fand[107].

Der König hielt jedoch auf die Dauer das Kabinett Hohenlohe-Ingelfingen der Schärfe der politischen Auseinandersetzung für nicht gewachsen und verfügte nach wenigen Monaten seine Ablösung.

5. Das Ministerium Bismarck

a) Die Treuepflicht im Verfassungskonflikt

Auf dem Höhepunkt der durch den Streit um die Heeresreform heraufbeschworenen Staatskrise wurde Otto von Bismarck am 23. September 1862 in das Amt des Ministerpräsidenten berufen. In der seiner Ernennung vorangegangenen Unterredung[108] hatte er gegenüber dem König

bis 1866, Sammlung der amtlichen Kundgebungen und halbamtlicher Äußerungen, ohne Angabe des Herausgebers, Berlin 1866, S. 10 ff.

[106] Akten des StM Nr. 111.

[107] Sitzung des Staatsministeriums am 24. April 1862, Protokollauszug in den Akten des StM Nr. 111. — Über den Ausgang der Verfahren ist nichts bekannt.

[108] *Otto Fürst von Bismarck,* Die gesammelten Werke, Bd. 15: Erinnerung und Gedanke, hrsg. von Gerhard Ritter und Rudolf Stadelmann, 1. Aufl., Berlin 1932, S. 178 f.; *Robert von Keudell,* Fürst und Fürstin Bismarck, Erinnerungen aus den Jahren 1846 bis 1872, Berlin und Stuttgart 1901, S. 110; *Huber,* Verfassungsgeschichte, Bd. 3, S. 302 f.

geäußert, er fühle wie ein kurbrandenburgischer Vasall, der seinen Lehnsherrn in Gefahr sieht, und hatte versprochen, lieber mit dem Könige unterzugehen, als ihn im Kampfe mit der Parlamentsherrschaft im Stiche zu lassen. In diesem Bekenntnis erblickte Bismarck, wie seine Regierungspraxis zeigte, nicht nur eine Verpflichtung für sein eigenes Handeln als Ministerpräsident, sondern auch eine Richtschnur für das gesamte politische Verhalten der Beamten. Ihnen wurde in den kommenden Jahren des verfassungspolitischen Kampfes unbedingte Hingabe an den König und strenge Einhaltung der politischen Richtlinien des von Bismarck als Repräsentanz des königlichen Willens aufgefaßten Staatsministeriums abverlangt. Programmatisch kam dies in einem Zirkularerlaß zum Ausdruck, den Bismarcks Innenminister Friedrich Graf zu Eulenburg am 10. Dezember 1862 anläßlich der Amtsübernahme an die ihm unterstehenden Behörden richtete[109]. Es hieß darin:

„Die treue und aufopfernde Hingebung der Königlichen Beamten an die Krone ist einer der Grundpfeiler, auf welchen der preußische Staat ruhmvoll aufgerichtet ist. Auf diese rückhaltlose Hingebung muß die Regierung Sr. Majestät des Königs um so unbedingter rechnen dürfen, seitdem die Einführung freier Institutionen dem Beamtenstande wesentlich die Aufgabe zugewiesen hat, eine Stütze der verfassungsmäßigen Rechte des Thrones zu sein. Dazu ist es aber unerläßlich, daß in der Verwaltung überall Einheit des Geistes und Willens, Entschiedenheit und Energie hervortrete. Die Autorität des Königlichen Regiments darf nicht durch Zwiespalt seiner Organe in der öffentlichen Meinung geschwächt und erschüttert werden, und Königliche Beamte dürfen das Ansehen, welches ihnen ihre Stellung verleiht, nicht zur Förderung politischer Bestrebungen mißbrauchen, welche den Anschauungen und dem Willen der Staatsregierung entgegenlaufen.“

Der in diesem Erlaß enthaltene Satz, es sei „unerläßlich, daß in der Verwaltung überall Einheit des Geistes und Willens, Entschiedenheit und Energie hervortrete“, erinnert an die 1851 von dem Innenminister der Reaktionsära, von Westphalen, geprägte Formulierung[110]: „... ein Geist, ein Wille muß die gesamte Administration durchwehen und beleben.“

Im einzelnen zeigte sich die strenge Auffassung der politischen Treuepflicht an der Haltung, die die Regierung zur Frage der Stellung der Beamten bei den Wahlen und bei der Ausübung eines parlamentarischen Mandats einnahm.

Hinsichtlich der Stellung der Beamten als Wähler machte sich das Konfliktsministerium unter Bismarck gänzlich den Standpunkt zu eigen, der in der Reaktionsepoche unter Manteuffel entwickelt worden war. Die oppositionelle Stimmabgabe eines Beamten wurde für unverein-

---

[109] Vollständig abgedruckt in: Die innere Politik der Preußischen Regierung von 1862 bis 1866, S. 132.

[110] Vgl. oben S. 41.

bar mit dessen Amtspflichten erklärt und alle Beamten wurden ermahnt, den königstreuen, konservativen Kandidaten ihre Stimme zu geben. Besonders deutlich wurde dies in einem Wahlerlaß des Innenministers Eulenburg vom 24. September 1863[111] ausgesprochen, in dem betont wurde:

„Wer als Beamter geschworen hat, ‚dem Könige, seinem Allergnädigsten Herrn, untertänig, treu und gehorsam zu sein', ist dieses Eides weder als Wähler noch als Gewählter entbunden, und wenn Seine Majestät bestimmt den verfassungsmäßigen Weg vorzeichnet, auf welchem seine Beamten ihn begleiten sollen, so sind alle zum Gehorsam, diejenigen aber, welche des Königs Gnade aus besonderem Vertrauen in Stellen von politischer Bedeutung berufen hat, noch außerdem zu tatkräftiger Unterstützung der Königlichen Staatsregierung verpflichtet."

Mit der zuletzt erwähnten Beamtenkategorie, den Inhabern von Stellen politischer Bedeutung, waren noch nicht die politischen Beamten im Sinne der später gebräuchlich werdenden Terminologie[112] gemeint, sondern alle Beamten, „deren Haltung auf die ihnen untergebenen Beamtenkreise oder auf das mit ihnen in Berührung kommende Publikum naturgemäß von weittragendem Einfluß sein muß"[113]. Zu diesem dehnbaren Kreis zählte die Regierung nicht nur Landräte und Regierungspräsidenten, sondern beispielsweise auch die täglich im Umgang mit der Bevölkerung stehenden Kreissekretäre. Eine schärfere Abgrenzung zwischen politischen und unpolitischen Beamten bahnte sich zwar an[114], setzte sich aber noch nicht offiziell durch.

Der Wahlerlaß des Innenministers Eulenburg war im Wahlkampf 1863 keine vereinzelt dastehende amtliche Äußerung, vielmehr wurden die Beamten ähnlich wie schon 1855 von ihren vorgesetzten Behörden mit einer Vielzahl von Erlassen angesprochen, in denen sie mit allem Nachdruck zur regierungsfreundlichen Stimmabgabe aufgefordert wurden[115]. Auch Bismarck selbst zeigte als Ministerpräsident keineswegs Scheu vor solchen Wahlbeeinflussungsbemühungen und ließ unter seinen engsten Mitarbeitern kurz vor den Wahlen einen Umlauf zur Zeichnung kursieren, der folgenden Wortlaut hatte[116]:

---

[111] Vollständiger Text: MBliV 1863, S. 190 f.; Dokumentarischer Anhang IV.

[112] Vgl. unten S. 89.

[113] Wahlerlaß Eulenburgs vom 24. September 1863, a.a.O.

[114] Siehe den in Bismarks gesammelten Werken, Bd. 14, 2: Briefe, 1862—1898, hrsg. von Wolfgang Windelband und Werner Frauendienst, 2. Aufl., Berlin 1933, S. 653 f. (Nr. 984), veröffentlichten und von *Hartung* (Studien, S. 261) und *Steinbach* (S. 47) erwähnten Brief Bismarcks vom 17. September 1863 an den Oberpräsidenten von Senfft-Pilsach (Pommern).

[115] Eine ausführliche Schilderung des von der Regierung geführten Wahlfeldzugs findet sich bei *Eugene N. Anderson*, The Social and Political Conflict in Prussia, 1858—1864, Neudruck, New York 1968, S. 386 ff.

[116] Der Umlauf mit den Unterschriften von 22 Beamten befindet sich in den Akten des StM Nr. 111.

„Unter Bezugnahme auf die in No. 230 des diesjährigen Staatsanzeigers abgedruckte, auf Grund einer Allerhöchsten Ordre vom 7. April d. J. ergangene Zirkularverfügung des Herrn Ministers des Innern vom 24. v. Mts.[117] und unter Hinweis auf den in einem Abdruck beigefügten, an die Dorfgemeinde Steingrund ergangenen Allerhöchsten Erlaß vom 8. d. Mts.[118], in welchem Se. Majestät der König die Erwartung ausgesprochen haben:

> daß bei den bevorstehenden Wahlen die Treue gegen Allerhöchstdero Person durch die Wahl solcher Männer bekundet werde, welche den festen Willen haben, die Staatsregierung in der Durchführung der ihr von Sr. Majestät übertragenen Aufgaben zu unterstützen,

finde ich mich veranlaßt, an die Herren Räte und Beamten, sowie an die Unterbeamten meines Ressorts die Aufforderung zu richten, bei den bevorstehenden Wahlen der Wahlmänner und Abgeordneten der Allerhöchsten Willensmeinung im Sinne jener Allerhöchsten Erlasse zu entsprechen, demnach durch rege Beteiligung bei dem Wahlakte sowie durch ihren Anschluß an die konservativen Elemente der betreffenden Wahlkörper die Treue zu bekunden, welche sie als Beamte und Diener Sr. Majestät des Königs vor allen anderen zu üben verpflichtet sind.

Dieser Erlaß ist sämtlichen Herren Räten und Beamten des Staatsministeriums sowie den Unterbeamten zur Kenntnisnahme vorzulegen und mit ihrem Visa zu versehen.

Berlin, den 17. Oktober 1863.

v. Bismarck."

Auch in der Beurteilung der Stellung der Beamten bei der Ausübung eines parlamentarischen Mandats hielt sich das Konfliktsministerium an das Vorbild der Reaktionszeit: Die dem Parlament angehörenden Beamten wurden für verpflichtet erachtet, sich in Fragen, denen die Regierung besondere Bedeutung beimaß, der Opposition gegen Regierungsvorlagen zu enthalten. Ein regierungsfeindliches Votum wurde in diesen Fällen als unvereinbar mit den Amtspflichten angesehen. Auf der Grundlage dieser Auffassung leitete die Regierung im Herbst 1862 dienstliche Maßnahmen gegen diejenigen Beamten ein, die als Abgeordnete gegen die Anträge der Regierung zur Heeresreform opponiert hatten[119]. Der Landrat zur Megede und die Staatsanwälte Oppermann und Schröder wurden zur Disposition gestellt. Die Oberregierungsräte von Bockum-Dolffs und von Diederichs sowie die Regierungsräte

---

[117] Gemeint ist der Wahlerlaß des Innenministers Eulenburg vom 24. September 1863.

[118] Der König hatte am 8. Oktober 1863 mit einem Erlaß an die Gemeinde Steingrund (Kreis Waldenburg in Schlesien) selbst in den Wahlkampf eingegriffen; vollständiger Abdruck in: Die innere Politik der Preußischen Regierung von 1862 bis 1866, S. 241.

[119] Kronratssitzung am 20. Oktober 1862, Protokollauszug in den Akten des StM Nr. 2322 Bl. 107 f.; vgl. zum Folgenden auch: Königlich Preußischer Staatskalender für das Jahr 1862/63, Berichtigungen nach dem Druck; *Hess* S. 105 ff.

Haacke, Seubert, Ziegert und Krieger wurden in einen anderen Wirkungskreis in die östlichen Provinzen versetzt[120]. In der Kronratssitzung am 20. Oktober 1862, in der diese Maßregelungen beschlossen wurden, äußerte sich der König ähnlich, wie er dies als Kronprinz 1858 getan hatte[121], als das Vorgehen gegen die Beamten besprochen wurde, die gegen die Erhöhung der Rübenzuckersteuer opponiert hatten.

Er führte aus,

„daß im allgemeinen ein Beamter, welcher als Abgeordneter nach seiner Ansicht und Überzeugung der Staatsregierung entgegentreten zu müssen glaube, deshalb allein in keiner Weise verfolgt werden dürfe, solange derselbe als Beamter seine Pflichten im vollen Umfange erfülle und seinen oppositionellen Tendenzen einen Einfluß auf seine Amtsführung nicht gestatte, daß aber von diesem allgemeinen Grundsatz eine Ausnahme stattfinden müsse, wenn Beamte — wie dies während der letzten Landtagssitzung im Abgeordnetenhaus geschehen sei — durch ihre faktiöse Opposition gegen die Regierung, die nicht auf gewissenhafter Überzeugung, sondern nur auf persönlichen Rücksichten beruhen könne, dazu beigetragen hätten, den Staat in eine so gefahrvolle Krises wie die gegenwärtige zu drängen“[122].

Kennzeichnend für das in der Konfliktszeit die Regierung beherrschende Bemühen um eine strenge politische Disziplin der Beamtenschaft war auch der systematische Einsatz des Verwaltungsapparates zur Überwachung des politischen Gehorsams der Beamten. Hiervon wurden zunächst die Angehörigen des Justizressorts betroffen. Am 1. Dezember 1862 erließ der aus der Regierung Hohenlohe-Ingelfingen in das Ministerium Bismarck übernommene Justizminister Graf zur Lippe eine Verfügung an die Oberstaatsanwälte und die Präsidenten des Kammergerichts und der Appellationsgerichte, in der diese aufgefordert wurden, die politische Betätigung der Beamten ihres Verwaltungszweigs zu beobachten[123]. Dem Minister sollten diejenigen Justizbeamten namhaft gemacht werden, die nicht „im Geiste der Treue und Ergebenheit an Seine Majestät den König und zur Unterstützung der Staatsregierung, ihrer Anordnungen und Maßnahmen“ handelten.

Die Beamten der übrigen Verwaltungsbereiche wurden nur wenige Monate später in die politische Kontrolle einbezogen. Den Anstoß dazu gab eine Order vom 7. April 1863[124], in der der König beklagte, daß

---

[120] Gegen Bockum-Dolffs wurde damit nach dem Verfahren wegen seines Verhaltens auf dem Vereinigten Landtag (vgl. oben S. 33 ff.) und der Dispositionsstellung als Landrat unter Manteuffel (vgl. oben S. 51, Fußnote 61) bereits zum dritten Mal aus politischen Gründen eingeschritten.

[121] Vgl. oben S. 52.

[122] Zitat aus dem Protokollauszug in den Akten des StM Nr. 2322 Bl. 107 f.

[123] Akten des JM Nr. 3141 Bl. 31 f.; mehrere auf diesen Erlaß hin dem Minister erstattete Berichte von Justizbehörden befinden sich in den Akten des JM Nr. 3148.

viele mittelbare und unmittelbare Staatsbeamte sich der Opposition gegen die Regierung angeschlossen hätten und, statt letztere tatkräftig zu unterstützen, ihr sogar Schwierigkeiten bereiteten, und in der der König seine Minister beauftragte, diesen Bestrebungen energisch Einhalt zu gebieten. Unter Hinweis auf diesen königlichen Befehl rief das Staatsministerium am 20. April 1863 in einem vertraulichen Erlaß[125] die Oberpräsidenten auf, verstärkt auf das politische Treiben der ihnen unterstehenden Beamten zu achten und keine Nachsicht gegenüber oppositionellen Bestrebungen walten zu lassen. Gleichzeitig wurden die Oberpräsidenten ersucht, in möglichst kurzer Frist dem Staatsministerium über die politische Haltung der Beamten ihrer Provinz zu berichten.

In den Akten des Staatsministeriums[126] befinden sich die hierauf eingegangenen Berichte von sechs der angesprochenen acht Oberpräsidenten. Was an der Berichterstattung zunächst auffällt, ist die darin zum Ausdruck kommende völlige politische Übereinstimmung zwischen der Regierung und den Chefs der Provinzialverwaltungen. Daneben beeindruckt die Gründlichkeit, mit der die Berichterstatter unter namentlicher Nennung zahlreicher Beamter die Verhältnisse an den einzelnen Behörden durchgingen. Erstaunlich ist, daß sie dabei auch für den heutigen Beobachter unpolitisch erscheinende Verwaltungszweige in ihre Betrachtungen einbezogen. So klagte der schlesische Oberpräsident Freiherr von Schleinitz[127] über die politische Unzuverlässigkeit der Unterbeamten der Oberschlesischen Eisenbahn. Der Oberpräsident der Provinz Preußen Dr. Eichmann behandelte[128] die politische Gesinnung der Forstbeamten und Rentmeister und erwähnte auch die Haltung der staatlich angestellten Ärzte und Chirurgen. Der Chef der Provinz Sachsen, Oberpräsident von Witzleben, beschäftigte sich[129] eingehend mit der politischen Situation in der Königlichen Berg-, Hütten- und Salinenverwaltung.

Im praktischen Ergebnis führte die politische Überwachung der Beamten durch ihre vorgesetzten Dienststellen, die im Juni 1863 auch auf die Kommunalbeamten ausgedehnt wurde[130], zu einer Fülle von Maß-

---

[124] Akten des StM Nr. 2322 Bl. 109; erwähnt im Wahlerlaß des Innenministers Eulenburg vom 24. September 1863 (MBliV 1863, S. 190 f.; Dokumentarischer Anhang IV.).

[125] Akten des StM Nr. 2322 Bl. 111 ff.

[126] Nr. 2322 Bl. 127 ff.

[127] Bericht vom 22. Juni 1863, a.a.O., Bl. 133 ff. (135 R, 136).

[128] Bericht vom 13. Juni 1863, a.a.O., Bl. 138 ff. (140 R; 143).

[129] Bericht vom 9. Juli 1863, a.a.O., Bl. 145 ff. (156 R).

[130] Zirkularerlaß des Innenministers Eulenburg an die Regierungen vom 6. Juni 1863 (MBliV 1863, S. 153).

regelungen, deren genaue Zahl allerdings heute nicht mehr feststellbar ist[131].

b) *Neues in der Beamtengesetzgebung*

Kennzeichnend für Bismarcks strenge Auffassung der politischen Treuepflicht ist auch sein Bemühen, mit gesetzgeberischen Mitteln gegen politisch unzuverlässige Beamte vorzugehen. Bei der im Verfassungskampf geführten Auseinandersetzung mit den zur liberalen Opposition gehörenden Beamten empfand er es als besonders hinderlich, daß nur ein kleiner Teil von ihnen zur Gruppe der jederzeit in den einstweiligen Ruhestand versetzbaren Beamten[132] zählte, während die Mehrzahl solche Stellungen bekleidete, aus denen eine Entfernung nur im Wege des förmlichen Disziplinarverfahrens oder der Versetzung in ein anderes Amt möglich war. Vor allem die regierungsfeindliche Haltung, die die Oberregierungsräte Bockum-Dolffs und Diederichs im Abgeordnetenhaus eingenommen hatten, erweckte bei Bismarck das Verlangen, die Staatsführung auch gegenüber dieser Beamtenklasse mit besseren Waffen zur politischen Disziplinierung auszurüsten. Das geeignete Mittel hierfür sah er in einer gesetzlichen Erweiterung des Kreises der jederzeit disponiblen Beamten. Da er nicht damit rechnen konnte, daß das Abgeordnetenhaus einem derartigen Eingriff in die bestehende Disziplinargesetzgebung zustimmen würde, hatte Bismarck vor, zwischen den Legislaturperioden eine Notverordnung zu erlassen und damit das Parlament vor vollendete Tatsachen zu stellen.

Im Staatsministerium wurden Bismarcks Vorschläge am 11. Juni 1863 diskutiert[133]. Dabei sprach sich die Mehrheit der Minister gegen das Vorhaben aus und erklärte es für politisch unzweckmäßig und rechtlich überflüssig. Dem Ministerpräsidenten wurde entgegengehalten, „daß die bestehenden Gesetze und Verwaltungseinrichtungen im ganzen ausreichende ... Befugnisse und Mittel an die Hand gäben, um ein oppositionelles Gebaren der Verwaltungsbeamten mit Erfolg zu bekämpfen". In einem Staatsministerialbericht vom 15. Juni 1863[134] wurde auch der König von dieser Mehrheitsentscheidung unterrichtet.

Dennoch brachte Bismarck in der am 16. Juni 1863 abgehaltenen Kronratssitzung[135] das Thema erneut zur Sprache und schlug vor, durch

---

131 Vgl. *Hartung*, Studien, S. 261 f.

132 § 87 Nr. 2 des Disziplinargesetzes für die nichtrichterlichen Beamten vom 21. Juli 1852 (GS S. 465); siehe oben S. 25.

133 Protokollauszug in den Akten des StM Nr. 2322 Bl. 119.

134 Akten des StM, a.a.O., Bl. 120.

135 Protokollauszug in den Akten des StM, a.a.O., Bl. 121.

eine provisorische Verordnung die Befugnis zur Versetzung in den einstweiligen Ruhestand mit Wartegeld auch auf die Ministerialräte und Oberregierungsräte und auf die selbständig gestellten Beamten der Steuer-, Forst-, Post- und Eisenbahnverwaltung auszudehnen. Wiederum blieb jedoch die gewünschte Unterstützung aus. Nur der Kriegsminister Roon trat auf die Seite des Ministerpräsidenten, während der König und die übrigen Minister feststellten, „daß es bedenklich sei, in die organische Gesetzgebung über die Beamtenverhältnisse durch eine oktroyierte Verordnung einzugreifen".

Vier Jahre später allerdings machte die Regierung in anderem Zusammenhang von dem 1863 noch abgelehnten legislatorischen Mittel zur Hebung der politischen Beamtendisziplin Gebrauch. In diesem Falle ging es um die Rechtsstellung derjenigen Beamten, die 1866 mit der Annexion der Länder Hannover, Kurhessen, Nassau, Schleswig-Holstein und der Stadt Frankfurt in den preußischen Verwaltungsorganismus übernommen worden waren. Für sie erging am 23. September 1867 die Verordnung betreffend die Ausdehnung der preußischen Disziplinargesetze auf die Beamten in den neuerworbenen Landesteilen[136]. Durch Artikel VI dieser Verordnung wurde in den annektierten Gebieten die Zahl der disponiblen Beamten erheblich erweitert. In den neupreußischen Landesteilen konnten danach neben den in § 87 Nr. 2 des Disziplinargesetzes vom 21. Juli 1852 genannten noch folgende Beamte jederzeit mit Gewährung des vorschriftsmäßigen Wartegelds einstweilig in den Ruhestand versetzt werden:

Provinzialsteuerdirektoren, Oberregierungsräte und Abteilungsdirigenten bei den Regierungen und wirkliche Oberforstmeister, Oberregierungsräte bei den Provinzialsteuerdirektionen, Vorsteher von Provinzialbehörden, denen ganz oder teilweise die in den älteren Provinzen den Regierungen übertragenen Geschäfte oblagen, Abteilungsdirigenten bei diesen Behörden, Vorsteher der Oberpostdirektionen, der Obertelegrapheninspektionen, der Eisenbahndirektionen einschließlich der Direktionen der unter Staatsverwaltung stehenden Privatbahnen, Direktoren der Oberbergämter und Vorsitzende der Bergwerksdirektionen, Direktoren der höheren Lehranstalten, Dirigenten der Gestüte und Direktoren der landwirtschaftlichen Lehranstalten, soweit letztere Staatsinstitute waren, Kreis- und Amtshauptleute, Amtmänner, Hardesvoigte und Kirchspielvoigte.

Grund für diese außergewöhnliche Ausweitung der Anzahl der disponiblen Beamten war der Wunsch der Regierung, schnell und unbürokratisch gegen politischen Widerstand von seiten der zwangsweise in den preußischen Staatsdienst eingegliederten Beamten vorgehen zu können. Dahinter stand das Bestreben, die Stellung der preußischen Staatsgewalt in den neuerworbenen, nicht unbedingt zuverlässigen

---

[136] GS 1867, S. 1613.

Gebieten zu stärken[137]. In einem Bericht an den König vom 21. September 1867 führte das Staatsministerium zur Begründung der Gesetzgebungsmaßnahme aus[138], daß die Staatsregierung die erweiterte Machtvollkommenheit gegenüber den Beamten benötige, „um den in den neuen Provinzen noch zahlreich vorhandenen, ihr in widerwilliger oder feindseliger Gesinnung gegenüberstehenden Elementen mit Wirksamkeit zu begegnen". Daß sie auch in den neu eingegliederten Gebieten einen ihr politisch treu ergebenen Beamtentyp zu sehen wünschte, gab die Regierung mit den Worten zu verstehen:

„Wenn mit dem 1. Oktober d. J. in den neuerworbenen Landesteilen die preußische Verfassung in Kraft tritt und damit die bisherigen außerordentlichen Machtbefugnisse der Staatsregierung aufhören, so wird sie ihrer wichtigsten Aufgabe in jenen Landesteilen, den inneren Frieden zu wahren und preußischen Geist zu pflegen, nur genügen können, wenn ihr in allen für die Handhabung der inneren Politik und der Disziplin besonders wichtigen Dienststellen Beamte zur Seite stehen, welche mit der unbedingten Treue gegen Ew. Königliche Majestät ein williges Verständnis der Intentionen der Staatsregierung, ein taktvolles Benehmen und festen Mut verbinden[139]."

Der äußere Anlaß für die Ausweitung der Befugnisse der Regierung gegenüber der Beamtenschaft in den annektierten Gebieten dürfte im Verhalten zahlreicher hannoverscher Beamten zu suchen sein, die ihrem entthronten Herrscher in unverbrüchlicher Treue anhingen und dies den neuen Machthabern gegenüber unverhohlen zum Ausdruck brachten. An der Spitze des preußischen Staates reagierte man auf derartige Kundgebungen empfindlich. Dies zeigte sich deutlich, als im Herbst 1866 mehrere Beamte der Finanz- und Innenverwaltung eine Protestresolution der hannoverschen Ritterschaft mitunterzeichneten, die die Annexion des Königreichs Hannover durch Preußen als rechtswidrig verurteilte[140]. Als Antwort auf diese Herausforderung wiesen der Innenminister Eulenburg und der Finanzminister von der Heydt in einem gemeinsamen Schreiben vom 24. November 1866[141] das Königlich Preußische Generalgouvernement in Hannover an, es solle gegen die betreffenden Beamten unverzüglich mit den schärfsten nach den dortigen Gesetzen zulässigen Disziplinarmaßregeln vorgehen, da eine bloße Rüge als unangebrachte Milde und Schwäche ausgelegt werden müsse.

Die für die neuerworbenen Landesteile geltende Vergrößerung des Kreises der disponiblen Beamten machte der Regierung den Kampf

---

137 *Otto Goldberg*, Die politischen Beamten im deutschen Rechte, insbesondere im Reiche, in Preußen und Sachsen, Dresden 1932, S. 14.

138 Akten des StM Nr. 466.

139 Zitat aus dem Bericht des Staatsministeriums vom 21. September 1867.

140 Bericht des Generalgouvernements zu Hannover vom 11. November 1866, Akten des JM Nr. 3140 Bl. 90 f. (Text der Protestresolution Bl. 92 f.).

141 Akten des JM Nr. 3140 Bl. 94.

gegen die dortige Opposition aus Beamtenkreisen leichter. Sie verfügte nun gegenüber einer Vielzahl von Beamten in leitenden Stellungen auch bei bloßem Verdacht politischer Unzuverlässigkeit über die Möglichkeit scharfen Einschreitens.

Auffällig an der 1867 vorgenommenen Ausweitung der Befugnis zu Dispositionsstellungen ist, daß sie nicht im Wege der ordentlichen Gesetzgebung unter Zustimmung des Parlaments zustandekam, sondern von der Regierung im Verordnungswege durchgesetzt wurde, was möglich war, weil die preußische Verfassung in den neuen Landesteilen zur damaligen Zeit noch nicht galt und dort militärisches Sonderrecht herrschte. Da die Verordnung aber nur wenige Tage vor Inkrafttreten der Verfassung erging, läßt sich aus diesem Vorgehen auch schließen, daß die Regierung noch immer nicht der Zustimmung des Parlaments zu einer Erweiterung ihrer Befugnisse gegenüber politisch ungetreuen Beamten sicher war und daher das parlamentarische Gesetzgebungsverfahren bewußt umging.

6. Die Disziplinargerichtsbarkeit

Während in der heutigen Verfassungsordnung die Rechtsanwendung der Exekutive der Kontrolle durch unabhängige Gerichte unterworfen ist, gab es in Preußen jahrzehntelang keine richterliche Instanz, die über die Möglichkeit verfügte, die von der Staatsführung vertretene Auffassung von der den Beamten obliegenden politischen Treuepflicht gegebenenfalls zu korrigieren. Soweit die Staatsführung gegen politisch mißliebige Beamte mit der einstweiligen Versetzung in den Ruhestand, der Versetzung in ein anderes Amt oder der Zurücksetzung bei Beförderungen vorging, war sie völlig frei in ihren Entschlüssen, da es sich hierbei nach damaliger Rechtslage um verwaltungsinterne Maßnahmen handelte, die sie, ohne gerichtlicher Nachprüfung zu unterliegen, jederzeit selbständig verfügen konnte. In den Fällen, in denen gegen politisch unliebsame Beamte Dienststrafverfahren eingeleitet wurden, war durch die Anlage der Disziplinargerichtsbarkeit gewährleistet, daß die an der Staatsspitze aufgestellten Rechtsgrundsätze unangetastet blieben[142]. Gemäß § 41 des Disziplinargesetzes für die nichtrichterlichen Beamten vom 21. Juli 1852[143], dessen Inhalt auf die Diszi-

[142] Gegenstand der folgenden Darlegungen ist das förmliche Dienststrafverfahren, in dem bis hin zur Strafversetzung und Dienstentlassung alle Disziplinarstrafen verhängt werden konnten. Daneben gab es ein formloses Verfahren, das die Verhängung von Ordnungsstrafen (Verwarnung, Verweis, Geldbuße in beschränkter Höhe, gegen untere Beamte auch Arrest) durch den Dienstvorgesetzten vorsah, das aber wegen der geringen Nachhaltigkeit dieser Zuchtmittel keine praktische Bedeutung für die Bekämpfung der politischen Opposition in Beamtenkreisen hatte.

[143] GS 1852, S. 465.

plinarverordnung der Regierung Brandenburg-Manteuffel vom 11. Juli 1849[144] zurückging, war das Staatsministerium selbst die oberste Disziplinarbehörde im Staat und entschied als zweite und letzte Instanz in Dienststrafsachen gegen Beamte aller Rangstufen. Die unteren Disziplinarinstanzen waren institutionell und personell so eng mit der Regierung verflochten, daß sie deren Rechtsauffassung nicht entgegentreten konnten.

Im ersten Rechtszug war die Zuständigkeit der Disziplinarbehörden nach Beamtenklassen aufgegliedert (§ 24)[145]. In Sachen derjenigen Beamten, die vom König oder dem Staatsministerium ernannt worden waren, entschied der Disziplinarhof für die nichtrichterlichen Beamten in Berlin. Für die Beamten der darunter liegenden Ebene waren die Provinzialbehörden zuständig. In beiden Fällen hatten der Angeschuldigte und die Staatsanwaltschaft das Recht der Berufung an das Staatsministerium (§ 41).

Von den Provinzialbehörden, die als unselbständige Institutionsglieder der Staatsverwaltung an die Weisungen und Erlasse aus den Ministerien gebunden waren, konnte die Regierung sicher sein, daß sie in der Disziplinarrechtsprechung keine eigenen politischen Wege gingen. Aber auch der Disziplinarhof für die nichtrichterlichen Beamten, der außer seiner erstinstanzlichen Zuständigkeit das Staatsministerium in Berufungssachen gegen Entscheidungen der Provinzialbehörden gutachtlich zu beraten hatte (§§ 45 Abs. 3; 46), war kein echtes Gericht im heutigen verfassungsrechtlichen Sinne, aus dem sich ein Gegengewicht zur Staatsregierung hätte entwickeln können. Hierzu fehlte es ihm an der gebotenen Unabhängigkeit und Neutralität. Der elf neben- und ehrenamtlich tätige Mitglieder zählende Disziplinarhof war überwiegend mit Ministerialbeamten besetzt und bestand nur zum kleineren Teil aus richterlichen Mitgliedern, die dem Königlichen Obertribunal angehören mußten[146]. Die Disziplinarrichter wurden vom König, der hierbei den Vorschlägen des Staatsministeriums folgte, auf die Dauer

---

[144] GS 1849, S. 271. — Vgl. oben S. 24 f.

[145] Alle Paragraphenangaben ohne Gesetzesbezeichnung beziehen sich auf das Disziplinargesetz für die nichtrichterlichen Beamten vom 21. Juli 1852.

[146] § 29 Absatz 1 des Disziplinargesetzes vom 21. Juli 1852 schrieb vor: „Der Disziplinarhof besteht aus einem Präsidenten und zehn anderen Mitgliedern, von denen wenigstens vier zu den Mitgliedern des Obertribunals gehören müssen.“ — In der Besetzungspraxis wurde stets darauf geachtet, daß das Stimmenübergewicht der Verwaltungsbeamten erhalten blieb (hierzu die Akten des StM Nr. 921). Nach Auflösung des Obertribunals im Zuge der Neuordnung der Gerichtsorganisation durch das Gerichtsverfassungsgesetz vom 27. Januar 1877 (RGBl. S. 41) wurden die richterlichen Mitglieder dem Kammergericht entnommen (Akten des JM Nr. 3072; Gesetz betreffend die Abänderung von Bestimmungen der Disziplinargesetze vom 9. April 1879 [GS S. 345], § 13).

von jeweils drei Jahren ernannt (§ 29 Abs. 2). Nach Ablauf dieser Zeit hatte die Regierung die Möglichkeit, sich von solchen Richtern zu trennen, die ihren Erwartungen nicht entsprochen hatten. Eine enge Bindung an die Staatsführung wurde auch durch die Auswahl der Präsidenten des Disziplinarhofs erzielt[147]. Bis Ende 1854 bekleidete der ehemalige Justizminister Mühler[148], der noch den Titel eines Staatsministers führte und Sitz und Stimme im Staatsministerium hatte, dieses Amt. Danach wurde der ehemalige Justizminister Uhden[149] zum Präsidenten ernannt, der die Stellung bis 1873 innehatte. Sowohl Mühler als auch Uhden standen außerdem zugleich als Präsidenten an der Spitze des Obertribunals, das auf diese Weise ebenfalls mit der Regierung verbunden blieb.

In politischen Sachen hielt sich der Disziplinarhof an die von der Staatsführung vorgezeichneten Wege, was sich darin bestätigt, daß in den Ministerialakten keine Klage über Kursabweichungen unterer Disziplinarinstanzen bei der Entscheidung derartiger Fälle verzeichnet ist. Ferner zeigt die Rede, die der Präsident Mühler am 1. September 1849 zur Eröffnung des Disziplinarhofs vor dessen Mitgliedern hielt[150], daß sich die Disziplinarorgane selbst als Vollstrecker des politischen Willens der Staatsführung verstanden. Mühler brachte vor, es sei im Interesse einer ordnungsgemäßen Verwaltung unerläßlich, daß sich alle Beamten „von jeder feindseligen Richtung gegen das allgemeine Staatswohl und gegen ihre Vorgesetzten“ fernhielten, und bezeichnete es unter Anspielung auf die eben erst überwundene Revolution als eine der Aufgaben des Disziplinarhofs, „die im Laufe der jüngst vergangenen Zeit im Kreise der Beamten gelockerten Bande der Disziplin wiederum zu befestigen ... und in dieser Weise der Staatsregierung die Garantie zu gewähren, deren sie zu einer geregelten Führung der Geschäfte bedarf“. Auch der mehrfach in Rechenschaftsberichten an das Staatsministerium von den Präsidenten des Disziplinarhofs verwendete Ausdruck, es sei „treu“ gearbeitet worden[151], ist als Zeichen politischer Ergebenheit zu werten.

---

147 Hierzu die Akten des StM Nr. 921.

148 Heinrich Gottlob von Mühler (1780—1857), Justizminister von 1832 bis 1844, Vater des dem Ministerium Bismarck angehörenden Kultusministers Heinrich von Mühler; ADB, Bd. 22, S. 468 f. (Wippermann).

149 Karl Albrecht Alexander von Uhden (1798—1878), Justizminister von 1844 bis 1848; ADB, Bd. 39, S. 765 ff. (Berner).

150 Wortlaut in den Akten des StM Nr. 921.

151 z. B. Bericht des Präsidenten Mühler vom 5. März 1853, Akten des StM Nr. 661; Berichte des Präsidenten Uhden vom 19. Juli 1855, ebenda, und vom 16. Juli 1864, Akten des JM Nr. 2730. — In dem Bericht des Präsidenten Mühler vom 5. März 1853 heißt es am Schluß wörtlich: „Es ist treu und tüchtig gearbeitet worden und die einzelnen Mitglieder und Subalternbeamten haben

Im Staatsministerium kam es 1868 zu einer Diskussion über die Zweckmäßigkeit der Beibehaltung der bisherigen Kompetenzverteilung in Disziplinarsachen[152], wobei sich zeigte, daß man sich in Mehrheit der großen politischen Bedeutung der allumfassenden Zuständigkeit des Staatsministeriums voll bewußt war. Als auf Anregung Bismarcks die Frage behandelt wurde, ob das Staatsministerium zur Arbeitsentlastung einen Teil seiner Berufungszuständigkeit, nämlich die Angelegenheiten der den Provinzialbehörden unterstehenden Beamten, an den Disziplinarhof abgeben solle, sprachen sich vor allem der Innenminister Eulenburg und der Justizminister Leonhardt für eine derartige Reform aus. Schärfste Gegner des Vorschlags waren der Finanzminister von der Heydt und der Handelsminister Itzenplitz. Sie verwiesen darauf, wie wichtig das ungeschmälerte Entscheidungsrecht des Staatsministeriums vor allem in politisch unruhigen Zeiten sei, und gaben der Befürchtung Ausdruck, daß der Landtag die Vorlage eines Reformgesetzes zum Anlaß nehmen könnte, auf eine gänzliche Entziehung der Disziplinargewalt aus den Händen der Regierung hinzuwirken. Da diese Argumente weit schwerer wogen als der Wunsch nach Arbeitserleichterung, beschloß das Staatsministerium in seiner Sitzung am 18. Oktober 1868[153] bei nur einer Gegenstimme, das bisherige Verfahren in Disziplinarsachen unverändert beizubehalten.

Die einzige Stelle, die in Fragen der politischen Beamtendisziplin ein richterliches Gegengewicht zum Staatsministerium hätte bilden können, war das Königliche Obertribunal. Es hatte in zweiter und letzter Instanz über die Dienstvergehen der Richter und der damals noch zu den Beamten zählenden Rechtsanwälte und Notare zu entscheiden[154] und mußte sich dabei mehrfach mit der Stellung der Beamten bei politischer Betätigung beschäftigen. Die regierungstreue Gesinnung seiner Mitglieder führte jedoch dazu, daß sich auch das Obertribunal im wesentlichen an die von der Staatsführung vorgezeichneten Grundsätze hielt. Vor allem während des Verfassungskonflikts legte das Obertribunal die Pflicht zur politischen Treue ganz im Sinne der Regierung aus. Am 14. September 1863 verhängte es eine Disziplinar-

---

das in sie gesetzte Vertrauen vollkommen gerechtfertigt; die Institution selbst aber wird ihre guten Früchte tragen, welche freilich erst im Laufe der Zeit mehr und mehr hervortreten werden.“

[152] Hierzu das an den Finanz-, den Innen- und den Justizminister gerichtete Schreiben Bismarcks vom 22. Februar 1868 und die ministeriellen Voten in den Akten des JM Nr. 3071.

[153] Protokollauszug in den Akten des JM Nr. 3071.

[154] § 36 des Gesetzes betreffend die Dienstvergehen der Richter und die unfreiwillige Versetzung derselben auf eine andere Stelle oder in den Ruhestand vom 7. Mai 1851 (GS S. 218); § 74 des Disziplinargesetzes für die nichtrichterlichen Beamten vom 21. Juli 1852 (GS S. 465).

strafe gegen einen Rechtsanwalt, der die Bevölkerung dazu aufgerufen hatte, die von der Regierung verfolgten liberalen Politiker durch Geldspenden zu unterstützen. Im Text der Entscheidung, durch die sich das Staatsministerium so sehr bestätigt fühlte, daß es ihren Abdruck in den Ministerialblättern verfügte[155], hieß es:

„... Nicht alles, was nicht unter das allgemeine Strafgesetz fällt und nicht schon jedermann im Staate verboten ist, paßt und ziemt sich für einen Beamten. Dieser muß auch in seinem außerdienstlichen Verhalten der Rücksichten eingedenk sein, welche er infolge seiner amtlichen Stellung als Staatsdiener der Staatsregierung schuldig ist. ... Zu der schuldigen Rücksicht und somit auch zur Erfüllung seiner besonderen Dienstpflicht des Beamten gehört aber, von öffentlichen Demonstrationen und Agitationen gegen die bestehende Regierung sich fern zu halten. ...“

Am 28. Oktober 1864 bekräftigte das Obertribunal diesen Standpunkt und sprach einen Verweis gegen einen Rechtsanwalt und Notar aus, der einen liberalen Wahlaufruf mitunterzeichnet hatte[156]. In diesem Falle brachten die Urteilsgründe gegenüber der vorangegangenen Entscheidung jedoch insofern etwas Neues, als ausdrücklich betont wurde, daß dem Beamten zwar die tendenziöse Demonstration und öffentliche Agitation gegen die Regierung verboten sei, daß es ihm aber unbenommen bleibe, seine eigene Stimme bei den Wahlen nach seinem freien Ermessen abzugeben. Damit zeigte sich das Obertribunal in einem allerdings nicht entscheidungserheblichen Punkt großzügiger als die Staatsregierung[157], die verkündet hatte, daß der Beamte seines Treueids weder als Wähler noch als Gewählter entbunden sei[158].

Im Abgeordnetenhaus kam die Lage des Disziplinarwesens 1861 kurz zur Sprache. Anlaß dazu gab eine Petition des ehemaligen Regimentsarztes Dr. Riecke aus Nordhausen[159]. Dieser hatte zu Beginn der Reaktionszeit in verschiedenen privaten Briefen, die der Polizei in die Hände gefallen waren, politisch unerwünschte Äußerungen getan und war hierauf durch Urteil des Disziplinarhofs für die nichtrichterlichen Beamten vom 24. Januar 1852, das am 25. Mai 1852 in der Berufung vom Staatsministerium bestätigt wurde, wegen feindseliger Parteinahme gegen die Staatsregierung aus seinem Amt entlassen worden. Da er damit zugleich alle in mehr als 27jähriger Dienstzeit erworbenen

---

155 JMBl. 1863, S. 243 ff. und MBliV 1863, S. 191 ff. (hiernach das folgende Zitat).

156 Urteil des Obertribunals vom 28. Oktober 1864, Aktenzeichen: Nr. 363/64 Disz.; Abschrift in den Akten des JM Nr. 3071.

157 Hieran mag es liegen, daß dieses Urteil nicht in die Ministerialblätter eingerückt wurde.

158 Siehe oben S. 64.

159 Zweiter Bericht der Kommission für das Justizwesen über Petitionen vom 23. Februar 1861, Drucksachen des Hauses der Abgeordneten 1861, Drucksache Nr. 66, S. 16 ff.

Versorgungsansprüche verloren hatte[160], bemühte er sich beim Parlament um eine Wiederaufnahme des Verfahrens. Er beschränkte seine Petition jedoch nicht auf dieses persönliche Anliegen, sondern forderte zugleich im Interesse der Allgemeinheit die völlige Abschaffung des Disziplinarhofs für die nichtrichterlichen Beamten. Zur Begründung trug er vor, daß diese Institution ein typisches Produkt der Reaktionszeit sei und reine Parteiinteressen verfolge, wie dies sein eigenes Schicksal beweise. Der zuständige Petitionsausschuß gab in seinem Bericht vom 23. Februar 1861 dem Antragsteller zwar zu[161], daß auch auf dem Gebiet des Disziplinarwesens „eine bessernde Hand Stoff zur Arbeit fände" und daß durch eine Stärkung des richterlichen Elements oder auf andere Weise dafür gesorgt werden müßte, daß regierungsunabhängige Organe über die Folgen einer regierungsfeindlichen Parteinahme eines Beamten entschieden. Der Antrag des Petenten auf Abschaffung des Disziplinarhofs wurde aber mit der seltsamen Begründung zurückgewiesen, es sei darin kein Hinweis enthalten, welche Einrichtung an die Stelle des Disziplinarhofs treten könne. Auch im übrigen blieb der Petent erfolglos. — Im Plenum des Abgeordnetenhauses verfolgte man die Petition ebenfalls nicht weiter, sondern ging nach kurzer Aussprache gemäß dem Vorschlag des Ausschusses zur Tagesordnung über[162].

7. Die rechtswissenschaftliche Literatur

In heutiger Zeit ist es selbstverständlich, daß in dem einer juristisch relevanten Entscheidung oder Äußerung der Exekutive von gewisser Schwierigkeit und Tragweite vorangehenden Willensbildungsprozeß das rechtswissenschaftliche Schrifttum ausgewertet wird. Im Gegensatz dazu wurden im konstitutionellen Preußen, wie sich den Ministerialakten, in denen keinerlei entsprechender Hinweis enthalten ist, entnehmen läßt, bei der amtlichen Behandlung des den Gegenstand der vorliegenden Arbeit bildenden Problemkreises niemals Stellungnahmen aus dem Bereich der juristischen Literatur herangezogen.

---

[160] Die im Disziplinarwege verfügte Dienstentlassung zog nach § 16 des Disziplinargesetzes vom 21. Juli 1852 (GS S. 465) — vorher § 19 der Disziplinarverordnung vom 11. Juli 1849 (GS S. 271) — automatisch den Verlust des Titels und Pensionsanspruchs nach sich, ohne daß darauf besonders erkannt werden mußte. — Bei mildernden Umständen durfte die Disziplinarbehörde nach § 16 des Disziplinargesetzes vom 21. Juli 1852 in ihrer Entscheidung bestimmen, daß dem Dienstentlassenen ein Teil der Pension auf Lebenszeit oder für eine begrenzte Dauer als Unterstützung zu belassen sei. In der Disziplinarverordnung vom 11. Juli 1849 war diese Möglichkeit noch nicht vorgesehen.

[161] Drucksachen des Hauses der Abgeordneten 1861, Drucksache Nr. 66, S. 18 f.

[162] Sitzung am 15. März 1861; StenBer. AH 1861, Bd. 1, S. 507 f.

Eine Erklärung hierfür wird einmal darin zu sehen sein, daß sich die preußische Bürokratie wohl noch ebenso wie in der absolutistischen Epoche[163] selbst als „die eigentliche Wahrerin des wissenschaftlichen Gutes“[164] betrachtete und deshalb ein Heranziehen rechtswissenschaftlicher Literatur nicht für nötig hielt. Zum anderen kam speziell auf dem Gebiet des Beamtenrechts hinzu, daß die Literatur kaum etwas an Entscheidungshilfe zu bieten hatte. In diesem unübersichtlichen, zersplitterten Rechtsbereich konzentrierte man sich noch vorwiegend auf das Sichten und Sammeln des Rechtsstoffs, ohne darüber hinaus zu einem kritischen Problembewußtsein zu gelangen.

Aus speziell beamtenrechtlichem Schrifttum jener Zeit[165] spricht das Bestreben, die Rechtsmaterie durch eine geordnete Zusammenstellung aller geltenden Vorschriften überschaubar zu machen, nicht aber die Absicht, an der Rechtsfortbildung mitzuwirken. Dementsprechend wird auch in zweifelhaften Auslegungsfragen der regierungsamtliche Standpunkt unkritisch übernommen. Dies gilt besonders für die Problematik der politischen Treuepflicht. So begnügt sich die Monographie von Mascher[166] mit einer kurzen Wiedergabe der Ministerialerlasse, durch die den Beamten die Teilnahme an regierungsfeindlichen Vereinen untersagt wurde. Die Darstellung des Disziplinarrechts von Thilo[167] und der disziplinarrechtliche Abschnitt im Handbuch von Illing[168] erwähnen das Urteil des Obertribunals vom 14. September 1863[169], ohne sich mit den darin angesprochenen Problemen auseinanderzusetzen. Gerade in diesem Bereiche dürfte es sich allerdings mit ausgewirkt haben, daß die Abfassung speziell beamtenrechtlichen Schrifttums im

---

163 Hierzu *Rudolf Smend,* Der Einfluß der deutschen Staats- und Verwaltungsrechtslehre des 19. Jahrhunderts auf das Leben in Verfassung und Verwaltung (1939), in: Staatsrechtliche Abhandlungen und andere Aufsätze von Rudolf Smend, Berlin 1955, S. 326 ff. (331 f.).

164 *Smend* S. 331.

165 Vgl. *H. A. Mascher,* Der Preußische Civil-Staatsdienst oder systematische Darstellung der Rechte und Pflichten der unmittelbaren und mittelbaren Civil-Beamten in Preußen, Ein Handbuch für die Preußischen Civil-Staatsdiener aller Klassen und alle Die, welche solche werden wollen, 2. Aufl., Leipzig 1863; *G. Thilo,* Die Preußische Disziplinargesetzgebung für die unmittelbaren und mittelbaren Staatsbeamten, erläutert aus den Materialien, der Rechtslehre, den Entscheidungen des Königlichen Obertribunals und den Ministerialreskripten, Berlin 1864; ferner (wenn auch kein selbständiges beamtenrechtliches Werk im technischen Sinn) den Abschnitt über das Beamtenrecht bei *Illing,* Handbuch für Preußische Verwaltungsbeamte, Geschäftsmänner und Kreis- oder Gemeindevertreter, 2. Aufl., Bd. 1, Düsseldorf 1870, S. 63 ff.

166 Ebenda S. 62.

167 Ebenda S. 82 ff.; 147.

168 Ebenda Bd. 1, S. 154.

169 Siehe oben S. 74 f.

damaligen Preußen kein Betätigungsfeld unabhängiger, verwaltungsferner Rechtswissenschaftler war, sondern eine Domäne der Angehörigen der öffentlichen Verwaltung[170], die selbst befürchten mußten, bei Aufgabe der gebührenden Zurückhaltung in ihrer schriftstellerischen Arbeit von ihren Vorgesetzten zur Verantwortung gezogen zu werden.

Auch die Staatsrechtslehrbücher ließen in der Regel in ihren Darlegungen über den Staatsdienst eine tiefergehende Auseinandersetzung mit den Fragen der Pflicht zur politischen Treue vermissen. Die juristische Problematik des Spannungsverhältnisses zwischen Dienstpflicht und Staatsbürgerrecht, in dem sich die Beamten seit der Einführung des Verfassungsstaats befanden, wurde kaum zum Ausdruck gebracht. Ohne daß auf die juristischen Zusammenhänge eingegangen wird, heißt es beispielsweise in dem Werk des Würzburger Staatsrechtslehrers Held[171], die vielleicht wichtigste Amtspflicht des Staatsdieners bestehe darin, der Masse des Volkes ein Vorbild „in Beziehung auf echte politische Bildung" und „treue Ergebenheit an den Monarchen und die ganze Verfassung" zu sein. Der Göttinger Staatsrechtler Zachariä[172] erwähnte es als Pflicht des Beamten, sich nicht an Verfassungsverletzungen und Umstürzen zu beteiligen. Zur Gehorsamspflicht im allgemeinen bemerkte er, daß sie nicht sklavisch aufgefaßt werden dürfe, da „der Staatsdiener auch Mensch und Bürger bleibe und sein Gewissen nicht vor der Schwelle des Staatsdienstes zurücklasse". Ob dies auch für den politischen Bereich gelten sollte, blieb aber offen. Konkreter, wenn auch ohne auf rechtliche Einzelfragen einzugehen, äußerte sich der lange Zeit in München wirkende Staatsrechtslehrer Bluntschli[173]. Er gestand dem Staatsdiener zwar das Recht auf eine eigene politische Überzeugung zu, verlangte von ihm aber, daß er sich in Übereinstimmung mit den dauernden Grundprinzipien der Staats- und Verfassungsordnung befinde und nicht als Feind jener Grundprinzipien handele, ferner, daß er sich von systematischer, d. h. konsequent auf Sturz oder Lähmung der Regierung gerichteter Opposition fernhalte.

---

[170] Von den vorstehend erwähnten Autoren war *Mascher* Kreissekretär und *Illing* Oberregierungsrat. — *Thilo* war Staatsanwalt und zählte somit zum Kreis der nach § 87 des Disziplinargesetzes vom 21. Juli 1852 (GS S. 465) jederzeit einstweilig in den Ruhestand versetzbaren Beamten.

[171] *Joseph von Held,* System des Verfassungsrechts der monarchischen Staaten Deutschlands mit besonderer Rücksicht auf den Constitutionalismus, Bd. 2, Würzburg 1857, S. 336; Biographisches zu Held in ADB, Bd. 50, S. 161 ff. (Teichmann).

[172] *Heinrich Albert Zachariä,* Deutsches Staats- und Bundesrecht, 2. Aufl., Göttingen 1854, 3. Aufl., Göttingen 1867; jeweils Bd. 2, S. 39 ff.; Biographisches zu Zachariä in ADB, Bd. 44, S. 617 ff. (Frensdorff).

[173] *Johann Caspar Bluntschli,* Allgemeines Staatsrecht, 1. Aufl., München 1852, S. 432 f.; 4. Aufl. (2 Bde.), München 1868, Bd. 2, S. 139 ff.; Biographisches zu Bluntschli in Neue Deutsche Biographie, Bd. 2, S. 337 f. (Mitteis).

Ganz auf der von den Regierungen Manteuffel und Bismarck verfolgten Linie bewegte sich der Königsberger Staatsrechtler Carl Baron Kaltenborn von Stachau[174] in seinem 1863 in Leipzig erschienenen Werk „Einleitung in das constitutionelle Verfassungsrecht", das der Kultusminister Mühler im August 1863 als „treffliches Buch über das konstitutionelle Verfassungsrecht im streng konservativen Sinne" bezeichnete und nach dessen Veröffentlichung Kaltenborn auf Vorschlag Mühlers mit der Verleihung des preußischen Roten Adlerordens vierter Klasse ausgezeichnet wurde[175]. Kaltenborn erklärte in seinem Werk, daß die Beamten als „organische und anstaltliche Glieder des Staatswesens" weder in dienstlicher Eigenschaft noch als Staatsbürger gegen den politischen Willen des Königs verstoßen dürften, und hob hervor, daß dieses Gebot sie auch zur Folgsamkeit gegenüber den Ministern verpflichte, von denen „verfassungsmäßig zu präsumieren" sei, „daß ihre persönliche Auffassung der unmittelbare Ausdruck des persönlichen Staatswillens des Königs, der königlichen Politik sei". Bei Kollisionen zwischen der ministeriellen und der eigenen politischen Auffassung hielt Kaltenborn den Beamten für verpflichtet, „erstlich in seiner eigentlichen Amtstätigkeit so zu handeln, wie der Minister verlangt, und zweitens auch in seiner nichtbeamtlichen Tätigkeit, also namentlich als Urwähler, Wahlmann, Abgeordneter, zum mindesten alles zu unterlassen, was mit dieser beamtlichen Auffassung und Tätigkeit im direkten Widerspruche steht". Zur Begründung brachte er unter anderem vor, „eine nach den verschiedenen staatsbürgerlichen Seiten sich widersprechende Tätigkeit des Beamten würde die Einheit und Energie des Beamtenorganismus geradezu gefährden". Ein wenig schwächte er seine Anforderungen an die politische Disziplin der Beamtenschaft allerdings noch ab, indem er anschließend ausführte, daß man „niemals eine mechanische und sklavische Übereinstimmung" werde verlangen dürfen und daß „modifizierte Verschiedenheiten derselben Grundauffassung" überall zulässig sein würden. Doch hielt er mit Nachdruck daran fest, daß der Beamte „in allen wichtigen Prinzipienfragen" kraft seines Amtes verpflichtet sei, sich auch als Staatsbürger, namentlich als Abgeordneter, der „offenbaren Opposition und Agitation gegen die Minister des Königs" zu enthalten.

Einen entgegengesetzten Standpunkt vertrat Ludwig von Rönne in seinem Werk „Das Staatsrecht der Preußischen Monarchie"[176], das in Preußen lange Zeit als führend galt und dank seiner juristisch-kriti-

---

[174] Biographisches ADB, Bd. 15, S. 43 ff. (Teichmann).

[175] Marginalbemerkung des Kultusministers Mühler vom 14. August 1863 in den Akten des StM Nr. 2322 Bl. 142 R, 143; ADB, Bd. 15, S. 45.

[176] Zum Folgenden: 1. Aufl., 2. Bd., Das Verwaltungsrecht, Leipzig 1863, S. 311 f.; entsprechend 2. Aufl., 2. Bd., 1. Abteilung, Leipzig 1864, S. 349 f.

schen Argumentation noch heute modern wirkt. Rönne, der bis 1868 als Richter im preußischen Justizdienst tätig war[177], machte einen Unterschied zwischen der Treuepflicht gegenüber dem Staatsoberhaupt und der Treuepflicht gegenüber der aus den Ministern bestehenden Staatsregierung. Gegenüber der häufig dem politischen und personellen Wechsel unterworfenen Staatsregierung waren die Beamten seiner Meinung nach nur im innerdienstlichen Bereich zur politischen Folgsamkeit und Zurückhaltung verpflichtet. Außerhalb des mit ihrem Amt zusammenhängenden Berufskreises billigte er ihnen das Recht zur politischen Opposition gegen das jeweils regierende Ministerium zu. Dabei betonte er mit besonderem Nachdruck, daß auch den Beamten nach der Verfassung das freie Wahlrecht zustehe, und erklärte es für „unvereinbar mit den Grundsätzen der konstitutionellen Monarchie", die Beamten in der Ausübung dieses verfassungsmäßigen Rechts durch administrative Maßregeln zu beschränken. Die einzige Grenze der außeramtlichen politischen Meinungs- und Betätigungsfreiheit sah er in der Verpflichtung des Beamten, die Grundprinzipien der Verfassung zu achten und nicht auf einen Wechsel der Staatsform hinzuarbeiten. Die Treuepflicht gegenüber dem Staatsoberhaupt war für Rönne kein Gegenstand juristischer Erörterungen. Er bemerkte kurz, daß sie sich von selbst verstehe, und ließ erkennen, daß die Einschränkungen, die er in bezug auf die Treuepflicht gegenüber der Staatsregierung machte, nicht im Verhältnis zum Monarchen gelten sollten. Damit bewertete er die Treuepflicht gegenüber dem König als weiterreichend als die gegenüber dem Staatsministerium und gab zu verstehen, daß es dem Beamten niemals erlaubt sei, gegen den König zu opponieren.

Diese Darlegungen spiegelten die Rechtsauffassung des preußischen Liberalismus wider, dem Rönne anhing. Sie entsprachen der Praxis des liberalen Ministeriums Hohenzollern-Auerswald, standen aber in einem schroffen Widerspruch zur Haltung der konservativen Regierungen. — Der schon vor der Niederlegung in Rönnes Werk auf seiten der Gegner der konservativen Beamtenpolitik laut gewordenen Anschauung[178], daß gegenüber der Regierung nicht die umfassende Treuepflicht bestehe wie gegenüber dem Monarchen, kommt insofern Bedeutung zu, als sich aus ihrer Existenz heraus die vom Konfliktsministerium unter Bismarck erkennbar verfolgte Tendenz erklären läßt, den König als politisches Zentralorgan herauszustellen und das Ministerium als lediglich seinen Willen ausführendes Vollzugsorgan. Dahinter stand das Bestreben, der vorerwähnten gegnerischen An-

---

177 ADB, Bd. 55, S. 879 ff. (Landsberg).

178 Vgl. die die Argumentation der damaligen Opposition wiedergebenden Ausführungen des Regierungskommissars Hahn in StenBer. AH 1855/56, Bd. 1, S. 343.

schauung durch Aufzeigen enger Verklammerung zwischen Monarch und Ministerium den Boden zu entziehen und dadurch eine feste politische Bindung der Beamtenschaft an die Regierung zu erreichen. Auch später im Allerhöchsten Erlaß vom 24. Januar 1882[179] und in dem der Maßregelung der sogenannten Kanalrebellen folgenden Staatsministerialerlaß vom 31. August 1899[180] bediente man sich von offizieller Seite noch dieses Mittels, um die Autorität des Staatsministeriums gegenüber den Beamten zu stärken.

8. Zusammenfassender Überblick (1850—1871)

In der Zeit von 1850 bis zur Reichsgründung bestimmte allein die vom Monarchen eingesetzte Staatsregierung verbindlich den gesetzlich nicht festgelegten Inhalt der politischen Treuepflicht der Beamten. Dem Parlament fehlte die verfassungsrechtliche Befugnis, in die Praxis der Regierung einzugreifen. Eine unabhängige Disziplinargerichtsbarkeit gab es für Verwaltungsbeamte nicht. Die Rechtswissenschaft hatte keinen Einfluß auf die praktische Entwicklung.

Nur das Ministerium Hohenzollern-Auerswald gestattete es den Beamten, sich außerdienstlich, in Teilnahme am allgemeinen, staatsbürgerlichen politischen Leben gegen die von der Regierung verfolgte Politik zu wenden. Das Ministerium Manteuffel und das von Bismarck geführte Kabinett billigten den Beamten dagegen keine derartige Freiheit zu. Ohne, wie später üblich, zwischen politischen und unpolitischen Beamten zu unterscheiden, verlangten sie von allen Beamten, daß sie sich innerhalb und außerhalb des Dienstes jeglicher ablehnenden Äußerung gegen die Regierungspolitik enthielten, und den Beamten war die Teilnahme an Vereinen verboten, deren politische Ziele nicht mit denen der Staatsführung übereinstimmten. Bei den Wahlen zum Abgeordnetenhaus wurde von den Beamten erwartet, daß sie für die regierungsfreundlichen Kandidaten stimmten oder, wenn sie dies nicht zu tun können glaubten, sich der Stimme enthielten. Ein Votum für einen in Opposition zur Regierung stehenden Kandidaten galt gemäß der unter Manteuffel entwickelten und vom Ministerium Bismarck übernommenen Auffassung als Verletzung der Treuepflicht. Beamte, die selbst als Parlamentarier tätig waren, blieben nach der unter Manteuffel und Bismarck geltenden Anschauung auch in dieser Eigenschaft ihrem Dienstherrn zur Treue verpflichtet. Sie hatten sich in allen Angelegenheiten, denen die Regierung besondere Bedeutung beimaß, der

[179] Vgl. unten S. 89.

[180] Vgl. unten S. 120 f.

Opposition gegen den Regierungsstandpunkt zu enthalten und mußten in solchen Fällen selbst bei sachlich begründeter Kritik damit rechnen, von ihren Dienstvorgesetzten zur Verantwortung gezogen zu werden.

In den ersten beiden Jahrzehnten des preußischen Konstitutionalismus herrschte somit in der Praxis, abgesehen von der verhältnismäßig kurzen Amtszeit der Regierung Hohenzollern-Auerswald, eine sehr strenge Auffassung von der Pflicht zur politischen Treue, auf Grund derer alle Beamten äußerst weitreichenden Einschränkungen ihrer verfassungsmäßigen Staatsbürgerrechte unterworfen waren.

Dritter Teil

Die Pflicht zur politischen Treue in der Zeit von 1871 bis zur Jahrhundertwende

1. Die allgemeine Entwicklung der politischen und staatlichen Verhältnisse von 1871 bis 1900

Mit der Reichsgründung im Jahre 1871, die 1867 durch die Gründung des Norddeutschen Bundes vorbereitet worden war, beginnt ein neuer Abschnitt in der preußischen Geschichte[1]. Preußen, das bis dahin den Rang einer selbständigen europäischen Großmacht eingenommen hatte, verlor seine Unabhängigkeit und wurde zum Gliedstaat des Deutschen Reiches. Auch in dieser Eigenschaft behielt es jedoch seine Schlüsselstellung in der deutschen Politik, da ihm als dem bevölkerungs- und flächenmäßig größten und wirtschaftlich stärksten Einzelstaat die Führungsrolle in dem neugeschaffenen Bundesstaat zufiel. Die Hegemonialstellung kam vor allem durch die in der Reichsverfassung festgelegte Bindung der Kaiserwürde an den preußischen Königsthron zum Ausdruck und zeigte sich darüber hinaus an vielen personellen und institutionellen Verbindungen zwischen Organen des Reichs und Preußens.

Von größter politischer Bedeutung war die in der Regel bestehende Personalunion von Reichskanzler und preußischem Ministerpräsidenten. In den ersten beiden Jahrzehnten nach der Reichsgründung bekleidete Bismarck beide Ämter, womit das Reich und Preußen unter krisenfreier politischer Führung standen. Im letzten Jahrzehnt vor der Jahrhundertwende, nach Bismarcks Entlassung, herrschten dagegen weniger stabile Führungsverhältnisse.

Für eine selbständige preußische Außenpolitik war nach 1871 kein Raum mehr, da die wichtigsten Funktionen der auswärtigen Gewalt auf das Reich übergingen. Die preußische Innenpolitik verlor nach der Reichsgründung ihren landespolitischen Charakter und wurde zuneh-

---

[1] Zum Folgenden: *Bruno Gebhardt*, Handbuch der deutschen Geschichte, hrsg. von Herbert Grundmann, 9. Aufl., Bd. 3, bearb. von Karl Erich Born, Max Braubach, Theodor Schieder und Wilhelm Treue, Stuttgart 1970, S. 224 ff., 265 ff. (Born); *Hartung*, Verfassungsgeschichte, S. 292 f.; *Huber*, Verfassungsgeschichte, Bd. 3, S. 798 ff., 931 ff., Bd. 4, S. 137 f.; *Schoeps* S. 273 ff.

mend von reichspolitischen Erwägungen beeinflußt. In bisher unbekanntem Umfang traten wirtschaftliche und soziale Fragen in den Vordergrund, die durch den raschen, nach der nationalen Einigung sich beschleunigenden Übergang Deutschlands vom Agrarstaat zur Industrienation aufgeworfen wurden[2]. Um das Verhältnis zwischen Staat und Kirche ging es im Kulturkampf, der zwar vorwiegend auf der Landesebene ausgetragen wurde, aber reichspolitische Hintergründe hatte. Die Auseinandersetzung zwischen Krone und Volksvertretung um die Vorherrschaft im Staat, die lange Zeit die preußische Innenpolitik geprägt hatte, verlagerte sich nach 1871 auf die Ebene des Reichs. Dort entstand mit dem Reichstag ein deutsches Nationalparlament, dessen Mitglieder anders als die des preußischen Abgeordnetenhauses in gleicher, geheimer und direkter Wahl bestimmt wurden und das in seiner Mehrheit nicht gewillt war, die Einschränkungen des auch in der Reichsverfassung festgelegten konstitutionellen Regierungssystems auf die Dauer hinzunehmen.

Im Bestand Preußens an Behörden und Beamten traten durch die Reichsgründung keine wesentlichen Änderungen ein, da nach den Bestimmungen der Reichsverfassung die Verwaltung grundsätzlich Aufgabe der Länder blieb und nur wenige Sachgebiete in die unmittelbare Verwaltung des Reichs übergingen[3]. Doch kam es auch in Preußen gleichzeitig mit dem Ausbau der Einrichtungen des neugeschaffenen Reichs zu Reformen. Durch die Kreisordnung vom 13. Dezember 1872[4] und die Provinzialordnung vom 29. Juni 1875[5] wurde in den altpreußischen Landkreisen und Provinzen ein in sich geschlossenes System der kommunalen Selbstverwaltung aufgebaut, das ab 1884 auch in den übrigen Landesteilen eingeführt wurde[6]. Gleichzeitig entstand die preußische Verwaltungsgerichtsbarkeit, deren Organisation in dem Gesetz betreffend die Verfassung der Verwaltungsgerichte und das Verwaltungsstreitverfahren vom 3. Juli 1875[7] festgelegt wurde. In den unteren Instanzen wurden die Aufgaben der Verwaltungsgerichte von den Kreis- und Bezirksausschüssen wahrgenommen, bei denen es sich um kollegiale Verwaltungsbehörden handelte, die zugleich richterliche

---

[2] Überblick über die Wirtschaftsentwicklung bei *Helga Grebing*, Geschichte der deutschen Arbeiterbewegung, Ein Überblick, München 1970, S. 70 ff.

[3] *Huber*, Verfassungsgeschichte, Bd. 3, S. 961 ff.

[4] GS 1872, S. 661.

[5] GS 1875, S. 335.

[6] Zur Verwaltungsreform: *Gebhardt*, 9. Aufl., Bd. 3, S. 265 f. (Born); *Hartung*, Verfassungsgeschichte, S. 294; *Heinrich Heffter*, Die deutsche Selbstverwaltung im 19. Jahrhundert, Geschichte der Ideen und Institutionen, 2. Aufl., Stuttgart 1969, S. 546 ff.; *Huber*, Verfassungsgeschichte, Bd. 4, S. 352 ff.; *Schoeps* S. 279 f.

[7] GS 1875, S. 375. — Neuverkündet am 2. August 1880 (GS S. 328).

Funktionen ausübten. An die Spitze des Instanzenzuges trat ein von der Verwaltung organisatorisch getrenntes Oberverwaltungsgericht, dessen Mitglieder volle richterliche Unabhängigkeit genossen.

Den Verwaltungsgerichten wurden nicht nur allgemeine verwaltungsrechtliche Streitigkeiten zur Entscheidung zugewiesen, sondern auch die Disziplinarsachen der im Dienst der kommunalen Selbstverwaltungskörperschaften stehenden Beamten[8]. Hierdurch wurde die umfassende Zuständigkeit der Staatsregierung in Disziplinarangelegenheiten eingeschränkt. Künftig gab es in Preußen zwei voneinander unabhängige höchste Disziplinarinstanzen: das Staatsministerium und das Oberverwaltungsgericht[9]. Damit verlor die Regierung auch die alleinige Entscheidungsgewalt in Fragen der in politischer Hinsicht von den Beamten zu wahrenden Disziplin. Diese Neuerungen deuteten auf eine gewisse Liberalisierung hin und eröffneten für die Folgezeit die Aussicht auf eine weniger strenge Auffassung der politischen Treuepflicht.

2. Die Ära Bismarck

a) Die Haltung der Regierung zu verschiedenen Fragen der politischen Treuepflicht sowie die Rechtsprechung des Oberverwaltungsgerichts und die Entwicklung in der Literatur

Die erste Frage aus dem Bereich der politischen Beamtendisziplin, mit der sich die preußische Staatsregierung nach der Reichsgründung zu beschäftigen hatte, betraf die Treuepflicht der Beamten bei der Ausübung eines parlamentarischen Mandats. Heftige Angriffe, die die konservative Opposition — die Konservativen hatten sich aus Mißfallen über Bismarcks Reichsgründungspolitik von der Regierung abge-

---

[8] Die entsprechenden Zuständigkeitsvorschriften waren über zahlreiche Gesetze verstreut, vgl. die Zusammenstellung bei *K. Parey*, Handbuch des Preußischen Verwaltungsrechts, Bd. 2, Berlin 1887, S. 158 und die Zuständigkeitstabelle bei *Georg Bartels*, Das Verfahren vor den Verwaltungsgerichten nebst Zuständigkeitstabelle, Berlin 1907, S. 197 ff. — Für die unmittelbaren Staatsbeamten blieben die bisherigen Disziplinarbehörden zuständig (vgl. oben S. 71 f.). Der bereits 1868 aufgetauchte Gedanke, einen Teil der Berufungszuständigkeit des Staatsministeriums auf den Disziplinarhof für die nichtrichterlichen Beamten zu übertragen, wurde 1894 erneut im Staatsministerium erörtert, aber aus denselben Erwägungen wie früher verworfen (vgl. oben S. 74; Akten des JM Nr. 3074). — Am Fehlen gerichtlichen Rechtsschutzes gegen Versetzung und Dispositionsstellung änderte die Einrichtung der Verwaltungsgerichtsbarkeit nichts, da für jenen Bereich der Verwaltungsrechtsweg nicht eröffnet wurde.

[9] Zur Regelung des Disziplinarverfahrens vor dem Oberverwaltungsgericht erging am 8. Mai 1889 ein gesondertes Gesetz (GS S. 107).

wandt[10] — unter maßgeblicher Beteiligung von Beamten vor allem 1872 im Abgeordnetenhaus gegen die vornehmlich von den Nationalliberalen getragene Regierungspolitik richtete, veranlaßten die Regierung zu der Überlegung, ob sie dienstlich gegen diejenigen Beamten einschreiten solle, die ihr im Parlament offen entgegengetreten waren. Insbesondere die Landräte von Woedtke (Kreis Schlawe/Pommern) und von Gottberg (Kreis Stolp/Pommern) waren durch ihre oppositionelle Haltung aufgefallen[11]. Beide hatten gegen die von der Regierung vorgelegten wichtigen Gesetzentwürfe zur Neuordnung der Schulaufsicht[12] und der Kreisverfassung[13] gestimmt und sich auch bei anderen Vorhaben gegen den Regierungsstandpunkt ausgesprochen. Von Woedtke wurde dieses Verhalten besonders übel vermerkt, da ihm der Landkreis unterstand, in dem sich Bismarck einen Teil des Jahres als Großgrundbesitzer aufzuhalten pflegte[14].

In der Sitzung des Staatsministeriums am 6. Juli 1873 schlug der Innenminister Friedrich Graf zu Eulenburg vor, beide Landräte wegen ihres politischen Verhaltens in den einstweiligen Ruhestand zu versetzen. Er betonte, daß eine derartige Maßnahme auch von Bismarck befürwortet werde. Dieser hatte zur damaligen Zeit das Amt des preußischen Ministerpräsidenten an Roon abgetreten und nahm nicht an der Ministerbesprechung teil. Das Staatsministerium, das sich bereits am 1. Juli 1873 mit dem Auftreten des Landrats von Woedtke beschäftigt hatte und sich dabei in erster Linie für seine Versetzung in einen anderen Wirkungskreis ausgesprochen hatte, trat nunmehr in eine ausführliche Erörterung über das Vorgehen gegen die beiden Beamten ein. Eulenburg hob dabei hervor, „es sei von ihm stets daran festgehalten worden, daß es unvereinbar mit der Stellung eines Beamten von irgendwelcher Bedeutung sei, im Abgeordnetenhause in wichtigen Sachen konsequent gegen die Staatsregierung zu stimmen und zu sprechen“. Der an sich liberale Kultusminister Falk unterstützte die Forderung des Innenministers nach sofortiger Versetzung der beiden

---

[10] Vgl. *Gebhardt*, 9. Aufl., Bd. 3, S. 234 f. (Born).

[11] Verhandlungen des Staatsministeriums vom 1. und 6. Juli 1873, Akten des StM Nr. 2323 Bl. 7 ff.

[12] Schulaufsichtsgesetz vom 11. März 1872 (GS S. 183), Schlußabstimmung im Abgeordnetenhaus am 13. Februar 1872 (StenBer. AH 1871/72, Bd. 2, S. 755 ff.).

[13] Kreisordnung vom 13. Dezember 1872 (GS S. 661), Schlußabstimmung im Abgeordnetenhaus am 23. März 1872 (StenBer. AH 1871/72, Bd. 3, S. 1497 ff.).

[14] Bismarcks Gut Varzin gehörte bis zur Änderung der Kreisgrenzen im Jahre 1878 (Gesetz von 8. Februar 1878, GS S. 93) zum Landkreis Schlawe; vgl. zu Bismarcks Haltung gegenüber den Landräten in seiner Umgebung auch seine in den gesammelten Werken, Bd. 6 c: Politische Schriften, 1871—1890, bearb. von Werner Frauendienst, 1. Aufl., Berlin 1935, S. 39 f. (Nr. 46), veröffentlichten Äußerungen aus dem Jahre 1873.

Beamten in den einstweiligen Ruhestand und führte aus, „werde ein Landrat gewählt, so erreiche er dies durch Zuhilfenahme des Einflusses, den ihm sein Staatsamt gewähre. Bediene er sich dieses Einflusses für sich oder auch für einen anderen Kandidaten in einer der Staatsregierung feindlichen Richtung, so habe letztere Recht und Pflicht, ihm die Macht und den Einfluß des Staatsamtes zu entziehen." Der Ministerpräsident Roon und die Staatsminister Camphausen (Finanzen) und Achenbach (Handel) zögerten zunächst, dem Vorschlag des Innenministers zu folgen. Doch machten sie gegen die verlangte Maßregelung der Beamten keineswegs verfassungsrechtliche Einwände geltend und äußerten auch keine Bedenken hinsichtlich der Vereinbarkeit eines derartigen Vorgehens mit der neugeschaffenen, für alle deutschen Landesparlamente geltenden Indemnitätsklausel in § 11 des Reichsstrafgesetzbuchs vom 15. Mai 1871[15]. Vielmehr zweifelten sie lediglich die politische Zweckmäßigkeit eines solchen Schrittes an. Schließlich einigte man sich aber doch darauf, die beiden Landräte zur Disposition zu stellen. Damit erhielt das Staatsministerium seinen bisherigen Standpunkt aufrecht, daß der Beamte auch bei der Ausübung eines parlamentarischen Mandats Beschränkungen unterliege, deren Nichteinhaltung die Regierung zu dienstlichem Einschreiten berechtige.

Wenig später hatte das Staatsministerium in seiner Eigenschaft als letztinstanzliches Disziplinargericht Gelegenheit, zur Treuepflicht der Beamten bei den Wahlen Stellung zu nehmen[16]. In Abkehr von dem bisher gültigen Satz, daß der Beamte seines Treueids „weder als Wähler noch als Gewählter" entbunden sei[17], gelangte es in einem Disziplinarverfahren gegen den Bürgermeister Ittenbach (Gymnich/Rheinprovinz), der bei den Wahlen zum preußischen Abgeordnetenhaus regierungsfeindlich gestimmt hatte[18], zu der Feststellung, daß die regierungsfeindliche Stimmabgabe bei den Wahlen nicht zum Gegenstand disziplinarischer Verfolgung gemacht werden dürfe. Wegen ihrer grundsätzlichen Bedeutung wurde die 1875 gefällte Entscheidung in Form eines Leitsatzes in einer damals im Staatsministerium zeitweilig geführten amtlichen Präjudiziensammlung vermerkt. Es heißt dort[19]:

---

[15] RGBl. 1871, S. 127. — Die angeführte, in ihrem sachlichen Gehalt Art. 84 Abs. 1 PrVerf. 1850 entsprechende Vorschrift hatte folgenden Wortlaut: „Kein Mitglied eines Landtages oder einer Kammer eines zum Reiche gehörigen Staats darf außerhalb der Versammlung, zu welcher das Mitglied gehört, wegen seiner Abstimmung oder wegen der in Ausübung seines Berufs getanen Äußerung zur Verantwortung gezogen werden."

[16] Akten des StM Nr. 662, 678.

[17] Erlaß des Innenministers Eulenburg vom 24. September 1863 (MBliV 1863, S. 190 f.; Dokumentarischer Anhang IV.).

[18] Für welche Partei ist den Akten nicht zu entnehmen.

[19] Akten des StM Nr. 678.

„Die Abgabe der Stimme bei einer Urwahl zum Abgeordnetenhause in regierungsfeindlichem Sinn durch einen städtischen Beamten ist nur als Ausübung eines verfassungsmäßigen Rechtes aufzufassen und darf nicht disziplinarisch verfolgt werden.“

Dieser Auffassungswandel war einerseits Ausdruck der zur damaligen Zeit in der Politik vordringenden liberalen Tendenzen. Zum anderen dürfte es sich ausgewirkt haben, daß die Stimmabgabe der Beamten nach der Einführung des geheimen Reichstagswahlrechts von der Regierung nicht mehr vollständig überwacht werden konnte und damit die Verstöße gegen das Verbot, für regierungsfeindliche Kandidaten zu stimmen, nicht mehr lückenlos verfolgbar waren. Da die Landespolitik durch die Reichsgründung an Gewicht verloren hatte, war es nur verständlich, daß die Regierung davon absah, das derart in Frage gestellte Verbot allein für die preußischen Kommunal- und Landtagswahlen aufrechtzuerhalten.

1882 kam es erneut zu grundlegenden Erörterungen über die Stellung der Beamten bei den Wahlen. Anders als im Fall des Bürgermeisters Ittenbach, dessen Disziplinarverfahren der breiten Öffentlichkeit verborgen blieb, wurde das Thema diesmal auf der offenen politischen Bühne behandelt. Anlaß bot eine von Bismarck gegengezeichnete und damit auch von der Regierung getragene Order, die Wilhelm I. in seiner Eigenschaft als preußischer König am 4. Januar 1882 an das Staatsministerium richtete[20] und deren Inhalt sowohl den preußischen Beamten als auch den Reichsbeamten mitgeteilt wurde. Dieser Erlaß war eine Reaktion auf das starke Anwachsen der oppositionellen Parteien im Reichstag[21] und wandte sich in seinem ersten Teil gegen deren Verlangen nach Einführung des parlamentarischen Regierungssystems. Der zweite Teil der Order beschäftigte sich mit der den Beamten obliegenden Pflicht zur politischen Treue und war als Antwort auf von der Opposition erhobene Vorwürfe[22] gedacht, daß sich die Regierung der Beamten in gesetzlich unzulässiger Weise zur Durchsetzung ihrer politischen Ziele bei den Wahlen bediene. Der König äußerte darin, er erwarte von allen Beamten, daß sie seine verfassungsmäßigen Rechte gegen Zweifel und Verdunkelung in Schutz nähmen und sich mit Rücksicht auf ihren Eid der Treue von jeder

---

[20] Wortlaut: Reichs- und Staatsanzeiger Nr. 6 vom 7. Januar 1882; Akten des StM Nr. 2323 Bl. 47; *Georg Kautz* und *Franz Appelius*, Preußisches Kommunalbeamtenrecht, Darstellung und Erläuterung der gesamten, die Rechtsverhältnisse der Preußischen Kommunalbeamten regelnden gesetzlichen und sonstigen Bestimmungen, 2. Aufl., Berlin 1912, S. 300 f.; *Lotz* S. 438 f.; Dokumentarischer Anhang VI.

[21] Zur Mandatsverteilung im Reichstag *Huber*, Verfassungsgeschichte, Bd. 4, S. 146.

[22] Siehe StenBer. RT 1881/82, S. 359 ff.; hierzu auch *Hartung*, Studien, S. 264 f.

Agitation gegen seine Regierung auch bei den Wahlen fernhielten. Der Zusammenhang, in dem diese Erwartung ausgesprochen wurde, und die Wortwahl ließen das Bestreben erkennen, die Beamten durch weitreichende Identifizierung von Monarch und Ministerium besonders eng an das Staatsministerium zu binden[23]. Für die mit der Ausführung der Regierungsakte betrauten und deshalb jederzeit in den einstweiligen Ruhestand versetzbaren Beamten betonte der König darüber hinaus, daß sich ihre durch den Diensteid beschworene Pflicht auf die Vertretung der Regierungspolitik auch bei den Wahlen erstrecke. Liberale Kreise schlossen aus dieser etwas unbestimmten Aussage, daß die Staatsführung von dieser Beamtengruppe, für die sich nunmehr der Begriff „politische Beamte" einbürgerte[24], bei den Wahlen eine regierungsfreundliche Stimmabgabe und Propaganda verlange, und protestierten heftig gegen eine derartige Einschränkung der Wahlfreiheit.

Hierauf sah sich Bismarck veranlaßt, in der Reichstagssitzung am 24. Januar 1882 ein klärendes Wort zu sprechen[25]. Er unterstrich, daß die Regierung nicht mehr auf dem Boden des Wahlerlasses vom 24. September 1863[26] stehe und von keinem Beamten verlange, daß er sich bei der Stimmabgabe seines Eides erinnern solle. Ohne Einschränkungen gegenüber irgendeiner Partei erklärte er, die Ausübung des Wahlrechts sei vollständig frei und werde niemals ein Grund sein, gegen einen Beamten einzuschreiten. Das gelte auch für die politischen Beamten. Von ihnen werde nur erwartet, daß sie die Intentionen der Regierung gegen Entstellung, Irrtum und Verleumdung schützten. Dies sei unter der in der königlichen Order erwähnten „Vertretung" der Regierungspolitik zu verstehen. Damit war klargestellt, daß von den politischen Beamten keineswegs aktiv werbendes Eintreten für die Regierungspolitik verlangt werde. Abschließend hob Bismarck hervor, daß von den unpolitischen Beamten weiter nichts erwartet werde, als daß sie sich von jeder Agitation gegen die Regierung fernhielten, und bezeichnete dies als eine Forderung des Anstands. Zu einer näheren Auslegung des recht unbestimmten Begriffs „Agitation" kam es allerdings nicht.

Mit seiner Rede hatte Bismarck vor der Öffentlichkeit wichtige Regeln für die Teilnahme der Beamten am politischen Leben festgelegt, und ausgehend von dem Erlaß vom 4. Januar 1882 war die Unterscheidung

---

[23] Vgl. *Hartung*, Studien, S. 266; siehe ferner oben S. 80 f.

[24] *Hartung*, Studien, S. 248; *Goldberg* S. 9; vgl. auch die Ausdrucksweise des Abgeordneten Hänel in StenBer. RT 1881/82, S. 892 (linke Spalte), aus der auf die Neuartigkeit des Begriffs geschlossen werden kann.

[25] StenBer. RT 1881/82, S. 898 ff.

[26] MBliV 1863, S. 190 f.; Dokumentarischer Anhang IV.

von politischen und unpolitischen Beamten zum offiziellen Auslegungskriterium bei der Inhaltsbestimmung der Treuepflicht geworden.

Die linksliberale Opposition gab sich mit den Zusicherungen Bismarcks nicht zufrieden und beantragte zur endgültigen Sicherstellung der Wahlfreiheit 1883 im Abgeordnetenhaus die Einführung der geheimen Abstimmung bei den preußischen Kommunal- und Landtagswahlen[27]. Ihr Vorstoß blieb jedoch erfolglos[28], da inzwischen die Konservativen ihren alten Einfluß auf die preußische Politik wiedergewonnen hatten. Der beamtenpolitische Kurs wurde seit 1881 von dem konservativen Innenminister und Vizepräsidenten des Staatsministeriums Robert von Puttkamer bestimmt, dessen Anstellungs- und Beförderungspolitik[29] auf eine gleichmäßige konservative Ausrichtung der Beamtenschaft hinzielte und der vor den preußischen Abgeordneten äußerte[30]: „In der sogenannten konstitutionellen Monarchie ist die ganze Staatsmaschine ein bloßer Mechanismus, und es ist ganz konsequent, daß dieser Mechanismus die absolute, willenslose Unterordnung des Beamtenstandes unter den Willen des allmächtigen Ministers erfordert ...“.

In der Debatte über die Einführung des geheimen Wahlverfahrens führte Puttkamer am 6. Dezember 1883 aus[31], keinen Beamten solle wegen seiner Abstimmung ein Nachteil treffen, aber kein Beamter solle sich der Illusion hingeben, daß, wenn er sich in dauernder Opposition mit der Regierung befinde, sie ihm Vorteile zuwenden werde, deren freie Verfügung gesetzlich in ihrer Hand liege. Auf liberaler Seite wurde diese Äußerung als Widerspruch zu der von Bismarck garantierten Wahlfreiheit der Beamten aufgefaßt und heftig kritisiert. Hierauf nahm der Minister am 14. Dezember 1883 eine Klarstellung vor[32], in der er zu verstehen gab, daß nur „Agitation und notorische Stellungnahme gegen die Regierung“ bei der Entscheidung über Vertrauensbeweise (also Beförderungen und sonstige Gunstbezeugungen) negativ berücksichtigt würden. Des weiteren[33] brachte er zum Ausdruck, daß damit nicht gesagt sein solle, es solle die Ausübung des Wahlrechts den Beamten eventuell in Nachteil versetzen. Daß man sich

---

[27] Antrag in StenBer. AH 1883/84 (Anlagen), Bd. 1, S. 454 (Aktenstück Nr. 18); Debatte darüber in StenBer. AH 1883/84, Bd. 1, S. 191 ff., 225 ff. (Sitzungen am 5. und 6. Dezember 1883).

[28] Der Antrag wurde mit 202 gegen 163 Stimmen abgelehnt, StenBer. AH 1883/84, Bd. 1, S. 264.

[29] *Hartung*, Studien, S. 264; *Steinbach* S. 70 f.

[30] StenBer. AH 1883/84, Bd. 1, S. 436, Wiederholung der Äußerung S. 456.

[31] StenBer. AH 1883/84, Bd. 1, S. 234.

[32] StenBer. AH ebenda S. 435 f.

[33] StenBer. AH ebenda S. 456.

in Regierungskreisen jedoch tatsächlich noch nicht einmütig mit der völligen Freigabe der Stimmabgabe bei den Wahlen abgefunden hatte, beweist die Haltung, die der Staatsminister von Boetticher einnahm, als am 13. Dezember 1883 im Staatsministerium über die Beamtenpolitik gesprochen wurde[34]. von Boetticher bemerkte, wiederholte Stimmabgabe für regierungsfeindliche Kandidaten sei den Beamten zwar nicht verwehrt, allein solchen Beamten Auszeichnungen und Vorteile zuzuwenden, die ihnen nicht ohnehin schon zustünden, habe die Staatsregierung keine Verpflichtung.

Einen eigenen Standpunkt vertrat das preußische Oberverwaltungsgericht[35], das sich in seiner Eigenschaft als oberste Disziplinarinstanz für die mittelbaren Staatsbeamten mit der Frage beschäftigte, ob die Stimmabgabe eines Beamten für den Kandidaten einer offiziell als staatsfeindlich geltenden Partei ein Dienstvergehen darstelle[36]. Das Gericht kam zu dem Ergebnis, daß dies nur dann der Fall sei, wenn aus Anhaltspunkten außerhalb der bloßen Stimmabgabe, namentlich aus einem agitatorischen Eintreten des Beamten für die Interessen der betreffenden Partei, zu schließen sei, daß der Beamte mit seiner Stimmabgabe die staatsfeindlichen Bestrebungen dieser Partei bewußt habe fördern oder unterstützen wollen. In praktischer Konsequenz bedeutete dies, daß derjenige Beamte, der sich allein auf die reine Stimmabgabe für den Kandidaten einer als staatsfeindlich geltenden Partei beschränkte, keiner disziplinarischen Bestrafung unterlag, wohl aber derjenige Beamte, der in seinem sonstigen, außerhalb der Wahlhandlung liegenden Verhalten Einsatz für die betreffende Partei gezeigt hatte[37].

Wie sich aus dem Vorstehenden bereits ergibt, war es einer der Rechtsprechungsgrundsätze des Oberverwaltungsgerichts, daß die bewußte Förderung oder Unterstützung einer staatsfeindlichen Partei

---

[34] Akten des StM Nr. 2323 Bl. 49 ff.

[35] Die nachstehende Rechtsprechungsdarstellung gilt auch für die auf Bismarcks Entlassung folgende Zeit.

[36] Urteil vom 11. Januar 1888 (MBliV 1888, S. 33 ff.), bestätigt durch Urteil vom 16. Februar 1904 (veröffentlicht in „Schleswiger Grenzpost", Ausschnitt in den Akten des JM Nr. 3143 Bl. 83 f.) und Urteil vom 10. März 1914 (PrOVG Bd. 66, S. 437 [440 f.]).

[37] Vgl. die angegebenen Entscheidungen:
Urteil vom 11. Januar 1888: Dienstentlassung eines Beamten, der polnisch gewählt und Wahlzettel für die polnische Partei verteilt hatte.
Urteil vom 16. Februar 1904: Freispruch eines Beamten, der dänisch gewählt, sich ansonsten aber nicht an den Bestrebungen der dänischen Partei beteiligt hatte.
Urteil vom 10. März 1914: Dienstentlassung eines Beamten, der sozialdemokratisch gewählt und überdies selbst zeitweilig der Sozialdemokratischen Partei angehört hatte und als Vertrauensmann für sie tätig gewesen war.

ein Dienstvergehen darstelle[38]. Zu der Frage, was in diesem Zusammenhang unter „fördern" und „unterstützen" zu verstehen sei, entwickelte die Rechtsprechung im Laufe der Jahre eine umfangreiche Kasuistik[39]. Als staatsfeindlich galten die sozialdemokratische Partei, da sie auf einen Umsturz der bestehenden Staats- und Gesellschaftsordnung hinziele, ferner die polnische, dänische und welfische Partei, denen vorgeworfen wurde, einzelne Landesteile aus dem preußischen Staatsverband lösen zu wollen.

Nicht nur durch die Ziele, sondern auch durch die Form seiner Teilnahme am öffentlichen politischen Leben konnte ein Beamter nach Ansicht der verwaltungsgerichtlichen Disziplinarrechtsprechung seine Pflicht verletzen. In seinem Urteil vom 20. Dezember 1886[40], das in ständiger Rechtsprechung bestätigt wurde[41], brachte das Oberverwaltungsgericht zum Ausdruck, ein Beamter müsse bei politischen Meinungsäußerungen in der Öffentlichkeit maßvoll und zurückhaltend auftreten und dürfe sich keinesfalls zu unsachlichen, ungerechten oder wahrheitswidrigen Behauptungen und Angriffen gegen die Staatsregierung hinreißen lassen. Diese Forderung war weit präziser als das von der Regierung den Beamten auferlegte Gebot, sich von jeder „Agitation" gegen die Staatsregierung fernzuhalten.

Weitere Schranken für die politische Betätigung der Beamten bestanden nach oberverwaltungsgerichtlicher Rechtsprechung nicht. So ging sie davon aus, daß der Beamte in sachlicher Form öffentlich an den Maßnahmen der Staatsregierung Kritik üben dürfe und das Recht habe, sich einer auf dem Boden der Verfassung stehenden oppositionellen Partei anzuschließen[42]. Daß auch bei den Parlamentswahlen die Stimmabgabe für eine derartige Partei einem Beamten erlaubt sei, blieb zwar unausgesprochen, verstand sich aber von selbst. Die Verwaltungsgerichtsbarkeit, deren Entscheidungen allerdings nur für die mittelbaren Staatsbeamten direkt verbindlich waren, bekannte sich somit insgesamt gesehen hinsichtlich der den Beamten obliegenden politischen Treuepflicht im Vergleich zu früher herrschenden Grundsätzen zu einer durchaus liberalen Auffassung.

---

[38] Ständige Rechtsprechung ausgehend von der angeführten Entscheidung vom 11. Januar 1888 (MBliV 1888, S. 33 ff.).

[39] Überblick hierüber und über den Kreis der als staatsfeindlich angesehenen Parteien bei *Kautz/Appelius* S. 361 ff.; siehe auch *v. Rheinbaben* S. 83 f.

[40] PrOVG Bd. 14, S. 404.

[41] Vgl. die Urteile des Oberverwaltungsgerichts vom 25. Juni 1887 (PrVBl. 1886/87, S. 405 f.), vom 11. Januar 1888 (MBliV 1888, S. 33 ff.) sowie vom 24. September 1909 (PrOVG Bd. 55, S. 467 [472]).

[42] Vgl. die in den beiden vorangegangenen Anmerkungen zitierten Entscheidungen.

In der rechtswissenschaftlichen Literatur[43], die vordringlich die mit der Reichsgründung verbundenen staatsrechtlichen Neuerungen zu verarbeiten hatte, wurden Fragen der Pflicht zur politischen Treue auch weiterhin nur am Rande behandelt. Dabei zeigten sich noch immer starke positivistische Züge, indem man in beträchtlichem Umfang sich darauf beschränkte, die von der Regierung und der Rechtsprechung entwickelten Grundsätze wiederzugeben. Nur in begrenztem Ausmaß wurden eigene kritische Stellungnahmen erarbeitet[44]. So wird es verständlich, daß noch immer kein Dialog zwischen Wissenschaft und Praxis zustandekam und die Staatsregierung und das Oberverwaltungsgericht sämtliche Entscheidungen, die die politische Treuebindung der Beamten betrafen, fällten, ohne auf juristische Literatur einzugehen.

b) *Die Treuepflicht im Kulturkampf*

Vorbehaltlose Treue zur Regierungspolitik forderte die preußische Staatsregierung von ihren Beamten in den kirchenpolitischen Auseinandersetzungen während des Kulturkampfes. Jeder Beamte, dessen Tätigkeit in irgendeiner Beziehung zur staatlichen Kirchenpolitik stand, mußte damit rechnen, dienstlich zur Verantwortung gezogen zu werden, wenn er sich dem Verdacht aussetzte, die Maßnahmen der Regierung gegen die katholische Kirche nicht zu billigen. Welchen Wert die Regierung auf die kirchenpolitische Zuverlässigkeit der Beamtenschaft legte, bekamen vor allem die Landräte zu spüren. So wurde beispielsweise Ende 1873 der Landrat des Kreises Düsseldorf, Graf von Spee, wegen seiner politischen Haltung und seiner „lauen Stellung gegenüber den Ultramontanen“ in den einstweiligen Ruhe-

---

[43] Zu den folgenden Ausführungen, die nicht nur für die Ära Bismarck, sondern für die gesamte Zeit bis zur Jahrhundertwende gelten: *Reinhart Böttcher,* Die politische Treupflicht der Beamten und Soldaten und die Grundrechte der Kommunikation, Berlin 1967, S. 24; siehe außer den dort genannten auch *Conrad Bornhak,* Preußisches Staatsrecht, 2. Bd., Freiburg i. Br. 1889, S. 56 ff., *Hermann Schulze,* Das preußische Staatsrecht, Auf Grundlage des deutschen Staatsrechts, 2. Aufl., 1. Bd., Leipzig 1888, S. 317 ff.; *Karl Freiherr von Stengel,* Das Staatsrecht des Königreichs Preußen, Freiburg i. Br. und Leipzig 1894, S. 145; *Robert Graf Hue de Grais,* Handbuch der Verfassung und Verwaltung in Preußen und dem Deutschen Reiche, 12. Aufl., Berlin 1898, S. 78; *F. Seydel,* Gesetz vom 21. Juli 1852 betreffend die Dienstvergehen der nichtrichterlichen Beamten, die Versetzung derselben auf eine andere Stelle oder in den Ruhestand und seine Ergänzungen, 1. Aufl., Berlin 1883, S. 40 ff., 2. Aufl., Berlin 1894, S. 49 ff.

[44] So gegen die Auffassung, daß der Beamte bei der Ausübung eines parlamentarischen Mandats zur Rücksichtnahme auf die Regierung verpflichtet sei: *Paul Laband,* Das Staatsrecht des Deutschen Reiches, 2. Aufl., 1. Bd., Freiburg i. Br. 1888, S. 466; *Georg Meyer,* Lehrbuch des deutschen Staatsrechtes, 2. Aufl., Leipzig 1885, S. 420, Anm. 1; *Hermann Schulze,* Das preußische Staatsrecht, 2. Aufl., 1. Bd., S. 318 f.

stand versetzt[45]. Im Frühjahr 1874 verlor der Landrat des Kreises Münster (Westfalen), Freiherr von Droste-Hülshoff, sein Amt[46]. Die Ehefrau, eine Schwester und eine Schwägerin des Landrats hatten sich mit dessen Wissen an einer Beileidsadresse an den Bischof von Münster, Brinkmann, beteiligt, in der in scharfer Form die Zwangsvollstrekkungsmaßnahmen verurteilt wurden, die die staatlichen Stellen damals eingeleitet hatten, um mehrere gegen den Bischof verhängte Geldstrafen beizutreiben. Die Staatsregierung warf dem Landrat vor, daß er die Beteiligung seiner Angehörigen an dieser Demonstration nicht verhindert habe, und stellte ihn zur Disposition. Ein ähnlicher Vorfall brachte 1875 den Landrat Graf von Korff-Schmising (Kreis Halle/Westfalen) um sein Amt[47]. Er hatte geduldet, daß in seinem Hause von seinem Diener eine Ergebenheitsadresse an den von der Regierung verfolgten Paderborner Bischof Martin zur Zeichnung aufgelegt wurde. Das Staatsministerium fand, daß der Landrat, wenn er auch nicht aktiv für die Adresse eingetreten sei, doch deren Unterzeichnung in seinem Hause hätte verhindern müssen, und versetzte ihn wegen dieser Unterlassung in den einstweiligen Ruhestand. Ebenfalls im Jahre 1875 wurden die Landräte Freiherr von Landsberg (Kreis Lüdinghausen/Westfalen) und Freiherr von Spiegel (Kreis Warburg/Westfalen) „wegen ihrer Parteinahme für den staatsfeindlichen Klerus" zur Disposition gestellt[48]. Nach Abschluß des Kulturkampfes fanden beide wieder als Landräte Verwendung[49], von Spiegel sogar in seinem früheren Landkreis Warburg. Am 31. März 1885 führte der Innenminister von Puttkamer in der Beratung des Staatsministeriums[50] über die Wiederanstellung des Landrats von Spiegel aus, dieser sei 1875 wegen seiner „ultramontanen Gesinnung" zur Disposition gestellt worden, etwas Bestimmtes habe man ihm aber nicht zur Last gelegt. Mit dieser rückblickenden Äußerung sprach der Minister offen aus, daß die Regierung im Kulturkampf auch ohne konkreten Anlaß gegen Landräte vorgegangen war, die ihr nicht zuverlässig genug erschienen.

---

[45] Akten des StM Nr. 2323 Bl. 13. — „Ultramontanismus" war im Kulturkampf ein Schlagwort, mit dem die Bindung des deutschen politischen Katholizismus an die „jenseits der Berge" (lat. ultra montes) residierende päpstliche Kurie gekennzeichnet werden sollte (Der Große Brockhaus, 16. Aufl., Wiesbaden 1957, 11. Bd., S. 736; *Hellmuth Rössler* und *Günther Franz*, Sachwörterbuch zur deutschen Geschichte, unter Mitarbeit von Willy Hoppe und anderen Fachgelehrten, München 1958, S. 1306).

[46] Akten des StM Nr. 2323 Bl. 14; *Ludwig Ficker*, Der Kulturkampf in Münster, bearb. und veröffentlicht von Otto Hellinghaus, Münster i. W. 1928, S. 107 f., 490.

[47] Akten des StM Nr. 2323 Bl. 24, 30; ferner Nr. 1044 Bl. 33.

[48] Akten des StM Nr. 2323 Bl. 33; ferner Nr. 1044 Bl. 34.

[49] Akten des StM Nr. 2323 Bl. 52 f.

[50] Protokollauszug in den Akten des StM Nr. 2323 Bl. 52.

Mit Strenge überwachte die Staatsführung in der Zeit des Kulturkampfes auch die kirchenpolitische Haltung der Kommunalbeamten. Zum Beispiel wurde 1874 der Ehrenamtmann des Amtes Darfeld (Westfalen), Graf Droste zu Vischering, im Wege des Disziplinarverfahrens aus dem Dienst entlassen[51], weil er sich an zwei Katholikenversammlungen beteiligt hatte, die den Anschluß an den Mainzer Katholikenverein bezweckten, einen Verband, der in scharfem Gegensatz zur staatlichen Kirchenpolitik stand[52] und von den Behörden wegen „feindseliger und agitatorischer Tendenzen gegen die Staatsregierung" bekämpft wurde[53]. Droste zu Vischering hatte die öffentliche Einladung für eine der beiden Versammlungen unterzeichnet und war in beiden Veranstaltungen als Redner aufgetreten. 1875 nahmen die Staatsbehörden eine Glückwunschadresse zum Anlaß disziplinarischen Einschreitens, die der Magistrat der Stadt Münster unter Vorsitz des Bürgermeisters Schlichter an den Mainzer Bischof von Ketteler, einen gebürtigen Münsteraner, zu seinem 25jährigen Bischofsjubiläum gerichtet hatte[54]. Die Regierung in Münster verhängte gegen die einfachen Magistratsmitglieder, die an dem Beschluß mitgewirkt hatten, eine Geldstrafe. Gegen den Bürgermeister Schlichter wurde gesondert vorgegangen. Der zuständige Oberpräsident Kühlwetter schlug dem Innenminister Eulenburg vor, gegen Schlichter das förmliche Disziplinarverfahren mit dem Ziel der Dienstentlassung einzuleiten. Hierauf brachte Eulenburg die Angelegenheit am 13. Oktober 1875 im Staatsministerium zur Sprache. Die Minister kamen zu dem Ergebnis, daß sich die Dienstentlassung angesichts der gemäßigten Fassung des Glückwunsches und des besonderen Interesses, das der Stadt Münster als Geburtsort des Bischofs an dem Jubiläum zugebilligt werden müsse, nicht werde rechtfertigen lassen. Doch war das Staatsministerium weit davon entfernt, das Verhalten des Bürgermeisters gutzuheißen. Vielmehr wurde festgestellt, daß er pflichtwidrig gehandelt habe, da mit dem Beschluß der Glückwunschadresse die Zuständigkeiten der städtischen Behörden überschritten worden seien und die Adresse als eine Demonstration gegen die Regierung zu betrachten sei. Zur disziplinarischen Ahndung empfahlen die Minister eine Geldstrafe, die dann auch ausgesprochen wurde. Später sah sich der Innenminister unter dem Druck der öffentlichen Meinung veranlaßt, die Disziplinarmaßnahmen gegen den Magistrat der Stadt Münster wieder rückgängig zu machen. Das Verhältnis zwischen den städtischen und den staatlichen Behörden

---

[51] Beschluß des Staatsministeriums vom 15. März 1874, Wortlaut in den Akten des StM Nr. 2323 Bl. 15 ff.; vgl. auch *Ficker* S. 97 f.

[52] *Ficker S. 79; Huber*, Verfassungsgeschichte, Bd. 4, S. 708.

[53] Akten des StM Nr. 2323 Bl. 15 ff.

[54] Akten des StM Nr. 2323 Bl. 34; *Ficker* S. 138 ff.

blieb aber gespannt, und 1877 wurde dem Bürgermeister Schlichter, als er nach Ablauf seiner Amtszeit von den Stadtverordneten wiedergewählt wurde, die zur Fortführung des Amtes erforderliche königliche Bestätigung verweigert[55].

Alle angeführten Beispiele zeigen deutlich, wie scharf die Regierung darüber wachte, daß sich die Beamtenschaft treu zur staatlichen Kirchenpolitik verhielt. Dieser strenge Kurs ist vor allem auf den persönlichen Einfluß Bismarcks zurückzuführen. Mehrfach drängte er im Staatsministerium dazu[56], in den kirchenpolitisch besonders unruhigen Landesteilen für die Entfernung derjenigen Landräte zu sorgen, auf deren Unterstützung die Regierung „in dem Kampfe gegen den Ultramontanismus" nicht mit Zuverlässigkeit rechnen könne. Am 13. März 1875 betonte er in einem vertraulichen Votum[57] an das Staatsministerium unter anderem, daß er es als „verantwortliche Pflicht" der Minister ansehe, Beamte, die „irgendwie zu einer Betätigung in kirchenpolitischer Beziehung berufen" seien, „ohne Ansehen der Person und ohne Verzug" aus ihren Stellungen zu entfernen, wenn sie ihre Aufgabe „nicht mit voller Hingebung" erfüllten. Die wichtigsten Abschnitte dieses Votums, in dem sich Bismarck ausschließlich mit dem Vorgehen gegen kirchenpolitisch unzuverlässige Beamte beschäftigte, nahm der Innenminister Eulenburg in leicht abgewandelter Form in eine Zirkularverfügung auf, die er am folgenden Tage an sämtliche Oberpräsidenten richtete[58]. Sie schloß mit dem Verlangen, daß der Regierung diejenigen Landräte namhaft gemacht würden, die ihr „in den schwebenden inneren Kämpfen keine verläßliche und freiwillig wirksame Unterstützung" gewährten.

Wie schon während des preußischen Verfassungskonflikts empfand es Bismarck auch im Kulturkampf als besonders nachteilig, daß die Regierung nach den bestehenden Gesetzen nur gegen einen Teil der oppositionellen Beamten mit der sofortigen Versetzung in den einstweiligen Ruhestand vorgehen konnte, im übrigen aber auf die weniger wirksame Versetzung in ein anderes Amt oder das umständlichere Disziplinarverfahren angewiesen war. In einem Brief an den Kultusminister Falk[59] regte er deshalb Anfang 1874 an, die Zahl der jederzeit einstweilig in den Ruhestand versetzbaren Beamten durch einen Akt der Gesetzgebung zu vergrößern und insbesondere die Seminardirektoren und Schulräte einzubeziehen. Gesetzgebungstechnisch hätten sich

---

[55] *Ficker* S. 254.

[56] Akten des StM Nr. 2323 Bl. 13, 18, 33.

[57] Akten des StM Nr. 2323 Bl. 25 ff.; *Bismarck*, Bd. 6 c, S. 56 f. (Nr. 64).

[58] Akten des StM Nr. 2323 Bl. 32; Dokumentarischer Anhang V.

[59] Schreiben vom 16. Januar 1874; Text: Akten des JM Nr. 3072; *Bismarck*, Bd. 6c, S. 50 f. (Nr. 57).

Bismarcks Vorstellungen am einfachsten durch ein Nachtragsgesetz zu § 87 des Disziplinargesetzes vom 21. Juli 1852[60] verwirklichen lassen. Eine derartige Maßnahme hielt der Kultusminister jedoch nicht für ratsam[61]. Stattdessen trat er für eine gesetzliche Neuordnung und Zusammenfassung des gesamten Rechts der disponiblen Beamten ein, um zugleich auf diesem Gebiet die Rechtseinheit wiederherzustellen, die durch den Erlaß der nur in den neupreußischen Landesteilen geltenden Verordnung vom 23. September 1867[62] verloren gegangen war. Eine grundlegende Reform erschien ihm auch deswegen notwendig, weil er glaubte, daß man in Preußen nicht mehr an den alten Wartegeldsätzen[63] festhalten könne, da inzwischen die einstweilig in den Ruhestand versetzbaren Reichsbeamten grundsätzlich drei Viertel ihres Gehalts (bis zum Jahreshöchstbetrag von 3000 Reichstalern) als Wartegeld zu beanspruchen hatten[64] und damit erheblich besser als die preußischen Wartegeldempfänger dastanden. Folglich legte der Kultusminister einen Entwurf für ein „Gesetz betreffend die einstweilige Versetzung von Beamten in den Ruhestand" vor[65], das alle bisher in diesem Bereich gültigen Vorschriften ersetzen sollte. Der Gesetzentwurf sah die Zusammenfassung von § 87 Nr. 2 des Disziplinargesetzes vom 21. Juli 1852 und Artikel VI der in den neupreußischen Provinzen geltenden Verordnung vom 23. September 1867 vor, dessen Geltungsbereich auf das gesamte Staatsgebiet ausgedehnt werden sollte. Zum Kreis der in diesen beiden Vorschriften genannten disponiblen Beamten sollten die Seminardirektoren und Schulräte hinzutreten. Das Wartegeld sollte ebenso wie bei den Reichsbeamten bemessen werden.

Während Bismarck mit dem Entwurf einverstanden war, sprach sich ein Teil der übrigen Kabinettsmitglieder[66] deutlich gegen die weitreichenden Absichten des Kultusministers aus. Ihm wurde vor allem entgegengehalten, daß das Abgeordnetenhaus kaum einer derart umfangreichen Ausweitung der Machtbefugnisse der Regierung gegenüber den Beamten zustimmen werde. Die Unstimmigkeiten im Kabinett führten schließlich dazu, daß die Pläne für eine Gesetzesänderung ganz aufgegeben wurden. Ebenso wie im Verfassungskonflikt blieben damit

---

[60] GS 1852, S. 465.

[61] Hierzu und zum Folgenden die Zusammenstellung der ministeriellen Äußerungen in den Akten des JM Nr. 3072.

[62] GS 1867, S. 1613; vgl. oben S. 69.

[63] Vgl. oben S. 25 f.

[64] § 26 des Reichsbeamtengesetzes vom 31. März 1873 (RGBl. S. 61).

[65] Wortlaut nebst erläuternder Denkschrift des Kultusministers in den angegebenen Akten des Justizministeriums.

[66] Die Minister Camphausen (Finanzen), Leonhardt (Justiz) und von Kameke (Krieg).

auch diesmal die Bemühungen Bismarcks um gesetzliche Maßnahmen zur Hebung der politischen Disziplin in der Beamtenschaft erfolglos.

c) Die Abwehr sozialdemokratischer Tendenzen in der Beamtenschaft

Die sozialdemokratische Bewegung, die auf dem Gothaer Einigungsparteitag zwar ein Bekenntnis zur Einhaltung legaler Methoden in der politischen Auseinandersetzung ablegte, tatsächlich aber Ziele verfolgte, die ohne Umsturz der bestehenden Staats-, Rechts- und Gesellschaftsordnung nicht zu verwirklichen waren[67], wurde seit ihren Anfängen von der Regierung als staatsfeindlich bekämpft. Dementsprechend galt der Staatsregierung die Beteiligung eines Beamten an sozialdemokratischen Bestrebungen als schwere Verletzung der Treuepflicht. 1878 kam es nach zwei Attentaten auf den Kaiser, die die Regierung der Sozialdemokratie zur Last legte und die deren Unterdrückung durch das Sozialistengesetz[68] zur Folge hatten, zu umfangreichen Maßnahmen gegen das Vordringen sozialdemokratischer Tendenzen in der Beamtenschaft. So richtete der Minister für Handel, Gewerbe und öffentliche Arbeiten Maybach, dem auch das preußische Eisenbahnwesen unterstand[69], am 3. Juni 1878, einen Tag nach dem zweiten Anschlag auf den Kaiser, einen vertraulichen Erlaß an die Vorsitzenden der Eisenbahndirektionen, in dem er sie energisch zum Einschreiten gegen die Anhänger der Sozialdemokratie unter dem Eisenbahnpersonal aufforderte[70]. In den Reihen der in diesem Verwaltungszweig be-

---

[67] Im Gothaer Programm, das 1875 anläßlich der Vereinigung der Eisenacher Sozialdemokratischen Arbeiterpartei und des von Lassalle gegründeten Allgemeinen Deutschen Arbeitervereins beschlossen wurde, hieß es, daß die aus dem Zusammenschluß hervorgegangene Sozialistische Arbeiterpartei „mit allen gesetzlichen Mitteln den freien Staat und die sozialistische Gesellschaft" erstrebe (*Wofgang Treue*, Deutsche Parteiprogramme seit 1861, 4. Aufl., Zürich, Berlin, Frankfurt 1968, S. 76). Dies war eine deutliche Kampfansage an den bestehenden monarchisch-konstitutionellen Staat, die an anderer Stelle des Programms durch die Forderung nach direkter Gesetzgebung durch das Volk ergänzt wurde. Vgl. zum Wesen der Sozialdemokratie in jener Zeit: *Ludwig Bergsträsser*, Geschichte der politischen Parteien in Deutschland, 11. Aufl., überarb. und hrsg. von Wilhelm Mommsen, München, Wien 1965, S. 138 f.; *Grebing* S. 89; *Huber*, Verfassungsgeschichte, Bd. 4, S. 102 f.

[68] „Gesetz gegen die gemeingefährlichen Bestrebungen der Sozialdemokratie" vom 21. Oktober 1878 (RGBl. S. 351); zum Zustandekommen und zum Inhalt des Gesetzes: *Walter Bußmann*, Das Zeitalter Bismarcks, 4. Aufl., Frankfurt a. M. 1968, S. 180 ff.; *Gebhardt*, 9. Aufl., Bd. 3, S. 293 ff. (Born); *Huber*, Verfassungsgeschichte, Bd. 4, S. 1153 ff.

[69] Für Eisenbahnangelegenheiten waren im wesentlichen die Einzelstaaten zuständig; zum Zusammenschluß der deutschen Eisenbahnen auf der Ebene des Reichs kam es erst nach dem Ersten Weltkrieg. Näheres zur Eisenbahnverfassung bei *Huber*, Verfassungsgeschichte, Bd. 4, S. 1057 ff.

[70] Textauszug in den Akten des StM Nr. 2323 Bl. 35 f.

sonders zahlreich vertretenen geringbesoldeten Beamten des einfachen Dienstes verfügte die Sozialdemokratie, ebenso wie in der Post- und Telegrafenverwaltung des Reichs, über eine breite Anhängerschaft, eine Tatsache, deren „Gefährlichkeit bei Aufständen und Truppentransporten“ Bismarck in einem Schreiben an den Chef der Reichskanzlei, Tiedemann, hervorhob[71]. In dem Erlaß des Ministers Maybach hieß es[72]:

„Die Königlichen Eisenbahnbehörden werden sich nicht der Überzeugung verschließen dürfen, daß im Interesse des öffentlichen Wohles mit Umsicht und Energie Elemente, welche den Bestrebungen der Sozialdemokratie zuneigen oder gar förderlich sind, unter dem Beamten- und Arbeiterpersonal der Verwaltung nicht geduldet werden dürfen. Es ist ernste Pflicht der Eisenbahnbehörden, in Verbindung mit der Polizeiverwaltung die Entfernung solcher Elemente mit fester und entschlossener Hand unter Anwendung aller ihnen nach den gesetzlichen und vertraglichen Bestimmungen zu Gebote stehenden Mittel herbeizuführen.

Was die Beamten betrifft, so kann es keinem Bedenken unterliegen, daß die Beteiligung derselben an den Bestrebungen und den Agitationen einer Partei, welche in dem Umsturz der bestehenden sittlichen und staatlichen Ordnung das Mittel erkennt, um die Lage der niederen Volksklassen zu verbessern, sie der Achtung und des Vertrauens unwürdig erscheinen läßt, welche ihre amtliche Berufsstellung erfordert. Sobald daher die Beteiligung eines Beamten an den Versammlungen, Vereinbarungen, Resolutionen, Eingaben und sonstigen Kundgebungen dieser Partei überzeugend hervortritt, wird unverzüglich gegen denselben eventl. mit Dienstentlassung vorzugehen sein. Auf Kündigung angestellte Beamte[73] sind in diesem Falle auf Grund vorgängiger Kündigung zu entlassen, — gegen definitiv angestellte Beamte ist die Einleitung des Disziplinarverfahrens nach eigenem Ermessen zu beantragen. Ist anzunehmen, daß der Beamte durch die Loslösung von seinen seitherigen Beziehungen zur gründlichen Umkehr geführt werden kann, so ist auf seine Versetzung Bedacht zu nehmen. Vor allem aber ist es unerläßlich, solche Personen, welche nicht bloß der Bewegung folgend, sondern selbsttätig mitwirkend sich angeschlossen haben, mit schneller und voller Strafe zu treffen. So sehr eine nachsichtsvolle Beurteilung zulässig erscheint, wo die Teilnahme auf Irreleitung, auf nicht völlig bewußtem Handeln, auf unklarem Erkennen der verwerflichen Ziele der Sozialdemokratie beruht, so schonungslos ist gegen die Anstifter und Förderer der Agitation vorzugehen.

...

Allmonatlich, zuerst zum 3. Juli cr., erwarte ich durch die Hand der betreffenden Herren Oberpräsidenten sekrete Anzeige über die nach Maßgabe dieses Erlasses getroffenen Anordnungen und deren Wirkungen.

---

[71] Brief vom 15. August 1878, *Bismarck*, Bd. 6 c, S. 116 f. (Nr. 126), vgl. auch *Bußmann* S. 182 f.; ähnlich Bismarcks Schreiben vom 3. September 1878 an den Kriegsminister von Kameke, *Bismarck*, Bd. 6 c, S. 119 f. (Nr. 129).

[72] Zitiert nach den angegebenen Akten, s. Fußn. 70.

[73] Beamte, die auf Probe, auf Kündigung oder sonst auf Widerruf angestellt waren, konnten nach § 83 Abs. 1 des Disziplinargesetzes vom 21. Juli 1852 (GS S. 465) jederzeit ohne förmliches Disziplinarverfahren entlassen werden.

Ew. Hochwohlgeboren veranlasse ich, dem Vorstehenden entsprechend, das im dortigen Bezirke Erforderliche in besonnener, umsichtiger und wirksamer Weise, unter Vermeidung aller Provokationen, in die Wege zu leiten, indem ich hoffe, daß manche auf Irrwege geratene Beamte und Arbeiter durch den von der Verwaltung zu betätigenden wohlwollenden, aber energischen Ernst auf den richtigen Weg werden zurückgeführt werden."

Dieser Erlaß[74] des bei seinen politischen Gegnern keineswegs als zurückhaltend geltenden Ministers[75] ließ bei aller Entschiedenheit noch immer die Einhaltung eines gewissen Maßes erkennen. Dies zeigt sich an der von Maybach getroffenen Unterscheidung zwischen „irregeleiteten" bloßen Mitläufern und aktiven Parteigängern der sozialdemokratischen Bewegung. Bemerkenswert ist außerdem, daß die Abgabe der Stimme für einen sozialdemokratischen Kandidaten bei den Wahlen nicht in der Aufzählung der zu verfolgenden politischen Willenskundgebungen erscheint. Hieraus ist zu schließen, daß auch weiterhin an dem 1875 im Disziplinarverfahren gegen den Bürgermeister Ittenbach ausgesprochenen Bekenntnis der Regierung zur Wahlfreiheit der Beamten festgehalten wurde[76].

Schärfer reagierte Bismarck auf das Eindringen der Sozialdemokratie in die Beamtenschaft. Wie schon früher bei vergleichbaren politischen Auseinandersetzungen hielt er auch diesmal die bestehenden Gesetze nicht für ausreichende Kampfmittel und trat für zusätzliche Gesetzgebungsmaßnahmen ein. Zunächst dachte er daran[77], in das Sozialistengesetz eine Bestimmung aufzunehmen, daß die Beteiligung eines Beamten an sozialistischer Politik die Entlassung ohne Pension nach sich ziehe. Später zog er eine andersartige Verschärfung der

---

[74] Am 14. Juni 1878 folgte ein ähnlicher Erlaß Maybachs an die Regierungspräsidenten zwecks Überwachung der Beamten in der Bauverwaltung, Textauszug in den Akten des StM Nr. 2323 Bl. 37 f.

[75] Vgl. *Paul Kampffmeyer* und *Bruno Altmann*, Vor dem Sozialistengesetz, Krisenjahre des Obrigkeitsstaates, Berlin 1928, S. 186; *Ignaz Auer*, Nach zehn Jahren, Material und Glossen zur Geschichte des Sozialistengesetzes, London 1889/1890, I. Historisches, S. 45.

[76] Die Teilnahme an den Parlamentswahlen war sozialdemokratischen Kandidaten zu keiner Zeit, auch nicht unter der Geltung des Sozialistengesetzes, verwehrt (vgl. *Gebhardt*, 9. Aufl., Bd. 3, S. 295 (Born); *Huber*, Verfassungsgeschichte, Bd. 4, S. 1159). Die Sozialdemokratie beschränkte sich allerdings zunächst auf die Teilnahme an den Reichstagswahlen, bei denen die Behörden wegen des geheimen Abstimmungsverfahrens nicht feststellen konnten, welche Beamten sich unter ihren Wählern befanden. Dennoch hatte die Frage der Wahlfreiheit der Beamten im Zusammenhang mit dem Auftreten der Sozialdemokratie keineswegs nur theoretische Bedeutung, da jederzeit damit zu rechnen war, daß sich die Partei an den preußischen Wahlen mit ihrem System der offenen Stimmabgabe beteiligen würde. Tatsächlich nahm die Sozialdemokratie jedoch erst 1898 zum ersten Mal an den Wahlen zum preußischen Abgeordnetenhaus teil (vgl. *Huber*, Verfassungsgeschichte, Bd. 4, S. 122).

[77] Brief an Tiedemann vom 15. August 1878, *Bismarck*, Bd. 6 c, S. 116 f. (Nr. 126).

Gesetze in Erwägung. Am 27. März 1879 ließ er dem Staatsministerium durch dessen Vizepräsidenten Otto Graf zu Stolberg-Wernigerode die Frage vorlegen[78], ob es nicht richtig wäre, denjenigen Beamten, die sich als Sozialdemokraten zu erkennen gegeben hätten, die politischen Staatsbürgerrechte zu entziehen. In dem Schreiben, in dem Stolberg-Wernigerode sämtlichen Staatsministern Bismarcks Anregung bekanntgab, wurde unter anderem ausgeführt[79]:

„Theoretisch würde eine solche Maßregel sich damit rechtfertigen lassen, daß diejenigen, welche den vorhandenen Staat zu stürzen und seine Grundlagen zu zerstören suchen, sich damit des Rechtes begeben, aktive Mitglieder dieses Staates zu sein. Praktisch würde als ein genügender Nachweis zu betrachten sein, daß ein Beamter einem sozialistischen Vereine angehört, eine sozialistische Versammlung besucht, einem sozialistischen Kandidaten seine Stimme gibt, die sozialistische Presse als Eigentümer, Aktionär, Verleger, Mitarbeiter, Drucker und Vertreiber unterstützt oder ohne Vorwissen seiner vorgesetzten Behörde auf eine sozialistische Zeitschrift abonniert."

Mit diesem sehr weit gehenden Plan, bei dessen Verwirklichung auch der für die Beamten geltende Grundsatz der Wahlfreiheit wieder aufgehoben worden wäre, drang Bismarck jedoch nicht durch. Die Mehrheit im Staatsministerium vertrat den Standpunkt, daß die bestehenden Gesetze ausreichten, um der sozialdemokratischen Bewegung innerhalb der Beamtenschaft Herr zu werden, und lehnte besondere Gesetzgebungsmaßnahmen gegen sozialdemokratisch eingestellte Beamte ab[80]. Nach seinen vergeblichen Bemühungen um eine Verschärfung der Beamtengesetze während des Verfassungskonflikts und des Kulturkampfes erlitt Bismarck somit eine weitere Niederlage, und es blieb dabei, daß der Kampf gegen das Eindringen der Sozialdemokratie in die Beamtenschaft, der noch jahrzehntelang die volle Aufmerksamkeit der Regierung beanspruchen sollte, mit den Mitteln der bestehenden Disziplinargesetze geführt wurde.

d) Treuepflicht und Koalitionsfreiheit

Während das Beamtentum in der Zeit des Spätabsolutismus den Rang eines staatstragenden Standes eingenommen hatte, dem die Aufgabe zufiel, die noch fehlende Verfassung durch eine geordnete Verwaltung zu ersetzen, verlor es im konstitutionellen System durch den Eintritt des Parlaments und der Parteien in das staatliche Leben an politischem Gewicht[81]. Dies und die stetige Zunahme der Beamten-

---

[78] Hierzu und zum Folgenden: Akten des StM Nr. 2323 Bl. 39 ff.

[79] Zitiert nach den vorbezeichneten Akten, Bl. 39 R.

[80] Verhandlung des Staatsministeriums am 24. April 1879, Akten des StM Nr. 2323 Bl. 45 f.

[81] Vgl. *Huber*, Verfassungsgeschichte, Bd. 2, S. 22 f.

zahl[82], die dem Beamten viel von seiner früheren gesellschaftlichen Sonderstellung nahm, führte dazu, daß allmählich in der Beamtenschaft ein gewandeltes Selbstverständnis aufkam. Die aus der vorkonstitutionellen Epoche überkommene Einstellung, nach der sich die Beamtenschaft als privilegierten Stand empfand, wurde zunehmend von einer andersartigen Betrachtungsweise abgelöst, die im Staatsdienst mehr eine mit dem allgemeinen Dienstverhältnis wesensverwandte Berufstätigkeit sah und das Arbeitnehmerähnliche am Beamten stärker hervorkehrte. Die Folge davon war, daß die in der industriellen Arbeitnehmerschaft sich durchsetzenden Bestrebungen, durch kollektiven Zusammenschluß das eigene wirtschaftliche und soziale Schicksal selbst in die Hand zu nehmen, auch in die Beamtenschaft Eingang fanden. Zunächst schlug sich dies in der Gründung beamteneigener wirtschaftlicher Selbsthilfeeinrichtungen nieder, deren Anfänge bis 1862 zurückgehen und die in Form von Lebens- und Krankenversicherungsvereinen, Spar- und Darlehenskassen sowie ähnlichen Organisationen ab 1875 in verstärktem Umfang entstanden[83]. Die Regierung stand dieser Bewegung wohlwollend gegenüber, weil dadurch die staatlichen Stellen in ihrer Fürsorgepflicht gegenüber den Beamten entlastet wurden[84]. Da eine grundlegende Hebung der wirtschaftlichen und sozialen Lage der Beamten aber nur über eine Verbesserung der Dienstbedingungen, namentlich der Besoldungs- und Rangverhältnisse, zu erreichen war, blieb es nicht allein bei der Einrichtung von Selbsthilfeorganisationen, sondern es kam auch zu interessenpolitischen Zusammenschlüssen innerhalb der Beamtenschaft, die darauf abzielten, die Belange der daran Beteiligten gegenüber dem Dienstherrn und der Volksvertretung wahrzunehmen. Dabei verbanden sich die Beamten, in der Regel Angehörige desselben Verwaltungszweigs und derselben Laufbahngruppe, zur gemeinschaftlichen Vertretung ihrer beruflichen Interessen entweder in Vereinen oder fanden sich formlos in gemeinsamen Petitionen oder der Mitarbeit an interessenpolitisch ausgerichteten Publikationsorganen zusammen[85]. Diese Strömungen innerhalb

---

[82] Hierzu *Eckart Sturm*, Die Entwicklung des öffentlichen Dienstes in Deutschland, in: Die Entwicklung des öffentlichen Dienstes, hrsg. von Carl Hermann Ule, Köln, Berlin, München, Bonn 1961, S. 29 ff.

[83] *Karl Fees*, Beamten-Selbsthilfeeinrichtungen, Vom Deutschen Beamtenwirtschaftsbund zum Deutschen Beamtenwirtschaftsring, in: Deutscher Beamtenbund, Ursprung, Weg, Ziel, Zur 50. Wiederkehr des Gründungstages am 4. Dezember 1918, hrsg. von der Bundesleitung des DBB, Bad Godesberg, o. J., III. Hauptteil, S. 49 f.; *Alfred Krause*, 50 Jahre Deutscher Beamtenbund, Zugleich ein Beitrag zur Problematik der Interessenpolitik einer Beamtengewerkschaft, ebenfalls in: Deutscher Beamtenbund, Ursprung, Weg, Ziel, I. Hauptteil, S. 13; Akten des JM Nr. 2715.

[84] Vgl. *Krause*, a.a.O., S. 11, 13.

[85] Akten des JM Nr. 3141 Bl. 116 ff.

der Beamtenschaft stießen, anders als die Verfolgung des Gedankens der wirtschaftlichen Selbsthilfe, bei der Staatsregierung auf schroffe Ablehnung[86]. Sie sah darin die „Förderung einer mit der staatlichen und dienstlichen Ordnung nicht verträglichen Opposition und einer ungehörigen Pression auf die vorgesetzten Behörden"[87]. Dementsprechend wertete sie das Streben der Beamten nach gemeinschaftlicher Interessenvertretung gegenüber dem Staat, die heute selbstverständlicher, verfassungsrechtlich und beamtengesetzlich garantierter Bestandteil des öffentlichen Lebens ist[88], als pflichtwidrigen politischen Angriff auf die Staatsführung, bei der ihrer Ansicht nach die Interessen der Beamten bestens aufgehoben waren.

Die Regierung leitete auch konkrete Schritte ein, um die ihr mit der beamtenrechtlichen Treuepflicht unvereinbar erscheinende interessenpolitische Einigungsbewegung innerhalb der Beamtenschaft zu unterdrücken. In der Sitzung des Staatsministeriums am 10. November 1886[89] beschlossen die Minister, in allen Ressorts auf die Bildung von Beamtenvereinen mit interessenpolitischer Tendenz zu achten und die Beamten nötigenfalls vor ihnen zu warnen oder ihnen eventuell den Eintritt zu verbieten bzw. den Austritt zu gebieten. Die Anregung zu diesem Beschluß stammte von dem Minister für öffentliche Arbeiten, Maybach, der unter den Eisenbahnbeamten einen besonders starken Hang zur

---

[86] Hierzu außer den vorbezeichneten Akten *Krause*, a.a.O., S. 11 f.

[87] So der Minister für öffentliche Arbeiten Maybach zu Vereinigungsbestrebungen unter den Eisenbahnbeamten in einem Votum vom 20. November 1885 (Exemplar in den Akten des JM Nr. 3141 Bl. 132 ff.).

[88] Art. 9 Abs. 3 Satz 1 und 2 GG; für die Beamten wiederholt und konkretisiert in § 57 BRRG und entsprechenden Vorschriften der Beamtengesetze des Bundes und der Länder, vgl. *Carl Hermann Ule*, Beamtenrecht, Köln, Berlin, Bonn, München 1970, S. 255 ff. — Die preußische Verfassungsurkunde vom 31. Januar 1850 enthielt ebenso wie die oktroyierte Verfassung vom 5. Dezember 1848 keine Bestimmung über die Koalitionsfreiheit. Koalitionsfreiheit bestand in Preußen lediglich im gewerblichen Bereich und für Bergarbeiter (Gewerbeordnung vom 21. Juni 1869, BGBl. des Norddeutschen Bundes S. 245; Näheres, auch zur Lage vor der Gewerbeordnung von 1869, bei *Huber*, Verfassungsgeschichte, Bd. 4, S. 1135 ff.). Eine gesetzliche Garantie unbeschränkter Koalitionsfreiheit für alle Berufsgruppen brachte unter ausdrücklicher Erwähnung der Beamten und Staatsarbeiter erstmals der mit Gesetzeskraft ausgestattete Aufruf des Rates der Volksbeauftragten vom 12. November 1918 (RGBl. S. 1303). Verfassungsrechtlich wurde die „Vereinigungsfreiheit zur Wahrung und Förderung der Arbeits- und Wirtschaftsbedingungen" „für jedermann und für alle Berufe" erstmals durch Art. 159 der Weimarer Reichsverfassung vom 11. August 1919 (RGBl. S. 1383) gewährleistet.

[89] Protokollauszug in den Akten des JM Nr. 3141 Bl. 141 f.; vgl. auch die „Denkschrift betreffend die Beschränkungen der Beamten in der Ausübung des Rechts auf freie Meinungsäußerung, des Petitionsrechts sowie des Vereins- und Versammlungsrechts" (im folgenden kurz zitiert: „Denkschrift 1909"), die den Ministern im Jahre 1909 vom Unterstaatssekretär des Staatsministeriums v. Guenther vorgelegt wurde, Akten des StM Nr. 2324 Bl. 71 ff. (74 R, 94 R, 95).

Koalitionsbildung beobachtet hatte und das Staatsministerium bereits in einem Votum vom 20. November 1885[90] aufgefordert hatte, zu diesem Problem grundsätzlich Stellung zu nehmen. Nachdem der Beschluß des Staatsministeriums ergangen war, ordnete Maybach in einem Erlaß an die Präsidenten der Eisenbahndirektionen vom 14. Dezember 1886 an, die Beamten, die sich an der Förderung solcher Vereinigungsbestrebungen beteiligten, tunlichst aus ihrem bisherigen Wirkungskreis zu entfernen und sie, soweit genügend belastendes Material vorliege, disziplinarisch zur Verantwortung zu ziehen[91].

Mit gleicher Schärfe reagierte die Staatsführung auf die zunehmende Neigung der Beamten, ihre Wünsche nach Verbesserung der dienstlichen Verhältnisse in Form von Kollektiveingaben an die vorgesetzten Behörden vorzubringen. Derartige Massenpetitionen, mit deren Behandlung sich das Staatsministerium im Oktober 1885 beschäftigte, wurden grundsätzlich, auch wenn sie maßvoll abgefaßt waren, ohne sachliche Prüfung zurückgewiesen, und die daran Beteiligten hatten mit Disziplinarmaßnahmen zu rechnen[92]. — Gegenüber Petitionen, die Beamte zwecks Verbesserung ihrer Dienstbedingungen an die Volksvertretung richteten, hielt sich die Regierung, vermutlich um nicht mit dem Parlament in Konflikt zu geraten, etwas zurück. So erklärte der Staatsminister Maybach anläßlich der Beratung über mehrere Petitionen von Eisenbahnbeamten 1886 im Abgeordnetenhaus, ohne sich allerdings näher festzulegen, die Regierung werde solche Petitionen „nicht übel nehmen" und ihrer Einreichung „an sich nicht entgegen sein können", wenn sie weder „respektwidrig" in der Form seien, noch auf „agitatorische Weise zustandegekommen" seien[93]. Tatsächlich scheint sich in diesem Bereich gegenüber Kollektivpetitionen von Beamten eine relativ nachsichtige Praxis entwickelt zu haben, worauf namentlich die Tatsache hindeutet, daß es keineswegs zum zahlenmäßigen Rückgang derartiger Eingaben kam[94].

Vor der Förderung der Bestrebungen und Zwecke der interessenpolitisch ausgerichteten Beamtenpresse, vor allem des der Regierung besonders unangenehm aufgefallenen „Centralblatts für deutsche Beamte", wurden die Beamten auf Grund eines Staatsministerialbeschlusses vom 10. November 1886 unter Androhung von Disziplinarmaßnah-

---

[90] Akten des JM Nr. 3141 Bl. 132 ff.

[91] Denkschrift 1909, a.a.O., Bl. 95.

[92] Denkschrift 1909, a.a.O., Bl. 74, 91, 91 R; siehe auch den in PrVBl. 1886/87, S. 26 f. (Heft Nr. 4 vom 23. Oktober 1886) veröffentlichten Ministerialerlaß.

[93] StenBer. AH 1886, Bd. 2, S. 655 (Sitzung am 20. Februar 1886).

[94] Siehe z. B. die Verzeichnisse der beim Abgeordnetenhaus eingegangenen Petionen in StenBer. AH 1888 (Anlagen), Bd. 3, Anhang, und StenBer. AH 1892/93 (Anlagen), Bd. 6, Anhang.

men gewarnt[95]. Allerdings ging die Staatsführung nicht so weit, den Beamten auch das Halten derartiger Presseerzeugnisse zu verbieten.

Von der Rechtmäßigkeit ihres Vorgehens gegen die Koalitionsbestrebungen innerhalb der Beamtenschaft war die Regierung voll überzeugt. Darin, daß nach dem Wortlaut der preußischen Verfassungsurkunde vom 31. Januar 1850 auch den Beamten das Vereins- und Petitionsrecht (Art. 30 und 32) uneingeschränkt zustand — nur für das Heer war eine Beschränkung dieser Rechte in Art. 39 ausgesprochen —, sah die Regierung kein Hindernis für ihre Maßnahmen. Sie vertrat vielmehr die Ansicht, die Verfassung verbiete ihr lediglich, den Beamten allgemein jede Teilnahme an Vereinen oder jegliche Einreichung von Petitionen zu untersagen, verwehre es ihr aber nicht, den Beamten im Wege der Dienstinstruktion die Beteiligung an einzelnen Arten von Vereinen oder Petitionen zu verbieten, wenn ihr dies im Interesse des Dienstes erforderlich erscheine[96]. Somit hielt die Regierung an dem die Rechte der Beamten einengenden Standpunkt fest, den sie bereits 1850 aus anderem Anlaß zur Vereinigungsfreiheit der Beamten vertreten hatte[97]. Hinter dem Verbot der Beteiligung an der interessenpolitisch ausgerichteten Presse stand die Auffassung, daß den Beamten nur ein eng begrenztes Recht der freien Meinungsäußerung zustehe.

3. Die Entwicklung unter Caprivi und Eulenburg

Am 20. März 1890 trat Leo von Caprivi die Nachfolge Bismarcks als Reichskanzler, preußischer Ministerpräsident und preußischer Außenminister an. Reichskanzler und preußischer Außenminister blieb er bis zum 26. Oktober 1894, während er die preußische Ministerpräsidentschaft im Frühjahr 1892 an Botho Graf zu Eulenburg abgab, der der preußischen Staatsregierung bereits von 1878 bis 1881 als Innenminister angehört hatte. Damit kam es für einige Zeit zu einer personellen Trennung der höchsten Staatsämter im Reich und in Preußen, die am 29. Oktober 1894 mit der Ernennung von Chlodwig Fürst zu Hohenlohe-Schillingsfürst zum Nachfolger Caprivis und Eulenburgs endete.

Auf dem Gebiet der den Beamten obliegenden Pflicht zur politischen Treue trat unter Caprivi und Eulenburg insofern eine bedeutsame Wendung ein, als sich die preußische Staatsregierung von der über-

---

[95] Akten des JM Nr. 3141 Bl. 141 f., 145 ff.; Denkschrift 1909, a.a.O., Bl. 72, 72 R, 88.

[96] So ein im Jahre 1885 im Justizministerium erstelltes Rechtsgutachten, Akten des JM Nr. 3141 Bl. 117 ff.

[97] Siehe oben II. Teil, 2. b).

kommenen, strengen Auffassung löste, daß der Beamte bei der Ausübung eines parlamentarischen Mandats Beschränkungen unterworfen sei. Die neue, liberale Einstellung der Regierung, die dem Beamten in diesem Bereich politische Handlungsfreiheit einräumte, zeigte sich zuerst bei den parlamentarischen Auseinandersetzungen um das vom Staatsministerium dem preußischen Abgeordnetenhaus vorgelegte innenpolitische Reformprogramm. Bei diesem Reformprogramm[98] handelte es sich um mehrere aufeinander abgestimmte Gesetzentwürfe, die eine Reform des Steuerrechts, der Verfassung der Landgemeinden und des Volksschulwesens zum Gegenstand hatten. Im Gegensatz zur Steuerreform, die ohne größere Schwierigkeiten verwirklicht werden konnte, fand die Reform der Landgemeindeordnung erst nach erheblichen Abstrichen von dem ursprünglichen Regierungsentwurf eine parlamentarische Mehrheit. Die Vorlage zur Reform des Volksschulwesens mußte die Regierung sogar ganz zurückziehen, da keinerlei Aussicht auf Zustimmung des Parlaments bestand. An der Opposition gegen das Programm der Regierung beteiligten sich zahlreiche, zumeist konservativ eingestellte Beamte. Bei der Schlußabstimmung über die Reform der Landgemeindeordnung[99] gaben beispielsweise am 1. Juni 1891 im Abgeordnetenhaus allein 18 Landräte ihre Stimme gegen die Regierung ab, obgleich diese den Opponenten bereits bedeutende Zugeständnisse gemacht hatte. Während unter Bismarck eine derart massive Opposition vermutlich dienstliche Vergeltungsmaßnahmen in Gestalt von Verwarnungen, Versetzungen oder Dispositionsstellungen ausgelöst hätte, geschah unter der neuen Führung nichts dergleichen. Caprivi brachte die Vorgänge zwar im Staatsministerium zur Sprache[100], schlug jedoch keine Maßregelung der beteiligten Beamten vor. Stattdessen regte er lediglich an — nachdem er festgestellt hatte, gegen die parlamentarische Opposition der Regierungs- und Landräte sei „wohl nichts zu machen" — in Zukunft die Beamten in den Zentralstellen vor ihrer Anstellung zu verpflichten, kein Parlamentsmandat anzunehmen. Zur Begründung brachte er vor, eine Opposition von seiten derartiger Beamter habe besonderes Gewicht, außerdem stehe ihnen auch das sonst nur der Regierung zugängliche Material zur Verfügung. Hinter seinem Vorschlag dürfte die Befürchtung gestanden haben, daß das Beispiel des Geheimen Oberregierungsrats Bartels, der als vortragender Rat im Reichsamt des Innern tätig war und sich im Abgeordnetenhaus den politischen Gegnern der Regierung

---

[98] Hierzu ausführlich *John Alden Nichols,* Germany after Bismarck, The Caprivi Era 1890—1894, Cambridge, Massachusetts 1958, S. 88 ff.

[99] StenBer. AH 1891, Bd. 5, S. 2480 ff.

[100] Sitzung am 16. Oktober 1891, Protokollauszug in den Akten des StM Nr. 2323 Bl. 56 f.

angeschlossen hatte[101], unter den preußischen Ministerialbeamten Schule machen könne. Das Staatsministerium nahm Caprivis Anregung jedoch nur mit großer Zurückhaltung auf. Die Folge davon war, daß er seinen Vorschlag schließlich zurückzog und die Beamtenopposition im Abgeordnetenhaus gänzlich ohne Konsequenzen seitens der Regierung blieb.

Mit voller Deutlichkeit trat der neue Kurs der Regierung gegenüber den sich parlamentarisch betätigenden Beamten hervor, als im Dezember 1893 konservativ eingestellte Beamte aus Sorge um die deutsche Agrarwirtschaft im Reichstag gegen Caprivis Handelsvertragspolitik opponierten[102]. In der Beratung des Staatsministeriums am 18. Dezember 1893[103] stellte Caprivi hierauf zur Diskussion, ob man nicht „die Zügel den Beamten gegenüber etwas straffer anziehen" wolle. Dabei bezog er sich unter anderem auf das Verhalten des an der Opposition im Reichstag beteiligten Regierungspräsidenten von Colmar-Meyenburg (Regierungsbezirk Lüneburg/Provinz Hannover) und erklärte, er halte es für unvereinbar mit den Bestimmungen des Allerhöchsten Erlasses vom 4. Januar 1882[104], wenn ein Regierungspräsident gegen die Handelsverträge auftrete und dagegen stimme. Dem damit von Caprivi zum Ausdruck gebrachten Wunsch nach dienstlichen Sanktionen hielt der preußische Ministerpräsident Eulenburg jedoch entgegen, daß man einen Beamten für Abstimmungen im Parlament „nicht dienstlich rektifizieren könne". Zum Schluß der Aussprache, in der alle Beteiligten das Verhalten der oppositionellen Beamten im Reichstag zwar mißbilligten, aber kein Minister für dienstliche Vergeltungsmaßnahmen eintrat, betonte Eulenburg nochmals, „für Vorgänge, die sich vor versammeltem Parlament abspielten, könne man Beamte nicht zur Rechenschaft ziehen". Die Beratung endete damit, daß keine dienstlichen Sanktionen gegen die oppositionellen Beamten beschlossen wurden. Um die Beamten zur Mäßigung zu veranlassen, und zwar nicht nur die im Reichstag opponierenden, sondern vor allem auch diejenigen, die außerhalb des Parlaments durch Mitwirkung im Bund der Landwirte Caprivis Wirtschaftspolitik angriffen und deren Verhalten ebenfalls in der Staatsministerialberatung zur Sprache gekommen war, einigten sich die Minister jedoch darauf,

---

[101] Bartels stimmte gegen die Reform der Landgemeindeordnung, vgl. hierzu StenBer. AH 1891, Bd. 5, S. 2480.

[102] Zur Caprivischen Handelsvertragspolitik: *Huber*, Verfassungsgeschichte, Bd. 4, S. 1076 ff.; *Nichols* S. 138 ff., 287 ff.

[103] Protokollauszug in den Akten des StM Nr. 2323 Bl. 66 ff.; vgl. auch *Hannelore Horn*, Der Kampf um den Bau des Mittellandkanals, Eine politologische Untersuchung über die Rolle eines wirtschaftlichen Interessenverbandes im Preußen Wilhelms II., Köln und Opladen 1964, S.67 f.

[104] Vgl. oben S. 88 f.; Dokumentarischer Anhang VI.

durch einen Erlaß an die Regierungspräsidenten die Bestimmungen der Allerhöchsten Order vom 4. Januar 1882 in der Beamtenschaft wieder in Erinnerung zu bringen.

Das Absehen von einer dienstlichen Maßregelung der im Reichstag opponierenden Beamten wurde dem Staatsministerium natürlich dadurch erleichtert, daß es sich bei ihnen um konservative Beamte handelte, auf deren Loyalität im übrigen stets Verlaß war. Es besteht aber kein Grund zu der Annahme, daß die Zurückhaltung des Staatsministeriums gegenüber diesen Beamten lediglich aus politischen Zweckmäßigkeitserwägungen erfolgte. Vielmehr zeigen gerade die Ausführungen Eulenburgs in der Ministerberatung, daß die Entschließungen des Staatsministeriums Ausdruck einer neuen Rechtsüberzeugung waren.

Der im Staatsministerium beschlossene Erlaß, den Eulenburg am 20. Dezember 1893 in seiner Eigenschaft als preußischer Innenminister an die Regierungspräsidenten richtete, hatte folgenden Wortlaut[105]:

„In dem Allerhöchsten Erlaß vom 4. Januar 1882 sind die Grundsätze angegeben, welche den Königlichen Beamten für ihr politisches Verhalten nicht nur bei den Wahlen, sondern unter allen Verhältnissen zur Richtschnur zu dienen haben. Die politischen Gegensätze und Kämpfe der Gegenwart, namentlich auf wirtschaftlichem Gebiet, geben mir Veranlassung, diesen Allerhöchsten Erlaß in Erinnerung zu bringen und seine Beachtung wiederholt zur Pflicht zu machen.

Euer Hochwohlgeboren ersuche ich ergebenst, die Ihnen unterstehenden Beamten hierauf hinzuweisen."

Der Erlaß Eulenburgs fand in der Öffentlichkeit starke Beachtung und kam auch im preußischen Landtag zur Sprache. Als die Regierung am 28. April 1894 im Herrenhaus von konservativer Seite wegen der Verfügung kritisiert wurde[106], sah sich Eulenburg zur Verteidigung der Maßnahme veranlaßt. Bei dieser Gelegenheit gab er eine grundlegende Stellungnahme ab[107], die über Bismarcks Interpretation der Order vom 4. Januar 1882[108] hinausging. Eulenburg wiederholte, daß es den Beamten völlig freigestellt sei, wie sie ihre Stimme bei den Wahlen abgäben und fügte hinzu: „Es ist auch noch eine Freiheit mehr vorhanden: sie können auftreten und sich äußern in den parlamentarischen Körperschaften, wie es ihnen beliebt, demgegenüber gibt es keine Disziplin." Mit dieser Aussage rückte der preußiche Ministerpräsident in aller Öffentlichkeit von der jahrzehntelang in Regierungskreisen herrschenden Auffassung ab, daß ein Beamter kraft seiner dienstlichen Treue-

---

105 Reichs- und Staatsanzeiger Nr. 304 vom 21. Dezember 1893.

106 StenBer. HH 1894, Bd. 1, S. 212 (Graf von Hohenthal).

107 StenBer. HH 1894, Bd. 1, S. 213.

108 Vgl. oben S. 89.

pflicht auch bei Ausübung eines parlamentarischen Mandats Beschränkungen unterworfen sei.

Daß dem Beamten außerhalb des parlamentarischen Raumes bei politischer Betätigung weiterhin Grenzen gezogen blieben, zeigt ein Disziplinarverfahren, das Ende 1891 gegen den Gesandten z. D. Graf zu Limburg-Stirum wegen eines von ihm verfaßten Zeitungsartikels eingeleitet wurde[109]. In diesem Artikel[110] attackierte Limburg-Stirum, der bereits seit 1880 nicht mehr aktiver Beamter war, sondern sich im einstweiligen Ruhestand befand[111], in schärfster Form die Handelsvertragspolitik Caprivis. Dieser veranlaßte hierauf, um vor der Öffentlichkeit „ein Beispiel zu statuieren“[112], die Einleitung des förmlichen Disziplinarverfahrens. In erster Instanz wurde Limburg-Stirum vom Disziplinarhof für die nichtrichterlichen Beamten, der seinem Artikel „nicht bloß den Charakter einer unstatthaften oppositionellen Demonstration, sondern auch den einer öffentlichen Agitation gegen die ausgesprochene Intention der Regierung“ beimaß, wegen Dienstvergehens mit der Entlassung aus dem Staatsdienst unter Verlust aller finanziellen Ansprüche bestraft. Auf die Berufung des Angeschuldigten bestätigte das Staatsministerium in seiner Sitzung am 18. März 1892 die Entscheidung des Disziplinarhofs und legte diesen Beschluß dem König gemäß § 47 des Disziplinargesetzes vom 21. Juli 1852[113] zur Bestätigung vor. Hier nahm das Verfahren eine überraschende Wendung. Der König bestätigte zwar durch Order vom 11. April 1892 den Disziplinarbeschluß des Staatsministeriums, sprach aber in einer weiteren Order vom selben Tage die Begnadigung Limburg-Stirums aus und nahm damit dem von Caprivi erstrebten Exempel viel von seiner beabsichtigten Wirkung[114].

In der Begründung des vom Staatsministerium gegen Limburg-Stirum gefaßten Disziplinarbeschlusses findet sich ein deutlicher An-

[109] Akten des StM (Disziplinaruntersuchungen) Nr. 1684.

[110] „Zu den Handelsverträgen“, Kreuzzeitung (Neue Preußische Zeitung) Nr. 584 vom 14. Dezember 1891; Ausschnitt mit dem Wortlaut des Artikels in den Akten des JM Nr. 3073.

[111] Die Versetzung in den einstweiligen Ruhestand war seinerzeit nicht aus politischen Gründen erfolgt. — Die disziplinarrechtliche Stellung eines Beamten änderte sich durch die Versetzung in den einstweiligen Ruhestand nicht, da gemäß § 97 des Disziplinargesetzes für die nichtrichterlichen Beamten vom 21. Juli 1852 (GS S. 465) die Vorschriften dieses Gesetzes auch für einstweilen in den Ruhestand versetzte Beamte uneingeschränkt galten.

[112] So Caprivi in der Sitzung des Staatsministeriums am 18. März 1892, Protokollauszug in den Akten des StM (Disziplinaruntersuchungen) Nr. 1684.

[113] GS 1852, S. 465. — Die Vorschrift lautete: „Eine jede Entscheidung der Disziplinarbehörde, gegen die kein Rechtsmittel mehr stattfindet und durch welche die Dienstentlassung ausgesprochen ist, bedarf der Bestätigung des Königs, wenn der Beamte vom Könige ernannt oder bestätigt worden ist.“

[114] Unvollständig *Huber*, Verfassungsgeschichte, Bd. 4, S. 1006, der die Tatsache der Begnadigung unerwähnt läßt.

klang an die Disziplinarrechtsprechung des Oberverwaltungsgerichts[115]. Es hieß an einer Stelle, daß zwar dem Angeschuldigten als Politiker und Parlamentarier[116] „auch außerhalb des Parlaments eine freie öffentliche Kritik an den Maßregeln der Regierung zustehen mochte" — eine Aussage, die übrigens ebenfalls die gewandelte Auffassung der neuen Regierung von der Stellung der Beamten bei der Ausübung eines parlamentarischen Mandats erkennen läßt —, daß er aber „durch die Form seiner Äußerungen, durch den Ton und die ganze Haltung des von ihm veröffentlichten Artikels" die von ihm als Beamten des Auswärtigen Ressorts „unter allen Umständen" einzuhaltenden Grenzen „weit überschritten" habe.

4. Die Regierung Hohenlohe-Schillingsfürst

a) Die Maßnahmen der Regierung gegen Beamtenkoalitionen und gegen das Eindringen der Sozialdemokratie in die Beamtenschaft

In der Amtszeit von Chlodwig Fürst zu Hohenlohe-Schillingsfürst wandte die preußische Staatsregierung ihre Aufmerksamkeit erneut der Vereinsbildung innerhalb der Beamtenschaft zu[117]. Dieses Thema, das bereits Mitte der achtziger Jahre die von Bismarck geführte Regierung beschäftigt hatte[118], in der Zwischenzeit aber in den Hintergrund getreten war, wurde vom preußischen Finanzminister und Vizepräsidenten des Staatsministeriums Miquel in der Sitzung des Staatsministeriums am 10. Juli 1897[119] zur Sprache gebracht. Dabei zeigte sich, daß man noch immer an den unter Bismarck entwickelten Richtlinien für die Behandlung von Beamtenorganisationen festhielt. Weiterhin galt der Grundsatz, daß rein wirtschaftliche Beamtenvereinigungen erwünscht und förderungswürdig seien, daß jedoch solche Zusammenschlüsse, die darauf abzielten, die Standesinteressen ihrer Mitglieder gegenüber der Volksvertretung und den Behörden wahrzunehmen, um auf diesem Wege eine Verbesserung der Dienstbedingungen, vor allem der Gehalts- und Rangverhältnisse, zu erreichen, unerwünscht seien und die Beamten von der Beteiligung daran zurückgehalten werden müßten. Der preußische Staatsminister und Staatssekretär im Reichs-

---

[115] Vgl. oben S. 92.

[116] Limburg-Stirum war seit 1871 Mitglied des preußischen Abgeordnetenhauses (*Wilhelm Kosch*, Biographisches Staatshandbuch, Lexikon der Politik, Presse und Publizistik, fortgeführt von Eugen Kuri, Bern und München 1963, Bd. 2, S. 770).

[117] Zum Folgenden Akten des JM Nr. 3142.

[118] Vgl. oben III. Teil, 2. d).

[119] Protokollauszug in den Akten des JM Nr. 3142 Bl. 4 ff.

amt des Innern, Graf von Posadowsky-Wehner, ging in der Beratung sogar so weit, das Auftreten eines Vereins von Distriktskommissaren in Posen, der als Vereinsziel in den Statuten angegeben hatte, „die Rechte der Beamten gegenüber den vorgesetzten Behörden wahrzunehmen", als „Konspiration" zu bezeichnen.

Um zu einem einheitlichen Vorgehen gegen die unerwünschten Vereine zu gelangen, beschlossen die Minister zunächst, in den einzelnen Ressorts Erhebungen über den tatsächlichen Umfang der Vereinsbildung anzustellen. Nachdem dies geschehen war, trat zur Vorbereitung weiterer Maßnahmen des Staatsministeriums eine im Oktober 1898 eigens zu diesem Zweck gebildete Kommission zusammen, der neben preußischen Ministerialbeamten auch Vertreter des Reichsamts des Innern und des Reichspostamts angehörten. Die Kommission legte im Februar 1899 einen Bericht[120] vor, der eine Aufzählung der von ihr als „schädlich" angesehenen Vereine enthielt und in dem unter anderem empfohlen wurde, eine allgemeine Warnung vor der Beteiligung an derartigen Vereinen zu veröffentlichen. Das Staatsministerium folgte diesem Vorschlag und beschloß in seiner Sitzung am 25. März 1899[121] den Erlaß einer entsprechenden Bekanntmachung, die am 17. April 1899 im Reichs- und Staatsanzeiger (Nr. 90) erschien.

In der Verlautbarung, die sich sowohl an die preußischen Beamten als auch an die Reichsbeamten richtete, wurden die Beamten ermahnt, bei der Ausübung des Vereinsrechts diejenigen Schranken einzuhalten, die den Beamten durch den Eid und ihre amtliche Stellung gezogen seien. Dabei wurden sie besonders darauf hingewiesen, daß die Teilnahme an Vereinen unstatthaft sei, „welche ... beabsichtigen durch den massenhaften Zusammenschluß von Vereinsmitgliedern einen Druck behufs Durchsetzung ihrer Forderungen auf die obersten Reichs- und Staatsbehörden zu üben und die Erreichung ihrer Forderungen nicht von der Fürsorge des Reichs oder des Staates erwarten, sondern dieselbe zu ertrotzen unternehmen". In den Schlußabsätzen der Bekanntmachung hieß es:

„Die Kaiserlichen und Königlichen Beamten müssen ihren alten Ruhm der Treue, der unentwegten Pflichterfüllung und der Disziplin sorgfältig wahren und sich hüten, durch unzulässige Agitationen auch nur den Schein zu erwecken, als wenn sie selbst unbewußt auf Wege gerieten, welche durch die unausbleiblichen Folgen dem Staate und ihnen selbst nur zum schwersten Schaden gereichen würden.

Niemals mehr als in der gegenwärtigen Zeit, wo die Umsturzpartei an den Grundfesten unseres Vaterlandes zu rütteln sucht, ist dies eine der obersten Pflichten aller öffentlichen Beamten. Sie müssen es als eine Ehrenpflicht er-

---

[120] Abschrift in den Akten des JM Nr. 3142 Bl. 169 ff.

[121] Protokollauszug in den Akten des JM Nr. 3142 Bl. 201 ff.

kennen, in dieser Richtung der königstreuen Bevölkerung ein Vorbild zu sein."

Wie der in dem vorstehenden Zitat enthaltene Hinweis auf die Tätigkeit der „Umsturzpartei" erkennen läßt, wurde unter Hohenlohe-Schillingsfürst auch die Auseinandersetzung mit der Sozialdemokratie fortgeführt. Sie galt unter Bismarcks Nachfolgern weiterhin uneingeschränkt als staatsfeindlich und umstürzlerisch, obwohl 1890 das Sozialistengesetz außer Kraft getreten war und sich inzwischen in der Partei ein starker reformistischer Flügel gebildet hatte, der von ihrer ursprünglich revolutionären Zielsetzung abrückte und zur praktischen Mitarbeit im politischen Leben auf der Grundlage der bestehenden Staatsordnung drängte[122].

Nachdem während der Kanzlerschaft Caprivis vergeblich versucht worden war, die Sozialdemokratie durch positive Gegenmaßnahmen in Form eines weiteren Ausbaus der Sozialgesetzgebung einzudämmen, kam es unter Hohenlohe-Schillingsfürst erneut zu einer Ära der scharfen Konfrontation[123]. Dies äußerte sich unter anderem darin, daß die preußische Staatsführung in verstärktem Maße ihr Augenmerk darauf richtete, jegliche Verbindung zwischen der Sozialdemokratie und der Beamtenschaft zu verhindern. Dabei ging die Regierung von dem unter Bismarck festgelegten Grundsatz aus, daß jedes Bekenntnis zu sozialdemokratischen Anschauungen für einen Beamten eine Verletzung seiner durch den Eid anerkannten Pflichten bedeute[124]. So untersagte beispielsweise der Minister für öffentliche Arbeiten Thielen den preu-

---

[122] Vgl. zur inneren Entwicklung der Sozialdemokratie: *Bergsträsser* S. 165 ff.; *Hermann Heidegger,* Die deutsche Sozialdemokratie und der nationale Staat 1870—1920, Unter besonderer Berücksichtigung der Kriegs- und Revolutionsjahre, Göttingen, Berlin, Frankfurt a. M. 1956, S. 51 ff.; *Huber,* Verfassungsgeschichte, Bd. 4, S. 106 ff., 1188 ff.

[123] Siehe *Gebhardt,* 9. Aufl., Bd. 3, S. 347 f. (Born).

[124] Die als politische Betätigung besonderer Art geltende Wahlabstimmung war hiervon nicht mitumfaßt. Die Wahlfreiheit der Beamten blieb vielmehr, soweit feststellbar, in der Amtszeit Hohenlohes, in der sich die Sozialdemokraten erstmals an den Wahlen zum preußischen Abgeordnetenhaus (1898) beteiligten, unangetastet. — Nur im Fall eines westpreußischen Gymnasiallehrers, der 1897 bei einer Nachwahl zum Abgeordnetenhaus durch Stimmenthaltung zur Wahl eines polnischen Kandidaten beigetragen hatte, ließ das Staatministerium einmal, allerdings hinter verschlossenen Türen, eine Abkehr vom Grundsatz der Wahlfreiheit erkennen, indem es billigend die Mitteilung des Kultusministers zur Kenntnis nahm, daß Schritte zur Versetzung des Beamten eingeleitet worden seien (Akten des StM Nr. 306). Diese Haltung ist im Zusammenhang mit einer sich anbahnenden Verschärfung der preußischen Polenpolitik zu sehen, die unter anderem im April 1898 zur Herausgabe eines Ministerialerlasses führte, in dem die Beamten in den gemischtsprachigen Landesteilen aufgefordert wurden, sowohl innerdienstlich als auch außerdienstlich an den nationaldeutschen Bestrebungen mitzuwirken (Erlaß vom 12. April 1898, Reichs- und Staatsanzeiger Nr. 86 vom selben Tage; siehe auch *Huber,* Verfassungsgeschichte, Bd. 4, S. 499).

ßischen Eisenbahnbeamten unter Androhung von Disziplinarstrafen die Teilnahme an einem in Hamburg gegründeten sozialdemokratischen Verein von Eisenbahnbeamten und das Halten seiner Vereinszeitschrift[125]. In einem Disziplinarverfahren gegen den Lehrer Ernst Langscheid aus Elberfeld wurde unter anderem belastend berücksichtigt, daß der Angeschuldigte häufig die sozialdemokratische Zeitung „Freie Presse" gelesen, mit Kollegen einzelne Artikel besprochen und dabei den Standpunkt der Sozialdemokratie vertreten habe[126]. — Speziell zur Mitgliedschaft in der Sozialdemokratischen Partei stellte das Staatsministerium in seiner Sitzung am 28. November 1894[127] einmütig fest, daß sie mit der Stellung eines preußischen Beamten unvereinbar sei.

Mit welcher Energie die preußische Staatsregierung ihr Ziel verfolgte, den Bereich öffentlicher Amtstätigkeit von Anhängern der Sozialdemokratie freizuhalten, zeigt am deutlichsten ihr Vorgehen gegen den Privatdozenten Dr. Leo Arons[128]. Arons, der an der Berliner Universität Physik lehrte, war Mitglied der Sozialdemokratischen Partei und trat verschiedentlich in politischen Veranstaltungen außerhalb des Universitätsbereichs als sozialdemokratischer Redner auf. Während die Universitätsbehörden nichts gegen dieses Verhalten einzuwenden hatten, sah sich 1894 der Kultusminister Bosse veranlaßt, der Berliner philosophischen Fakultät die Entziehung der Arons erteilten akademischen Lehrbefugnis nahezulegen. Der Kultusminister selbst hatte keine gesetzliche Handhabe, gegen Arons einzuschreiten, da die Privatdozenten nach der damaligen Rechtslage keinen Beamtenstatus hatten und deshalb nicht den allgemeinen Disziplinarbestimmungen, sondern den jeweiligen Universitätsstatuten unterlagen, die im Falle der Berliner philosophischen Fakultät allein der Fakultät die Befugnis verliehen, Maßnahmen zur Ahndung von Pflichtverstößen der Privatdozenten einzuleiten.

Die Berliner Fakultät lehnte zunächst unter Hinweis auf die ihrer Meinung nach jedem Hochschullehrer zustehende politische Betätigungsfreiheit jegliche Maßregelung des Privatdozenten ab. Schließlich

---

125 Mitteilung des Ministers in der Sitzung des Staatsministeriums am 10. Juli 1897, Protokollauszug in den Akten des JM Nr. 3142 Bl. 4 ff.

126 Akten des StM (Disziplinaruntersuchungen) Nr. 1620; Langscheid, der nicht Mitglied der Sozialdemokratischen Partei war, wurde am 28. März 1898 vom Staatsministerium mit der Dienstentlassung bestraft, wozu außer seinem oben geschilderten Verhalten ein politischer Vortrag beitrug, in dem er den bestehenden Staat heftig attackiert und zum Kampf für das demokratische Prinzip aufgefordert hatte.

127 Protokollauszug in den Akten des StM Nr. 2323 Bl. 84 f.

128 Zum Folgenden: Akten des StM (Disziplinaruntersuchungen) Nr. 60; *Leo Arons* (Hrsg.), Die Actenstücke des Disciplinarverfahrens gegen den Privatdocenten Dr. Arons, Berlin 1900; *Huber*, Verfassungsgeschichte, Bd. 4, S. 950 ff.

fand sie sich aber im Juli 1895 zu einer den Kultusminister allerdings nicht befriedigenden Verwarnung des Privatdozenten bereit[129]. Als Arons ungeachtet dieser Verwarnung seine politischen Aktivitäten fortsetzte und dadurch sogar das Mißfallen des Kaisers erregte, beschloß man im Kultusministerium, die im Zusammenhang mit dem Fall Arons zutage getretene Lücke in den Disziplinarbestimmungen im Wege der Gesetzgebung zu schließen und den Geltungsbereich des Disziplinargesetzes für die nichtrichterlichen Beamten vom 21. Juli 1852[130] und damit die letztinstanzliche Disziplinarzuständigkeit des Staatsministeriums auch auf die Privatdozenten auszudehnen. Eine entsprechende Gesetzesvorlage[131] fand nach heftigen Debatten im Abgeordnetenhaus[132] eine parlamentarische Mehrheit und trat als Gesetz vom 17. Juni 1898 betreffend die Disziplinarverhältnisse der Privatdozenten an den Landesuniversitäten, der Akademie zu Münster und dem Lyceum Hosianum zu Braunsberg in Kraft[133]. Auf Grund dieses nach dem Anlaß seines Zustandekommens allgemein „Lex Arons" genannten Gesetzes eröffnete der Kultusminister im April 1899 gegen Arons das förmliche Disziplinarverfahren mit dem Ziel der Entziehung seiner Eigenschaft als Privatdozent.

Die als Disziplinarbehörde erster Instanz zuständige philosophische Fakultät hielt an ihrem früheren Standpunkt fest und sprach Arons, der ihrer Meinung nach nicht die ihm durch seine berufliche Stellung gezogenen Grenzen der politischen Betätigungsfreiheit überschritten hatte, frei[134]. Dabei hob sie hervor, daß er dem gemäßigten Flügel der Sozialdemokratie angehöre, der Gewaltanwendung ablehne, und daß er auch nie versucht habe, auf die Studierenden agitatorisch einzuwirken. Das Staatsministerium ließ sich von diesen Argumenten jedoch nicht beeindrucken, sondern hob als Berufungsinstanz am 20. Januar 1900 das Fakultätsurteil auf und erkannte gegen Arons auf Entziehung der Eigenschaft als Privatdozent[135]. In den Entscheidungsgründen, die bewußt knapp gehalten wurden, um möglichst wenig Angriffsflächen zu bieten[136], kennzeichnete das Staatsministerium die Sozialdemokratie

---

[129] Wortlaut: *Arons* S. 18 f.

[130] GS 1852. S. 465.

[131] StenBer. AH 1898, Bd. 2 (Anlagen), S. 1190 ff. (Aktenstück Nr. 25).

[132] StenBer. AH 1898, Bd. 1, S. 399 ff.; Bd. 3, S. 2290 ff. u. S. 2429 f.

[133] GS 1898, S. 125.

[134] Wortlaut der Entscheidung: *Arons* S. 13 ff.

[135] Wortlaut der Entscheidung: *Arons* S. 36 ff.

[136] Die ursprünglich vorgesehene Fassung wurde eigens aus diesem Grunde von Staatsminister Studt, der inzwischen die Nachfolge Bosses als Kultusminister angetreten hatte, durch eine wesentlich kürzere Formulierung ersetzt, vgl. das Schreiben Studts an den Unterstaatssekretär im Staatsministerium Freiherrn von Seckendorff vom 1. Februar 1900, Akten des StM (Disziplinaruntersuchungen) Nr. 60.

pauschal als Umsturzpartei und erklärte, ohne auf Einzelheiten einzugehen, daß sich ein akademischer Lehrer, der mit derartigen Gegnern der bestehenden Staats- und Rechtsordnung gemeinsame Sache mache, des Vertrauens, das sein Beruf erfordere, unwürdig zeige.

Dieselbe Linie wie das Staatsministerium verfolgte auch das Oberverwaltungsgericht in seiner Disziplinarrechtsprechung zur Frage des Verhältnisses zwischen Beamtentum und Sozialdemokratie. In seinem Urteil vom 11. April 1899, das im Ministerialblatt für die gesamte innere Verwaltung veröffentlicht wurde[137], stellte es fest: „Auch ohne ein Ausnahmegesetz zur Bekämpfung der Sozialdemokratie folgt für die Beamten aus deren allgemeiner Verpflichtung, zur Aufrechterhaltung der bestehenden Rechts- und Staatsordnung mitzuwirken, die Unzulässigkeit irgendwelcher Begünstigung der auf Untergrabung dieser Rechts- und Staatsordnung abzielenden sozialdemokratischen Bestrebungen." In der Entscheidung wurde die vom zuständigen Kreisausschuß ausgesprochene Dienstentlassung eines Gemeindevorstehers bestätigt, der als Hauseigentümer eine Wohnung an eine als sozialdemokratische Agitatorin bekannte Frau vermietet hatte. Das Oberverwaltungsgericht erblickte in diesem Verhalten eine Begünstigung sozialdemokratischer Bestrebungen, weil es der Frau weiterhin den Aufenthalt in der betreffenden Gegend und die Fortsetzung ihrer dortigen Agitation ermöglicht oder doch erleichtert habe.

Ebenfalls auf Dienstentlassung erkannte das Oberverwaltungsgericht in einem bereits 1897 entschiedenen Fall[138] eines Amtsvorstehers, der ein ihm gehörendes Grundstück für eine sozialdemokratische Versammlung zur Verfügung gestellt und sich damit nach Auffassung des Gerichts unter Verletzung seiner Amtspflicht der Förderung der sozialdemokratischen Agitation schuldig gemacht hatte. Außerdem warf das Oberverwaltungsgericht diesem Beamten vor, er habe es in der Veranstaltung, an der er in seiner amtlichen Eigenschaft als Ortspolizeiverwalter teilgenommen und in der sich ein sozialdemokratischer Reichstagsabgeordneter polemisch über die Grundbesitzer und die hohen Kosten für das Militär geäußert hatte, an Festigkeit und Takt fehlen lassen. Dem Angeschuldigten wurde vorgehalten, daß er sich auf den Versuch einer sachlichen Widerlegung der Ausführungen des sozialdemokratischen Redners beschränkt habe und ihm nicht energisch entgegengetreten sei. Als gröbliche Pflichtverletzung wurde dem Amtsvorsteher schließlich noch angelastet, daß er dem sozialdemokratischen Reichstagsabgeordneten nach Schluß der Versammlung durch einen Händedruck öffentlich einen Achtungsbeweis habe zuteil werden lassen,

---

[137] MBliV 1899, S. 84 f.

[138] Urteil vom 29. Januar 1897 (MBliV 1897, S. 92 ff.).

ein Vorwurf, der in aller Deutlichkeit zeigt, welche strenge Distanzierung von der Sozialdemokratie das Oberverwaltungsgericht den Beamten abverlangte und wie schnell es in diesem Bereich eine Pflichtverletzung als gegeben ansah.

b) *Treuepflicht und Petitionsrecht*

Nachdem die preußische Staatsregierung unter Bismarck bereits dazu Stellung genommen hatte, ob die Teilnahme von Beamten an Kollektivpetitionen zwecks Verbesserung der Dienstbedingungen mit der Beamtenpflicht vereinbar sei[139], beschäftigte sie sich in der Amtszeit von Hohenlohe-Schillingsfürst erneut mit dem Petitionsrecht der Beamten. 1896 trat die Frage auf, ob es dem Beamten wie jedem anderen Staatsbürger erlaubt sei, sich an Petitionen allgemeinen politischen Inhalts zu beteiligen, die darauf abzielten, parlamentarische Körperschaften zur Ablehnung oder wesentlichen Änderung von Regierungsvorlagen zu bewegen. Den Anstoß zur Behandlung dieses Themas gab die Teilnahme zahlreicher Beamter — darunter des Regierungspräsidenten von Puttkamer, des Oberregierungsrats Freiherr von Senden-Bibran und des Regierungsrats Baudouin (alle an der Regierung Frankfurt/O.) — an einer aus Frankfurt/O. an den Reichstag gerichteten Petition, in der das Parlament aufgefordert wurde, statt der im Regierungsentwurf für das Bürgerliche Gesetzbuch vorgeschlagenen Beibehaltung des seit 1875 reichseinheitlich geltenden Prinzips der obligatorischen Zivilehe[140] die fakultative Zivilehe einzuführen.

Das Verhalten der an dieser Petition beteiligten Beamten wurde in der Sitzung des Staatsministeriums am 25. März 1896[141] erörtert und von den Ministern übereinstimmend als ein mit der Beamtenstellung unvereinbares agitatorisches Vorgehen gegen eine parlamentarische Regierungsvorlage beurteilt. Nach eingehender Aussprache über die zweckmäßigste Reaktion der Regierung kamen sie überein, die beteiligten Beamten zurechtzuweisen und den Vorfall zum Anlaß zu nehmen, alle Beamten durch einen besonderen Staatsministerialbeschluß vor einem ähnlichen Vorgehen zu warnen. Ein hierauf vom Unterstaatssekretär im Staatsministerium Humbert verfaßter Entwurf für einen derartigen Beschluß[142] wurde in der Sitzung des Staatsministeriums am 2. April 1896[143] beraten. Dieser Entwurf, der eine salvato-

---

[139] Vgl. oben S. 104.

[140] Reichsgesetz über die Beurkundung des Personenstandes und die Eheschließung vom 6. Februar 1875 (RGBl. S. 23), § 41.

[141] Protokollauszug in den Akten des StM Nr. 2323 Bl. 92 ff.

[142] Akten des StM Nr. 2323 Bl. 102; Dokumentarischer Anhang VII. a).

[143] Protokollauszug in den Akten des StM Nr. 2323 Bl. 98.

rische Klausel des Inhalts enthielt, daß die Staatsregierung fern davon sei, den Beamten ihr verfassungsmäßiges Petitionsrecht verkümmern zu wollen, was ihm einen relativ zurückhaltenden Charakter verlieh, fand im Kabinett jedoch keine Billigung. Stattdessen einigte man sich auf einen knapper und schärfer gefaßten Beschluß[144], dessen Wortlaut am 18. April 1896 definitiv festgelegt wurde[145]. Hierin wurde zum Ausdruck gebracht, daß die Beteiligung an Petitionen gegen Regierungsvorlagen und an solche Petitionen vorbereitenden Versammlungen mit den Pflichten eines Staatsbeamten unvereinbar sei, der sich der Teilnahme an Bestrebungen zu enthalten habe, die darauf gerichtet seien, der Durchführung der Regierungspolitik Schwierigkeiten zu bereiten. Besonderer Nachdruck wurde dieser Feststellung dadurch verliehen, daß das Staatsministerium darauf hinwies, die Regierung sei willens, ihrer Auffassung gegebenenfalls „unnachsichtlich" Geltung zu verschaffen.

Führt man den Beschluß des Staatsministeriums auf seinen juristischen Gehalt zurück, so ist zu vermerken, daß nach Ansicht der damaligen Regierung der Beamte durch die Treuepflicht in seiner staatsbürgerlichen Petitionsfreiheit substantiell eingeschränkt war. Während nach heute herrschender Auffassung der Beamte bei der Ausübung des Petitionsrechts in Fragen von allgemeinem politischen Interesse lediglich hinsichtlich der Form seiner Petition, nicht aber hinsichtlich ihres sachlichen Gehalts Beschränkungen unterworfen ist[146], vertrat die preußische Staatsregierung die Ansicht, daß abgesehen von der Wahrung der formalen Erfordernisse sich ein Beamter mit einer Petition nicht in Widerspruch zur Regierungspolitik setzen dürfe. Bemerkenswert ist ferner, daß sich der Beschluß des Staatsministeriums an alle Beamtenkategorien richtete, so daß die darin niedergelegte Aussage nicht allein für die politischen, sondern auch für die unpolitischen Beamten galt.

Bekanntgegeben wurde der Staatsministerialbeschluß vom 18. April 1896 nur auf dienstinternem Wege und nicht in einer der Allgemeinheit zugänglichen Weise. Dennoch drang er an die Öffentlichkeit und wurde auch im Reichstag und im Abgeordnetenhaus zur Sprache gebracht. Im Reichstag wurde er vor allem von dem sozialdemokratischen Abgeordneten Singer in schärfster Form kritisiert, der die Reichspostverwaltung angriff, weil sie als Reichsbehörde den in Preußen gefaßten Beschluß auch ihren Beamten zur Kenntnis gegeben

---

[144] Akten des StM Nr. 2323 Bl. 101; Dokumentarischer Anhang VII. b).

[145] Sitzung des Staatsministeriums am 18. April 1896, Protokollauszug in den Akten des StM Nr. 2323 Bl. 103.

[146] Vgl. *Otfried Liebscher*, Das Petitionsrecht im Beamtenverhältnis, Diss., München 1966, S. 67 f.

hatte[147]. Im preußischen Abgeordnetenhaus ging der linksliberale Abgeordnete Rickert auf den Beschluß ein und bat den Minister der öffentlichen Arbeiten Thielen um eine Klarstellung, daß es nicht die Absicht der Staatsregierung sei, an dem verfassungsmäßigen Petitionsrecht der Beamten irgendwie zu rütteln[148]. Hierauf erklärte der Minister[149], daß nach seiner Auffassung keinerlei Anordnung getroffen worden sei, welche einem Beamten verwehre, eine Petition in seiner eigenen Angelegenheit an den Landtag der Monarchie zu richten. Diese Stellungnahme gab nochmals, wenn auch verschlüsselt, einen Einblick in die Auffassung der Regierung über die sachlichen Grenzen des Petitionsrechts der Beamten. Denn, indem sich der Minister nur darauf festlegte, daß in eigener Sache das Petitionsrecht des Beamten unbeschränkt sei, ließ er erkennen, daß außerhalb dieses Bereichs, also in Fragen von allgemeiner Bedeutung, dem Beamten nach Ansicht der Regierung nur eine beschränkte Petitionsfreiheit zustand.

Die Zulässigkeit gemeinschaftlicher Petitionen von Beamten mit dem Ziel einer Verbesserung der Dienstbedingungen wurde im Zusammenhang mit der Beratung über die Beamtenkoalitionen 1897 erneut im Staatsministerium erörtert[150]. Dabei hielten die Minister in Anbetracht der ihrer Meinung nach mit der Veranstaltung derartiger Petitionen „unvermeidlich verknüpften Agitation"[151] an der bereits unter Bismarck von der Regierung eingenommenen Haltung fest und betrachteten die Beteiligung an diesen Petitionen weiterhin als mit der Dienstpflicht unvereinbar. Zu einem geschlossenen Vorgehen des Staatsministeriums gegen derartige Kollektivpetitionen kam es, anders als zuvor im Fall der Teilnahme von Beamten an Petitionen gegen parlamentarische Regierungsvorlagen, jedoch nicht.

c) Die Kanalvorlage und die Treuepflicht der parlamentarisch tätigen Beamten

In der Frage der Treuepflicht der Beamten bei der Ausübung eines parlamentarischen Mandats, die unter Caprivi und Eulenburg endgültig in einem mit der Verfassung übereinstimmenden liberalen Sinn

[147] StenBer. RT 1895/97, Bd. 6, S. 4348 f.; 4387 f.; 4399 (Sitzungen am 28., 29. und 30. Januar 1897); zuvor war der Erlaß bereits in der Reichstagssitzung am 13. November 1896 zur Sprache gekommen, siehe hierzu StenBer. RT 1895/97, Bd. 5, S. 3220, 3225 f., 3228 ff.

[148] StenBer. AH 1896/97, Bd. 2, S. 1525 (Sitzung am 12. März 1897).

[149] StenBer. AH ebenda S. 1526.

[150] Akten des JM Nr. 3142.

[151] So der Justizminister Schönstedt in einem in den vorbezeichneten Akten befindlichen Votum vom 18. Oktober 1897.

gelöst schien[152], kam es gegen Ende der Amtszeit von Hohenlohe-Schillingsfürst unter dem Druck des Kaisers zu einer spektakulären Rückwendung zur Einstellung, die unter Manteuffel und Bismarck geherrscht hatte. Anlaß dazu war die 1899 im preußischen Abgeordnetenhaus ausgetragene Auseinandersetzung um die von Wilhelm II. mit besonderem persönlichen Engagement befürwortete Regierungsvorlage zum Bau des Mittellandkanals[153]. Dieses Projekt stieß auf heftigen Widerstand aus Agrarierkreisen, die befürchteten, der neue, billige Transportweg werde die ostdeutsche Landwirtschaft einer verstärkten Konkurrenz importierter Agrarerzeugnisse aussetzen. Als offenbar wurde, daß sich an der vor allem vom Bund der Landwirte getragenen Opposition gegen das Vorhaben, von dem allgemein bekannt war, daß es vom Kaiser mit besonderem Interesse verfolgt wurde, auch zahlreiche konservative Beamte beteiligten, gab der Kaiser der Regierung zu verstehen, daß er ein derartiges Verhalten als mit den Dienstpflichten unvereinbar ansehe. In der Kronratssitzung am 13. Juni 1899[154] erklärte er, „Was diese Beamten, insbesondere die Landräte, angehe, so könne eine ablehnende Abstimmung von ihnen nicht geduldet werden. Ein von Seiner Majestät angestellter, besoldeter und für ihn vereideter Beamter müsse sich klar darüber sein, daß er einer von seinem Könige gewollten und befohlenen Maßregel nicht opponieren dürfe. Könne er die Zustimmung nicht mit seinem Gewissen vereinigen, so müsse er entweder das Mandat niederlegen oder als Beamter seinen Abschied nehmen."

Unmittelbar vor der entscheidenden Abstimmung in dritter Lesung, die am 19. August 1899 stattfand, ließ der Kaiser den Regierungspräsidenten und Landräten, die bisher gegen die Kanalvorlage gestimmt hatten, durch den Innenminister von der Recke eröffnen, daß von ihnen nunmehr Stimmenthaltung oder Mandatsverzicht oder aber das Ausscheiden aus dem Staatsdienst erwartet werde. Dieser Versuch, die Beamtenopposition zu brechen, blieb jedoch wirkungslos, und fast alle der Angesprochenen stimmten erneut gegen die Vorlage, die jetzt endgültig zu Fall kam[155]. Verärgert über diese Niederlage befahl Wilhelm II. in der Kronratssitzung am 23. August 1899[156], die Regierungspräsidenten und Landräte, „die sich gegen die Gesamtinteressen des Landes aufgelehnt hätten und ihren Widerstand gegen die Regierungs-

---

[152] Vgl. oben S. 105 ff.

[153] Zum Folgenden: *Hartung*, Studien, S. 226 ff.; *Horn*, Der Kampf um den Bau des Mittellandkanals; *Huber*, Verfassungsgeschichte, Bd. 4, S. 1092 ff.; Akten des StM Nr. 2323, 2324.

[154] Protokollauszug in den Akten des StM Nr. 2323 Bl. 162.

[155] Abstimmungsergebnis in StenBer. AH 1899, Bd. 4, S. 2901.

[156] Protokollauszug in den Akten des StM Nr. 2323 Bl. 163 f.

vorlage bis zu einer ablehnenden Abstimmung durchgeführt hätten", zur Disposition zu stellen. Eine Diskussion über die Recht- und Zweckmäßigkeit eines derartigen Vorgehens entwickelte sich in dieser Kronratssitzung, in der der Monarch den Ton angab und die Minister mehr die Stellung von Befehlsempfängern als von verantwortlichen Politikern einnahmen, nicht[157]. Nur der Vizepräsident des Staatsministeriums Miquel gab vorsichtig zu bedenken, ob man sich nicht darauf beschränken könne, die fraglichen Beamten zur Mandatsniederlegung anzuhalten. Eine derartige Einschränkung der von ihm befohlenen Maßregelung lehnte der Kaiser jedoch ab. Dagegen erhob er keine Einwendungen gegen den von Miquel vorgetragenen und vom Innenminister von der Recke unterstützten Vorschlag, die Dispositionsstellung der oppositionellen Beamten der Öffentlichkeit gegenüber allein mit dem Hinweis auf dienstliche Interessen zu rechtfertigen und sich nicht auf ihre Abstimmung im Parlament zu beziehen, damit nicht unter verfassungsrechtlichen Gesichtspunkten allgemeiner Widerspruch gegen die Maßnahme erhoben werde.

In der Sitzung des Staatsministeriums am 28. August 1899[158] besprachen die Minister unter sich noch einmal das vom Kaiser befohlene Vorgehen. Dabei äußerte Miquel Bedenken gegen die politische Zweckmäßigkeit der Maßregelung und stellte die Frage zur Diskussion, ob dem Kaiser noch eine Gegenvorstellung unterbreitet werden solle. Ein derartiger Schritt wurde jedoch allgemein abgelehnt. Die Anordnung des Kaisers gelangte daraufhin zur Ausführung und zwei Regierungspräsidenten und 18 Landräte, die in der dritten Lesung gegen die Kanalvorlage gestimmt hatten, wurden gleichzeitig in den einstweiligen Ruhestand versetzt[159]. In den ihnen zugestellten Verfügungen wurde, wie im Kronrat abgesprochen, nicht auf ihr Verhalten bei der Abstimmung Bezug genommen, sondern lediglich angegeben, daß die Dispositionsstellung „im Interesse des Dienstes" erfolge[160].

In der Staatsministerialberatung am 28. August 1899 beschlossen die Minister ferner, die politischen Beamten allgemein durch einen Erlaß an die Oberpräsidenten zur politischen Disziplin aufzurufen. Entgegen den in derartigen Fällen sonst üblichen Gepflogenheiten legten sie den Text vor der Veröffentlichung dem Monarchen zur Zustimmung vor. Dieser ließ es sich nicht nehmen, den Wortlaut eigenhändig an einigen

---

[157] Vgl. hierzu auch die Schilderung des Kronrats bei *John C. G. Röhl*, Deutschland ohne Bismarck, Die Regierungskrise im zweiten Kaiserreich 1890—1900, Tübingen 1969, S. 239 f.

[158] Protokollauszug in den Akten des StM Nr. 2323 Bl. 175 ff.

[159] Namensliste der Gemaßregelten bei *Horn* S. 139 f.

[160] Vgl. *Horn* S. 74.

Stellen zu ändern[161]. So ersetzte er zweimal den vom Staatsministerium gebrauchten Ausdruck „Staatsregierung" durch den Begriff „Regierung Seiner Majestät", und den Einleitungssatz, in dem das Staatsministerium die politischen Beamten als diejenigen ansprechen wollte, denen die „Vertretung der Politik der Staatsregierung" obliege, änderte der Kaiser dahin um, daß es „Vertretung der Politik Seiner Majestät des Königs" hieß. Diese Textveränderungen werfen ein Schlaglicht auf die Entschlossenheit des Kaisers zur Wahrung der monarchischen Vorrechte. Sie deuten außerdem auf das Bestreben, durch Identifizierung von Monarch und Ministerium die Beamten darauf hinzuweisen, daß Opposition gegen die Politik der Staatsregierung auch als Angriff auf den Monarchen selbst anzusehen sei, womit die Angesprochenen zu absoluter Folgsamkeit gegenüber der Regierungspolitik veranlaßt werden sollten[162]. In seiner endgültigen Fassung hatte der Erlaß, den das Staatsministerium am 31. August 1899 an die Oberpräsidenten richtete, folgenden Wortlaut[163]:

„Die Königliche Staatsregierung hat zu ihrem lebhaften Bedauern die Wahrnehmung machen müssen, daß ein Teil der Beamten, welchen die Vertretung der Politik Seiner Majestät des Königs und die Durchführung und Förderung der Maßnahmen der Regierung Seiner Majestät obliegt, sich dieser Pflicht nicht in vollem Maße bewußt ist.

Nicht nur die höheren politischen Beamten, sondern auch die Königlichen Landräte dürfen sich in ihrer amtlichen Tätigkeit nicht durch die Stimmungen ihrer Kreise und die Meinung der Bevölkerung über die Maßnahmen der Regierung Seiner Majestät beirren lassen; sie sind berufen und verpflichtet, die ihnen bekannten Anschauungen derselben zu vertreten und die Durchführung ihrer Politik, insbesondere in wichtigen Fragen, zu erleichtern und das Verständnis für dieselben in der Bevölkerung zu erwecken und zu pflegen. In allen Beziehungen, in welche sie durch ihre amtliche Stellung mit dem öffentlichen Leben gebracht werden, haben sie sich gegenwärtig zu halten, daß sie die Träger der Politik der Regierung Seiner Majestät sind und den Standpunkt derselben wirksam zu vertreten haben, unter keinen Umständen aber auf Grund ihrer persönlichen Meinungen die Aktion der Regierung zu erschweren berechtigt sind. Sie würden im anderen Falle durch ihr Verhalten die Autorität der Staatsregierung schwächen, die Einheitlichkeit der Staatsverwaltung gefährden, ihre Kraft lähmen und Verwirrung in den Gemütern hervorrufen.

Ein solches Verhalten steht mit allen Traditionen der preußischen Verwaltung in Widerspruch und kann nicht geduldet werden.

Wir vertrauen, daß es genügen wird, die politischen Beamten hierauf mit Ernst und Bestimmtheit hinzuweisen, und hoffen, daß nicht wieder ein Anlaß geboten werden wird, weitergehende Maßregeln zu treffen."

---

161 Textvorschlag des Staatsministeriums mit eigenhändigen Korrekturen Wilhelms II. in den Akten des StM Nr. 2323 Bl. 187 f.

162 Vgl. hierzu oben S. 80 f.

163 Reichs- und Staatsanzeiger Nr. 205 vom 31. August 1899.

Das eigentlich Neue an diesem Erlaß war die Tatsache, daß er ausschließlich die politischen Beamten ansprach. Damit wurde die 1882 unter Bismarck eingeleitete nach Beamtenkategorien differenzierende Betrachtungsweise der Pflicht zur politischen Treue, die auf der Unterscheidung zwischen politischen und nicht politischen Beamten basierte und von einer gesteigerten Treuebindung der politischen Beamten ausging, bestätigt und fortgesetzt. Am Inhalt des Erlasses ist bemerkenswert, daß die politischen Beamten in ihrer amtlichen Tätigkeit für verpflichtet erklärt wurden, aktiv für die Regierungspolitik einzutreten und zu werben[164]. Dies war mehr als der rein defensive Einsatz für die Regierung, den Bismarck 1882 gefordert hatte, als er vor dem Reichstag erklärte[165], die politischen Beamten hätten die Intentionen der Regierung vor Entstellung, Irrtum und Verleumdung zu schützen.

Bemerkenswert ist ferner, daß der Erlaß keine direkte Stellungnahme zur Treuepflicht der politischen Beamten bei der Ausübung eines parlamentarischen Mandats, der in der konkreten Situation aktuellsten Frage, enthielt. Als indirekte Aussage zu diesem Problem ist jedoch der etwas allgemein gehaltene Satz anzusehen, die Beamten hätten sich in allen Beziehungen, in welche sie durch ihre amtliche Stellung mit dem öffentlichen Leben gebracht würden, gegenwärtig zu halten, daß sie die Träger der Regierung Seiner Majestät seien und den Standpunkt derselben wirksam zu vertreten hätten, unter keinen Umständen aber auf Grund ihrer persönlichen Meinungen die Aktion der Regierung zu erschweren berechtigt seien. Hieraus läßt sich folgern, daß die Staatsführung von den parlamentarisch tätigen politischen Beamten nicht nur die Zurückhaltung von jeglicher Opposition gegen Regierungsvorlagen, sondern darüber hinaus sogar eine aktive parlamentarische Unterstützung verlangte[166]. Ob der Erlaß tatsächlich in diesem Sinne aufgefaßt werden sollte, ist heute nicht mehr feststellbar, erscheint aber äußerst zweifelhaft. Denn bereits kurze Zeit nach seiner Bekanntgabe wandte sich die Regierung in einem Artikel in der offiziösen „Berliner Correspondenz“[167] gegen eine derart weitgehende Auslegung und erklärte, jedem Abgeordneten müsse die volle Freiheit beim Abstimmen gewahrt bleiben. Einschränkend wurde allerdings hinzugefügt, daß in grundlegenden Fragen des Staatslebens, wie etwa der Kanalvorlage, zwischen der Tätigkeit eines Beamten als Abgeordneter und den ihm als Beamten obliegenden Pflichten nicht unlösliche Konflikte entstehen dürften, welche ihn zur ferneren Ausübung seines

---

164 Vgl. Absatz 2, Satz 1, zweiter Halbsatz des vorstehend wiedergegebenen Erlasses.

165 Siehe oben S. 89.

166 So *Steinbach* S. 85.

167 Ausgabe vom 14. September 1899.

Amtes ungeeignet erscheinen ließen. Damit gab die Regierung, wenn auch nicht ausdrücklich, so doch sinngemäß zu verstehen, daß sie von den politischen Beamten im Parlament keine aktive Unterstützung verlange, daß diese jedoch verpflichtet seien, sich in grundlegenden Fragen des Staatslebens von jeglicher Opposition gegen die Regierungsvorlagen fernzuhalten. Ausdrücklich behielt sich die Regierung vor, selbst zu bestimmen, was als „grundlegende Frage des Staatslebens" anzusehen sei, was auf die Inanspruchnahme eines Weisungsrechts gegenüber den dem Parlament angehörenden Beamten hinauslief. Dies war eine Abkehr von der unter Caprivi und Eulenburg vollzogenen Anerkennung des freien Mandats der parlamentarisch tätigen Beamten und eine Hinwendung zu der in der Reaktionszeit und unter Bismarck herrschenden Anschauung.

Das Vorgehen gegen die sogenannten „Kanalrebellen" erregte in der Öffentlichkeit beträchtliches Aufsehen und war am 11. Januar 1900 Gegenstand einer Debatte im preußischen Abgeordnetenhaus[168]. Dabei brachte der Ministerpräsident Hohenlohe zum Ausdruck[169], die Staatsregierung habe in den Beamten, nachdem sie im Landtag öffentlich eine der Staatsregierung entgegengesetzte Haltung bekundet hätten, keine geeigneten politischen Organe für die Durchführung ihrer Intentionen mehr erblicken können und habe deshalb auf ihre Dienste in politischen Stellungen verzichten müssen. Gegen Zweifel an der Rechtmäßigkeit ihres Handelns verteidigte sich die Regierung mit dem Hinweis darauf[170], daß die Dispositionsstellung eine rein dienstliche Maßnahme ohne disziplinarischen Charakter sei, daß es sich hierbei nicht um ein Artikel 84 der preußischen Verfassung widersprechendes „Zur-Rechenschaft-Ziehen" der Beamten wegen ihrer parlamentarischen Abstimmung handle — eine Ansicht, die bereits unter Manteuffel im Staatsministerium vertreten worden war — und daß die Maßnahme auch nicht gegen § 11 des Reichsstrafgesetzbuchs verstoße[171]. Diese Rechtsauffassung, die auf einer reinen Wortinterpretation beruhte, dabei aber dem Sinn der in Artikel 83 das freie parlamentarische Mandat gewährleistenden Verfassung zuwiderlief und deshalb nach heutigem Rechtsempfinden abzulehnen ist[172], wurde von der zeitgenössischen wissenschaftlichen Literatur nahezu einhellig geteilt[173]. Juristisch be-

---

168 StenBer. AH 1900, Bd. 1, Sp. 38 ff.

169 a.a.O., Sp. 46 f.

170 Ministerpräsident Hohenlohe, a.a.O., Sp. 46; Justizminister Schönstedt ebenda Sp. 54 ff.

171 Zum Inhalt dieser Vorschrift siehe oben S. 87.

172 Vgl. hierzu die ausführlichen Erörterungen bei *Horn* S. 77 und *Huber*, Verfassungsgeschichte, Bd. 4, S. 1101, denen zu folgen ist.

173 Siehe die Literaturübersicht bei *Horn* S. 76 f. und *Huber*, a.a.O., S. 1100.

fand sich die Regierung daher nach der damals herrschenden Meinung keineswegs in einer schwachen Position.

Unter politischen Aspekten brachte der Vorfall die Regierung dagegen in echte Verlegenheit. Denn sie mußte damit rechnen, daß das vom Monarchen aus einer vorübergehenden persönlichen Verärgerung heraus befohlene Vorgehen gegen die Kanalgegner zu einem ihr gänzlich unerwünschten nachhaltigen Bruch mit den Konservativen führen würde. Um dies zu verhindern, ging die Regierung bereits vier Monate nach den Dispositionsstellungen daran, durch eine allmähliche Wiederaufnahme der Gemaßregelten in den aktiven Dienst die Spannungen abzubauen[174]. Da sie aber den Eindruck vermeiden wollte, als trete sie mit diesem Schritt einen Rückzug an, machte sie die Wiederanstellung der Beamten vom Verzicht auf eine weitere parlamentarische Tätigkeit abhängig und berief sie bewußt nur in unpolitische Ämter.

Insgesamt wurden unter Hohenlohe nach und nach sieben der gemaßregelten Landräte als Regierungs- bzw. Oberregierungsräte in den aktiven Staatsdienst zurückberufen[175]. Ferner erhielt ein inzwischen zum Bürgermeister gewählter Landrat z. D. die zur Übernahme dieses Amts erforderliche Bestätigung. Unter Hohenlohes Nachfolger Bülow wurden weitere vier Beamte wiederangestellt. Dabei wurde im Fall des amtsenthobenen Posener Regierungspräsidenten von Jagow, der 1901 zum Regierungspräsidenten in Marienwerder (Westpreußen) bestellt wurde, von der bisherigen Gepflogenheit abgewichen, die Wiederanstellung der Kanalgegner auf unpolitische Stellungen zu beschränken. Dasselbe geschah im Fall des Landrats z. D. von Bockelberg, der 1908 wieder aktiver Landrat wurde und überdies daneben sein Parlamentsmandat behalten durfte, nachdem er 1905 der in veränderter Form erneut eingebrachten Kanalvorlage zugestimmt hatte. Acht der zwanzig gemaßregelten Beamten fanden keine Verwendung im aktiven Staatsdienst mehr, einige von ihnen, weil sie bald pensioniert wurden, andere, weil sie es vorzogen, ihre Abgeordnetentätigkeit fortzusetzen. Für die weitere Laufbahn der wiederangestellten Beamten hatte der Zusammenstoß mit der Regierung in der Kanalfrage keine nachteiligen Folgen, vielmehr machte ein Teil von ihnen noch eine beachtliche Karriere[176].

---

[174] Sitzungen des Staatsministeriums am 18. und 20. Dezember 1899, Protokollauszüge in den Akten des StM Nr. 2323 Bl. 203 und 204 ff.

[175] Hierzu und zum Folgenden: *Horn* S. 84 ff., 139 f.; *Huber*, Verfassungsgeschichte, Bd. 4, S. 1102 f.; Akten des StM Nr. 2324 Bl. 7, 35 f., 37, 39.

[176] Der gemaßregelte Landrat von Dallwitz stieg nach seiner Wiederanstellung als Regierungsrat sogar bis zum preußischen Innenminister (1910—1914) auf und wurde später (1914—1918) Statthalter in Elsaß-Lothringen.

Trotz dieses versöhnlichen Ausgangs blieb das Verhalten der Staatsführung im Streit um den Mittellandkanal nicht ohne exemplarische Wirkung auf die Beamtenschaft. So nahm die Zahl der als Abgeordnete tätigen Beamten deutlich ab[177]. Die dem Parlament noch angehörenden Beamten hielten sich künftig zurück und gingen Auseinandersetzungen mit der Regierung aus dem Wege, so daß in der Folgezeit für die Regierung keine Veranlassung mehr bestand, sich erneut mit der Frage der Treuepflicht bei der Ausübung eines parlamentarischen Mandats zu beschäftigen.

5. Zusammenfassender Überblick (1871—1900)

In der Zeit von 1871 bis zur Jahrhundertwende wurde der verbindliche Inhalt der den Beamten obliegenden Pflicht zur politischen Treue zunächst weiterhin allein von der Staatsregierung bestimmt. Später trat das Oberverwaltungsgericht hinzu, das als oberste Disziplinarinstanz für die mittelbaren Staatsbeamten fungierte. Die Rechtswissenschaft blieb unverändert einflußlos.

Gegenüber dem vorangegangenen Zeitabschnitt trat in der Praxis der Regierungen in der Auffassung der Pflicht zur politischen Treue insofern eine bedeutsame Änderung ein, als unter Bismarck eine nach politischen und unpolitischen Beamten differenzierende Betrachtungsweise der Treuepflicht Platz griff. Die politischen Beamten, worunter man die von der Regierung jederzeit ohne Angabe von Gründen in den einstweiligen Ruhestand versetzbaren Beamten verstand, wurden danach im Vergleich zu den übrigen Beamten als in einer gesteigerten Treuebindung stehend angesehen. Während allgemein allen Beamten abverlangt wurde, sich von jeglicher „Agitation" gegen die Staatsregierung fernzuhalten, wurde von den politischen Beamten darüber hinaus gefordert, daß sie die Intentionen der Regierung vor Entstellung, Irrtum und Verleumdung schützten. Unter Hohenlohe-Schillingsfürst ging man über diese Forderung noch hinaus und erklärte die politischen Beamten für verpflichtet, aktiv werbend für die Regierungspolitik einzutreten.

Was unter dem dehnbaren Begriff der „Agitation" gegen die Staatsregierung, von der sich alle Beamten fernhalten sollten, zu verstehen sei, wurde von keiner der Regierungen allgemeingültig definiert, so daß es weitgehend offen blieb, wo die Grenzen zwischen erlaubter und unerlaubter politischer Betätigung verliefen. Ausdrücklich untersagt war den Beamten die Beteiligung an den neuaufkommenden interessen-

---

177 Siehe hierzu die statistische Übersicht bei *Horn* S. 80, Fußnote 79.

politisch ausgerichteten Beamtenvereinen und die Förderung der Bestrebungen der neuentstehenden ebenfalls interessenpolitische Ziele verfolgenden Beamtenpresse. Verurteilt wurden ferner gemeinschaftliche Eingaben von Beamten bei vorgesetzten Behörden zwecks Verbesserung der Dienstbedingungen. Unter Hohenlohe wurde ganz allgemein die Beteiligung an Petitionen, die darauf abzielten, parlamentarische Körperschaften zur Ablehnung oder wesentlichen Änderung von Regierungsvorlagen zu veranlassen, als mit der Beamtenpflicht unvereinbare Unterstützung regierungsfeindlicher Agitation charakterisiert.

Als besonders schwere Verletzung der Treuepflicht galt den Regierungen jedes Bekenntnis eines Beamten zu den Anschauungen der Sozialdemokratie, die sich im Gefolge der nach der Reichsgründung einsetzenden beschleunigten Industrialisierung zu einer politischen Massenbewegung entwickelte, die auch um die Jahrhundertwende von seiten der Regierung noch generell als umstürzlerisch qualifiziert wurde, obwohl die Partei im Laufe der Zeit ihren ursprünglich geschlossen staatsfeindlichen Charakter ablegte und in weiten Teilen die Bereitschaft zur politischen Mitarbeit auf dem Boden der bestehenden Rechts- und Staatsordnung erkennen ließ.

Zu einem Kurswechsel kam es in der Frage des von den Beamten als Wähler zu übenden Verhaltens, die zwar im Zusammenhang mit den geheimen Reichstagswahlen keine Rolle spielte, aber für die preußischen Wahlen aktuell blieb, da dort die Stimmabgabe weiterhin öffentlich erfolgte. Hier rückte die preußische Regierung unter Bismarck von der in dem vorangegangenen Zeitabschnitt nahezu ununterbrochen erhobenen Forderung ab, daß ein Beamter auf Grund seiner Treuepflicht nicht für einen in Opposition zur Regierung stehenden Kandidaten stimmen dürfe. Stattdessen bekannte sie sich offiziell dazu, daß dem Beamten ebenso wie jedem anderen Staatsbürger völlige Wahlfreiheit zustehe. Nicht einmal mehr die Stimmabgabe für eine staatsfeindliche Partei wurde als treuwidrig verboten. Ungeachtet dieser auch unter Bismarcks Nachfolgern geltenden offiziellen Festlegung trat allerdings in Regierungskreisen gelegentlich noch die Neigung hervor, mißliebiges Wahlverhalten von Beamten mit versteckten dienstlichen Nachteilen wie etwa unerwünschten Versetzungen oder Übergehen bei Beförderungen zu beantworten. Das Fortbestehen derartiger Möglichkeiten versteckter Benachteiligung nahm der offiziellen Proklamation der Wahlfreiheit viel von ihrer praktischen Bedeutung. Denn, wenn die Beamten jetzt auch vor offener Verfolgung wegen eines oppositionellen Votums bei den Wahlen sicher sein konnten, mußten sie doch noch immer damit rechnen, durch eine derartige Stimmabgabe ihr weiteres berufliches Vorwärtskommen zu gefährden.

Die Frage, ob die Beamten auch bei der Ausübung eines parlamentarischen Mandats Beschränkungen unterworfen seien, wurde von den einzelnen Regierungen unterschiedlich beantwortet. Während unter Bismarck an der alten Auffassung festgehalten wurde, nach der sie bei ihrer parlamentarischen Tätigkeit in Angelegenheiten, denen die Regierung besondere Bedeutung beimaß, nicht in Opposition zum Regierungsstandpunkt treten durften, wurde ihnen unter Caprivi und Eulenburg im parlamentarischen Bereich völlige Freiheit zugesichert. Unter Hohenlohe wurde dieser Schritt in Bezug auf die politischen Beamten wieder rückgängig gemacht und für sie die Forderung aufgestellt, daß sie sich in grundlegenden Fragen des Staatslebens von parlamentarischer Opposition gegen Regierungsvorlagen fernzuhalten hätten, wobei sich die Regierung ausdrücklich vorbehielt, selbst zu bestimmen, was als eine derartige Frage anzusehen sei.

Auf klare Aussagen legte sich das als oberste Disziplinarinstanz für die mittelbaren Staatsbeamten zuständige Oberverwaltungsgericht fest, das in seiner Disziplinarrechtsprechung verschiedentlich mit Problemen aus dem Bereich der politischen Treuepflicht in Berührung kam. So bediente es sich in Beantwortung der Frage, welche Schranken der Beamte allgemein bei der Teilnahme am öffentlichen politischen Leben einzuhalten habe, nicht des von der Regierung verwendeten, nicht näher bestimmten Begriffs der verbotenen „Agitation“, sondern ging mehr ins einzelne und stellte die Regel auf, daß ein Beamter bei politischen Meinungsäußerungen in der Öffentlichkeit maßvoll auftreten müsse und sich keinesfalls zu unsachlichen, ungerechten oder wahrheitswidrigen Behauptungen und Angriffen gegen die Staatsregierung hinreißen lassen dürfe. Zugleich gab es zu verstehen, daß der Beamte in sachlicher Form öffentlich an den Maßnahmen der Staatsregierung Kritik üben dürfe und das Recht habe, sich einer auf dem Boden der Verfassung stehenden oppositionellen Partei anzuschließen. Hinsichtlich des Verhältnisses von Beamtenschaft und staatsfeindlichen Parteien, zu denen es unter anderem stets die Sozialdemokratie zählte, ging das Gericht davon aus, daß jede bewußte Unterstützung oder Förderung einer derartigen Partei für einen Beamten eine Pflichtverletzung darstelle. Den Rahmen dessen, was als Unterstützung oder Förderung anzusehen sei, zog es sehr weit, doch wurde die Stimmabgabe bei den Parlamentswahlen für den Kandidaten einer solchen Partei im allgemeinen nicht dazugerechnet.

Überblickt man die Epoche zwischen Reichsgründung und Jahrhundertwende in ihrer Gesamtheit, so ist festzustellen, daß sich das Oberverwaltungsgericht im Grundsatz von einer liberalen, auf Ausgleich zwischen den Interessen des Dienstherrn und des Beamten bedachten Auffassung von der Pflicht zur politischen Treue leiten ließ, während bei den Regierungen trotz der neueingeführten nach Beamtenkategorien differenzierenden Betrachtungsweise und einzelner Liberalisierungserscheinungen noch immer die Tendenz zu einer die Beamten in ihrer politischen Betätigung stark einengenden Auslegung der Treuepflicht überwog.

Vierter Teil

Die Pflicht zur politischen Treue in der Zeit von 1900 bis zum Untergang der Monarchie

1. Die allgemeine Entwicklung der politischen und staatlichen Verhältnisse von 1900 bis 1918

Nach der Jahrhundertwende waren der preußischen Monarchie noch rund 18 Jahre staatlicher Existenz beschieden[1]. Der seit 1871 in Deutschland herrschende Friedenszustand blieb bis zum Ausbruch des Ersten Weltkrieges im August 1914 erhalten. Der schließlich eintretende Zusammenbruch des besiegten und im November 1918 von revolutionären Unruhen erschütterten deutschen Kaiserreichs, an dessen Stelle die am 9. November 1918 von Philipp Scheidemann ausgerufene deutsche Republik trat, bedeutete auch das Ende des Königreichs Preußen. Am 28. November 1918 erklärte Wilhelm II., der sich am 10. November nach Holland ins Exil begeben hatte, formell seine Abdankung als deutscher Kaiser und preußischer König. Aus der einstigen preußischen Monarchie wurde der „Freistaat Preußen“[2], der künftig einen Gliedstaat des neuen, republikanisch verfaßten Deutschen Reiches bildete.

Die in das 20. Jahrhundert fallenden letzten Jahre der preußischen Monarchie standen mit Ausnahme der ersten Kriegsjahre, in denen ein von allen Parteien respektierter innenpolitischer Burgfriede herrschte, im Zeichen starker innenpolitischer Spannungen. Die mit der fortschreitenden Industrialisierung eingetretenen erheblichen Veränderungen der gesellschaftlichen Struktur führten zu einem wachsenden Druck auf das in Preußen bestehende Herrschaftssystem, das der sozialen Wirklichkeit nicht mehr entsprach. Begünstigt durch das Dreiklassenwahlrecht behielten in der preußischen Politik die konservati-

---

[1] Zum Folgenden: *Gebhardt,* Handbuch der deutschen Geschichte, hrsg. von Herbert Grundmann, 8. Aufl., Bd. 4, von Karl Dietrich Erdmann, Stuttgart 1959, S. 51 ff., 74 ff.; *Dietrich* S. 241 ff.; *Theodor Eschenburg,* Die improvisierte Demokratie, Ein Beitrag zur Geschichte der Weimarer Republik, in: Theodor Eschenburg, Die improvisierte Demokratie, Gesammelte Aufsätze zur Weimarer Republik, München 1963, S. 21 f.; *Forsthoff* S. 163; *Hartung,* Verfassungsgeschichte, S. 295 ff., 302 ff.; *Schoeps* S. 285 ff.

[2] Verfassungsrechtliche Grundlage: Verfassung des Freistaats Preußen vom 30. November 1920 (GS S. 543).

ven, ostelbischen Großgrundbesitzer die tonangebende Stellung, obwohl die Bedeutung der hinter ihnen stehenden Land- und Forstwirtschaft angesichts der industriellen Entwicklung immer mehr zurückgegangen war. Der Arbeiterschaft und großen Teilen des Bürgertums blieb dagegen trotz ihres wirtschaftlichen, sozialen und zahlenmäßigen Gewichts die Einflußnahme auf die Politik des preußischen Staates versagt. Dies war ein Zustand, der diese Volksschichten immer heftiger nach einer Demokratisierung des preußischen Staatswesens durch die Übernahme des im Reich geltenden gleichen, geheimen und direkten Wahlsystems verlangen ließ. Die Konservativen stellten sich dieser Forderung, deren Erfüllung zu ihrer Entmachtung führen mußte, energisch entgegen und verhinderten die zur Anpassung der alten Herrschafts- und Sozialordnung an die gewandelten Zeitverhältnisse unumgängliche Wahlrechtsreform solange wie möglich. Erst im Oktober 1918 stimmte das preußische Herrenhaus unter dem Druck der militärischen Niederlage Deutschlands und angesichts der heraufgezogenen Gefahr eines revolutionären Umsturzes der Abschaffung des rückständigen Dreiklassenwahlrechts und der Einführung des gleichen, geheimen und direkten Wahlverfahrens zu[3]. Zur Zustimmung des Abgeordnetenhauses, das sich noch im Juli 1918 gegen die Einführung des gleichen Wahlrechts ausgesprochen hatte[4], ist es auf Grund des alsbald eintretenden Zusammenbruchs der Monarchie nicht mehr gekommen, so daß das im Herrenhaus beschlossene neue Wahlgesetz nicht mehr ausgefertigt und verkündet werden konnte.

Auch in Fragen von weniger weittragender politischer Bedeutung ließ die preußische Monarchie in ihren letzten Jahren die Fähigkeit zur Anpassung an die geänderten Verhältnisse vermissen. Eine von allen politischen Richtungen einschließlich der Konservativen für notwendig erachtete Verwaltungsreform, die die allgemeine Landesverwaltung in Preußen auf einen den gesteigerten Anforderungen der modernen Zeit entsprechenden Stand bringen sollte und zu deren Vorbereitung 1909 eigens eine königliche Immediatkommission eingesetzt wurde, kam über das Entwurfsstadium nicht hinaus[5]. — Unerfüllt blieb ferner die verschiedentlich in der Presse und im Abgeordnetenhaus laut gewor-

---

[3] StenBer. HH 1916/18, Sp. 1250 ff. (Sitzung am 24. Oktober 1918); StenBer. HH 1916/18 (Anlagen), Bd. 2, S. 1146 ff. (Nr. 306 C).

[4] Vgl. die Vorlage des Abgeordnetenhauses in StenBer. HH 1916/18 (Anlagen), Bd. 2, S. 1108, 1113 ff. (Nr. 295, Anlage 2).

[5] Näheres zur Verwaltungsreform: *Friedrich Giese*, Preußische Rechtsgeschichte, Übersicht über die Rechtsentwicklung der Preußischen Monarchie und ihrer Landesteile, Berlin und Leipzig 1920, S. 251 f.; *Hugo Preuß*, Burgfriedliche Kriegsgedanken zur Verwaltungsreform (1915), in: Hugo Preuß, Staat, Recht und Freiheit, Aus 40 Jahren Deutscher Politik und Geschichte, Tübingen 1926, S. 102 ff.; derselbe, Deutschland und die Preußische Verwaltungsreform (1925), ebenda, S. 134 f.

dene, auch von konservativer Seite gebilligte Forderung nach einer Reform des preußischen Disziplinarrechts[6], die neben anderen Verbesserungen vor allem die Einführung einer unabhängigen Disziplinargerichtsbarkeit für die unmittelbaren Staatsbeamten einschließen sollte. Die grundsätzliche Bereitschaft zu einer derartigen Reform war an der Staatsspitze zwar vorhanden[7], doch fehlte es an der zu ihrer Verwirklichung erforderlichen Tatkraft und Entschlossenheit. Erst nach dem Zusammenbruch der Monarchie wurde das preußische Disziplinarrecht schrittweise reformiert und modernen, rechtsstaatlichen Erfordernissen angepaßt[8].

Die einzige Neuregelung von größerem Gewicht, die abgesehen von einer 1909 durchgeführten Besoldungsreform[9] im Bereich der Beamtengesetze in den letzten Jahren der preußischen Monarchie zustandekam, war die durch Gesetz vom 14. November 1904[10] erfolgte Aufhebung des Artikels VI der vom 23. September 1867 datierenden Verordnung wegen Ausdehnung der preußischen Disziplinargesetze auf die Beamten in den neuerworbenen Landesteilen[11]. Durch diesen auf eine Initiative beider Häuser des Landtags[12] zurückgehenden gesetzgeberischen Schritt wurde die unter Bismarck für die 1866 annektierten Gebiete verfügte[13] erhebliche Ausweitung des Kreises der jederzeit in den einstweiligen Ruhestand versetzbaren Beamten rückgängig gemacht. Künftig waren auch in den neupreußischen Provinzen lediglich die in § 87 Nr. 2 des Disziplinargesetzes vom 21. Juli 1852[14] genannten Beamten disponibel. Damit galt für ganz Preußen in diesem Bereich nunmehr einheitliches Recht. Für die Regierung bedeutete die Neuregelung eine Einschränkung ihrer Machtbefugnisse gegenüber einem Teil der Beamtenschaft. Im weiteren Verlauf der vorliegenden Untersuchung wird sich zeigen, ob es im letzten Abschnitt der preußischen Monarchie in der Auffassung der beamtenrechtlichen Pflicht zur politischen Treue durch die staatlichen Stellen Entsprechungen zu dieser liberalisierenden Maßnahme gab.

---

[6] Hierzu die Akten des JM Nr. 3637—3639.

[7] Ausdrücklich die Reform befürwortend beispielsweise Ministerpräsident Bülow in einem Votum vom 3. Februar 1909, Akten des JM Nr. 3637.

[8] Zur Entwicklung des Disziplinarrechts nach dem Ende der Monarchie vgl. *Brand*, Dienststrafordnungen, S. 3 ff.

[9] Gesetz betreffend die Bereitstellung von Mitteln zu Diensteinkommensverbesserungen vom 26. Mai 1909 (GS S. 85).

[10] GS 1904, S. 283.

[11] GS 1867, S. 1613.

[12] StenBer. AH 1904/05, Bd. 4, Sp. 5303 ff., 5451 f.; StenBer. HH 1904/05, Bd. 1, S. 493 f.

[13] Vgl. oben S. 69.

[14] GS 1852, S. 465.

2. Die politische Treuepflicht unter Bülow und Bethmann Hollweg (bis 1914)

a) Die Einstellung der Staatsregierung

Zwischen der Jahrhundertwende und dem Ausbruch des Ersten Weltkriegs lag die Führung der Regierungsgeschäfte in Preußen und im Reich zunächst in den Händen von Bernhard von Bülow, der im Oktober 1900 Nachfolger Hohenlohes als Reichskanzler und preußischer Ministerpräsident wurde. Im Juli 1909 wurde Bülow von Theobald von Bethmann Hollweg abgelöst, der der letzte Reichskanzler und preußische Ministerpräsident der Friedensjahre war.

Sowohl unter Bülow als auch unter Bethmann Hollweg wurde an der nach politischen und nicht politischen Beamten differenzierenden Betrachtungsweise der Pflicht zur politischen Treue festgehalten[15]. Von den politischen Beamten wurde ebenso wie unter Hohenlohe gefordert, daß sie über die Einhaltung der allgemeinen, allen Beamten bei der politischen Betätigung gezogenen Schranken hinaus die Politik der Staatsregierung aktiv unterstützten und förderten. Somit gingen auch die Regierungen Bülow und Bethmann Hollweg in ihren Anforderungen an diese Beamtenkategorie weiter als Bismarck, der 1882 von den politischen Beamten verlangt hatte, daß sie die Intentionen der Regierung vor Entstellung, Irrtum und Verleumdung schützten, und damit von ihnen lediglich einen auf die Defensive begrenzten Einsatz zugunsten der Regierungspolitik gefordert hatte[16].

Bei ihren Stellungnahmen zu den allgemeinen, von allen Beamten bei der Teilnahme am öffentlichen politischen Leben zu beachtenden Grenzen stützten sich die Regierungen Bülow und Bethmann Hollweg nicht mehr wie frühere Regierungen auf den Begriff der „Agitation“ gegen die Staatsregierung, die verboten sei, sondern bedienten sich einer weitgehend der Terminologie des Oberverwaltungsgerichts angenäherten Ausdrucksweise. So erklärte Bülow am 19. Januar 1909 in einer Rede vor dem preußischen Abgeordnetenhaus[17], er lasse auch dem Beamten seine politische Überzeugung und greife nicht in die außerdienstliche politische Tätigkeit des Beamten ein, und fügte hinzu, selbstverständlich müsse der Beamte bei der Betätigung seiner politischen Anschauungen und Gesinnungen denjenigen Takt zeigen und diejenige Reserve sich auferlegen, die ihm sein Amt, die Rücksicht auf

---

[15] Siehe hierzu Bülow in StenBer. AH 1908/09, Bd. 1, Sp. 1045 (Sitzung am 19. Januar 1909); Bethmann Hollweg in StenBer. AH 1910, Bd. 2, Sp. 1412 (Sitzung am 10. Februar 1910).

[16] Vgl. oben S. 89, 122.

[17] StenBer. AH 1908/09, Bd. 1, Sp. 1044.

Andersdenkende, auf nebengeordnete oder übergeordnete Behörden auferlege. Im gleichen Sinne äußerte sich der Innenminister des Kabinetts Bethmann Hollweg, von Dallwitz, der am 14. Januar 1911 vor dem Abgeordnetenhaus ausführte[18]: „... Selbstverständlich kann keinem Beamten verwehrt sein, für seine Person einer der bestehenden politischen Parteien sich anzuschließen und seine politische Gesinnung innerhalb dieser Partei zu betätigen, sofern er den Takt beweist und die Zurückhaltung bewahrt, die ihm sein Amt, die Rücksicht auf seine Untergebenen, seine vorgesetzte Behörde und auf Andersdenkende auferlegen." — Sowohl Bülow als auch Dallwitz gaben bei ihren Erklärungen zu verstehen, daß es für die Gültigkeit der von ihnen bezeichneten Schranken der politischen Betätigungsfreiheit keinen Unterschied mache, ob es um den Einsatz für konservative oder liberale Anschauungen gehe. Damit gaben sie die Zusicherung ab, daß die Regierung bei der Beurteilung der politischen Betätigung von Beamten parteipolitisch neutral verfahre und nicht danach differenziere, welche Haltung die politische Richtung, für die ein Beamter sich betätige, zur Regierungspolitik einnehme. Diese Festlegung war im Vergleich zu früheren amtlichen Verlautbarungen neu.

Als besondere Einschränkung stellten Bülow und Dallwitz schließlich aber heraus, daß sich kein Beamter zu den Grundsätzen einer Partei bekennen dürfe, die die Grundlagen der bestehenden Staats-, Rechts- und Gesellschaftsordnung bekämpfe. Als eine derartige umstürzlerische Bewegung wurde von den preußischen Regierungen nach wie vor die sozialdemokratische Partei angesehen. In ständig wiederkehrenden parlamentarischen Erklärungen[19] wurde von seiten der Regierungen Bülow und Bethmann Hollweg zum Ausdruck gebracht, daß in den Augen der Staatsführung eine Unterstützung oder Förderung der Sozialdemokratie sowie ein Bekenntnis zu ihren Anschauungen für einen Beamten eine Verletzung seines Treueids darstelle.

---

[18] StenBer. AH 1911, Bd. 1, Sp. 101; wiederholt am 30. April 1912 (StenBer. AH 1912, Bd. 4, Sp. 4899 f.).

[19] Siehe außer der angegebenen Rede Bülows vom 19. Januar 1909: *Bülow* in StenBer. RT 1903/04, Bd. 1, S. 150 f. (Sitzung am 14. Dezember 1903); *Budde* (Minister der öffentlichen Arbeiten) in StenBer. AH 1903, Bd. 2, Sp. 1826, 1858 f. (Sitzung am 23. Februar 1903), StenBer. HH 1904/05, Bd. 1, S. 56 f. (Sitzung am 12. Februar 1904) und StenBer. AH 1904/05, Bd. 2, Sp. 2547 f. (Sitzung am 9. März 1904); *Schwartzkopff* (Ministerialdirektor im Kultusministerium) in StenBer. AH 1908/09, Bd. 4, Sp. 5938 (Sitzung am 6. Mai 1909), StenBer. AH 1908/09, Bd. 5, Sp. 6534 f. (Sitzung am 14. Mai 1909) und StenBer. AH 1908/09, Bd. 5, Sp. 6588 f. (Sitzung am 15. Mai 1909); *Dallwitz* in StenBer. AH 1912, Bd. 1, Sp. 155 f. (Sitzung am 31. Januar 1912) und StenBer. AH 1912, Bd. 4, Sp. 5301 (Sitzung am 4. Mai 1912); *Trott zu Solz* (Kultusminister) in StenBer. AH 1911, Bd. 4, Sp. 5070 (Sitzung am 27. März 1911) und StenBer. AH 1912, Bd. 3, Sp. 2912 (Sitzung am 16. März 1912).

Schwer bestimmbar ist die Haltung, die die Regierung Bülow in der Frage einnahm, ob der Beamte auch bei der Ausübung des Wahlrechts Beschränkungen unterworfen sei. Einerseits ist festzustellen, daß unter Bülow in keiner der vorstehend erwähnten Äußerungen über das Verhältnis von Beamtentum und Sozialdemokratie amtlich verbindlich ausgesprochen wurde, daß schon die bloße Stimmabgabe für einen sozialdemokratischen Kandidaten bei den Wahlen einen Treubruch darstelle[20]. Dies deutet auf die Absicht der Regierung Bülow hin, ebenso wie die vorangegangenen Regierungen den unter Bismarck aufgestellten Grundsatz[21] offiziell unangetastet zu lassen, daß die Ausübung des Wahlrechts für die Beamten frei sei und niemals ein Grund sein werde, gegen einen Beamten einzuschreiten. Andererseits liegt zur Wahl der ebenfalls als staatsfeindlich geltenden polnischen Partei eine öffentliche Äußerung des Finanzministers Rheinbaben aus dem Jahre 1903 vor[22], in der dieser vor dem Abgeordnetenhaus erklärte, er meine, man müsse von einem königlichen Beamten klares Bekenntnis zur nationalen Frage verlangen und von ihm verlangen, daß er einen Deutschen unter allen Umständen wähle. — Den höchsten Erkenntniswert für die Ermittlung des Regierungskurses dürfte als Willensäußerung des Gesamtministeriums ein im Juni 1904 gefaßter Beschluß des Staatsministeriums[23] besitzen, durch den die Ressortminister ermächtigt wurden, nach eigenem Ermessen mit dienstlichen Maßnahmen nicht dis-

---

[20] Auch die gegen Ende der Amtszeit Bülows von dem Ministerialdirektor im Kultusministerium Schwartzkopff geäußerte Bemerkung, man verlange von einem Angehörigen des preußischen Beamtenstandes, daß er unumwunden und klar erkläre: für einen Sozialdemokraten könne ein preußischer Beamter nicht stimmen (StenBer. AH 1908/09, Bd. 5, Sp. 6589), hatte nach den Umständen ihres Zustandekommens nicht den Charakter einer amtlich verbindlichen Wiedergabe der Einstellung des Staatsministeriums zur Frage der Wahlfreiheit der Beamten. Der konkrete Fall, bei dessen Erörterung Schwartzkopffs Bemerkung fiel, betraf keine Maßregelung eines Beamten wegen Stimmabgabe bei den Wahlen, sondern die Maßregelung eines Lehrers, der beschuldigt wurde, durch indifferentes Verhalten in einer Wahlversammlung den sozialdemokratischen Kandidaten einer Stichwahl unterstützt zu haben (vgl. Schwartzkopff in StenBer. AH, a.a.O., Sp. 6533 f.), und es gab nach Lage der Verhältnisse keine Anhaltspunkte dafür, daß Schwartzkopff zu einer über diesen Fragenkomplex hinausgehenden verbindlichen Erklärung über die Haltung des Staatsministeriums zur Frage der Wahlfreiheit der Beamten autorisiert war. — Im übrigen ist zu bemerken, daß in dem allgemein ausgesprochenen Verbot der Begünstigung der Sozialdemokratie bzw. anderer als staatsfeindlich geltender Parteien sowie in dem Verbot des Bekenntnisses zu entsprechenden Anschauungen keineswegs automatisch ein Wahlverbot enthalten war, da die Ausübung des staatsbürgerlichen Wahlrechts traditionell als mit eigenen Regeln ausgestattete politische Betätigung besonderer Art galt.

[21] Vgl. oben S. 89.

[22] StenBer. AH 1903, Bd. 1, Sp. 719 f.

[23] Sitzung des Staatsministeriums am 8. Juni 1904, Protokollauszug in den Akten des StM Nr. 306.

ziplinarischer Art gegen diejenigen Beamten vorzugehen, die im November 1903 in der Provinz Posen bei den Landtagswahlen für einen polnischen Kandidaten gestimmt hatten. Bemerkenswerterweise wurde in diesem Falle gleichzeitig festgelegt, daß vermieden werden solle, die Maßregelungen der Beamten in irgendeinen direkten Zusammenhang mit deren Abstimmung bei der Wahl zu bringen. Geht man von dieser Beschlußfassung aus, ist festzustellen, daß die Tendenz der Regierung Bülow offenbar dahin ging, nach außen hin den Grundsatz der Wahlfreiheit der Beamten unberührt zu lassen[24], daß sich die Regierung aber nicht davor scheute, inoffiziell gegen Beamte wegen unerwünschter Abstimmung bei Wahlen einzuschreiten.

Unter Bethmann Hollweg wurde die offizielle Zurückhaltung der Regierung in der Frage der Wahlfreiheit der Beamten aufgegeben. Als im November 1909 bei Stadtverordnetenwahlen in Kattowitz[25] eine Reihe von Beamten des Reichs und Preußens in der Haupt- und in der Stichwahl für polnische Kandidaten stimmte, nahm die Regierung diesen Vorfall offen zum Anlaß, die betreffenden Beamten sofort aus Kattowitz zu versetzen[26]. Versetzt wurden auch mehrere Lehrer, die nur in der Hauptwahl polnisch gestimmt hatten[27]. Im Reichstag und im Abgeordnetenhaus von oppositioneller Seite hierauf zur Rede gestellt[28], bekannte sich die Regierung uneingeschränkt zu ihrem Vorgehen und gab zu verstehen, daß sie in dem Wahlverhalten dieser Beamten eine Verletzung der Beamtenpflicht erblicke[29]. Mit dieser Haltung ließ die Regierung Bethmann Hollweg offen erkennen, daß sie sich an den von Bismarck proklamierten Grundsatz, daß den Beamten völlige Wahlfreiheit zustehe und die Ausübung des Wahlrechts niemals ein Grund sein werde, gegen einen Beamten einzuschreiten, nicht gebunden fühle. Die offene Abwendung von diesem Grundsatz schlug sich später auch

---

[24] Die nicht in diese Norm passende öffentliche Äußerung des Finanzministers Rheinbaben wird ohne vorherige Absprache im Staatsministerium erfolgt sein; den Akten des Staatsministeriums ist Gegenteiliges nicht zu entnehmen.

[25] Zum Folgenden: Sachdarstellung des preußischen Staatsministers und Stellvertreters des Reichskanzlers, Delbrück, in StenBer. RT 1909/11, Bd. 1, S. 456; Akten des JM Nr. 3144 Bl. 90 ff.

[26] Die beteiligten Beamten wurden durch besonderen Erlaß des jeweils zuständigen Ressortchefs darauf hingewiesen, daß ihr Verhalten bei den städtischen Wahlen in Kattowitz nicht ihren Pflichten entsprochen habe (Akten des JM Nr. 3144 Bl. 95 ff.).

[27] Vgl. Kultusminister von Trott zu Solz in StenBer. AH 1910, Bd. 1, Sp. 318 f.

[28] Reichstagsdebatte am 12. u. 13. Januar 1910 (StenBer. RT 1909/11, Bd. 1, S. 440 ff. u. S. 479 ff.); Debatte im preußischen Abgeordnetenhaus am 19. u. 21. Januar 1910 (StenBer. AH 1910, Bd. 1, Sp. 286 ff. u. Sp. 358 ff.).

[29] Siehe die Ausführungen der Regierungsmitglieder in den angegebenen Debatten, insbesondere Bethmann Hollweg in StenBer. AH, a.a.O., Sp. 308 ff.

in einer Rede des preußischen Innenministers Dallwitz nieder, der in Erwiderung auf Ausführungen des sozialdemokratischen Abgeordneten Hirsch am 31. Januar 1912 im preußischen Augeordnetenhaus zum Ausdruck brachte[30], daß die Wahl eines Sozialdemokraten mit dem Beamteneid unvereinbar sei und einen Treubruch darstelle.

Gegenüber der Koalitionsbewegung innerhalb der Beamtenschaft nahmen die Regierungen Bülow und Bethmann Hollweg dieselbe ablehnende Haltung ein wie die vorangegangenen Ministerien. So wurde in einem im Dezember 1905 vom Minister der öffentlichen Arbeiten Budde herausgegebenen Erlaß an die Präsidenten der Eisenbahndirektionen[31], der 1909 von Buddes Nachfolger, dem Staatsminister Breitenbach, in einem weiteren Erlaß an dieselben Adressaten wieder in Erinnerung gebracht wurde[32], ausgesprochen, daß das Bestreben, Forderungen zur Verbesserung der wirtschaftlichen Lage der Staatsbeamten durch Bildung von Beamtenvereinigungen durchzusetzen, welche politische Macht und dadurch Einfluß auf Regierung und Landtag gewinnen wollten, mit den Pflichten des Staatsamts unvereinbar sei.

1909 beschäftigte man sich an der Spitze des preußischen Staates besonders intensiv mit der Koalitionsbewegung innerhalb der Beamtenschaft. Nachdem am 18. April in Berlin eine von etwa 8—10 000 Teilnehmern besuchte, von ihren Organisatoren als „Erster Deutscher Beamtentag" bezeichnete Beamtenversammlung stattgefunden hatte, in deren Verlauf die Besoldungspolitik der Regierung und die Haltung des Landtags dazu angegriffen worden waren, beschloß das hierdurch alarmierte Staatsministerium am 26. April 1909[33], eine grundlegende Erörterung der mit der interessenpolitischen Betätigung von Beamten zusammenhängenden Rechtsfragen anzustellen und dabei für alle Ressorts gleichermaßen verbindliche Richtlinien zu erarbeiten, auf deren Grundlage der interessenpolitischen Organisationsbewegung innerhalb der Beamtenschaft künftig entgegengewirkt werden sollte. Mit den Vorarbeiten hierfür wurde der Unterstaatssekretär im Staatsministerium von Guenther beauftragt. Angeregt wurde das vom Staatsmini-

---

[30] StenBer. AH 1912, Bd. 1, Sp. 155 f.

[31] Erlaß vom 24./31. Dezember 1905, Text: Akten des JM Nr. 3144 Bl. 6 f.

[32] Erlaß vom 7. Mai 1909; Auszug bei *W. Kulemann* in dem gegen die Haltung der Regierung gerichteten Aufsatz „Das Koalitionsrecht der Beamten", DJZ 1909, Sp. 690; zur Kenntnisnahme des Justizministers bestimmte Vorinformation Breitenbachs über den Erlaß in den Akten des JM Nr. 3144 Bl. 4 f.

[33] Protokollauszug in den Akten des JM Nr. 3143 Bl. 292 ff.; außer dem im Folgenden behandelten Schritt wurde die Abgabe einer gegen den Beamtentag gerichteten Regierungserklärung beschlossen, die am 27. April 1909 vor dem Herrenhaus von Finanzminister Rheinbaben vorgetragen wurde (StenBer. HH 1908/09, S. 79 ff.).

sterium eingeschlagene Verfahren vom Finanzminister Rheinbaben, der seinen Ministerkollegen vorhielt, „wenn es so weiter gehe, werde bald ähnlich wie in Frankreich die Beamtenschaft in einer Art von gewerkschaftlicher Organisation zu einer geschlossenen Macht im Staate werden".

Als Ergebnis der Vorarbeiten des Unterstaatssekretärs wurde den Ministern durch Schreiben des Ministerpräsidenten vom 20. Juli 1909[34] — Bethmann Hollweg hatte inzwischen Bülows Stelle eingenommen — eine umfangreiche „Denkschrift betreffend die Beschränkungen der Beamten in der Ausübung des Rechts auf freie Meinungsäußerung, des Petitionsrechts sowie des Vereins- und Versammlungsrechts" vorgelegt[35]. Hierin schlug der Unterstaatssekretär vor, die Beamten in einem Erlaß des Staatsministeriums auf eine Reihe von Grundsätzen hinzuweisen, die er aus der bisherigen behördlichen und verwaltungsgerichtlichen Praxis ableitete. Neben der Erwähnung der bei politischen Meinungsäußerungen allgemein einzuhaltenden Grenzen sollte ausgesprochen werden, daß die Beamten sich zur Durchsetzung von Forderungen bezüglich ihrer Rang- und Besoldungsverhältnisse keiner verhetzenden Agitation bedienen dürften. Hieran sollten sich besondere Hinweise auf die bei der Unterstützung von Zeitschriften, der Beteiligung an Petitionen und der Teilnahme an Versammlungen zu beachtenden Schranken anschließen. Hinsichtlich der Ausübung des Vereinsrechts sollte die von der Regierung beanspruchte Befugnis herausgestellt werden, den Beamten die Teilnahme an Beamtenvereinen zu untersagen, wenn deren Zwecke oder Bestrebungen den staatlichen oder dienstlichen Interessen zuwiderliefen.

Als das Staatsministerium im Dezember 1909 die Angelegenheit beriet[36], wurde jedoch beschlossen, von einer förmlichen Staatsministerialbekanntmachung abzusehen, weil man hiervon ein negatives Echo in der Öffentlichkeit befürchtete. Stattdessen einigte man sich darauf, in die Beantwortung der im Reichstag vorliegenden Anfragen zum Verhalten der Regierung bei den Kattowitzer Stadtverordnetenwahlen eine Stellungnahme zur Koalitionsbewegung innerhalb der Beamtenschaft einzuflechten, die sich besonders gegen den inzwischen gegründeten „Bund der Festbesoldeten" richten sollte[37]. Dieses Vorhaben

---

[34] Exemplar in den Akten des StM Nr. 2324 Bl. 70.

[35] Exemplar in den Akten des StM Nr. 2324 Bl. 71 ff.; Umfang (einschließlich beigefügter Materialien zur Rechtslage und zur geschichtlichen Entwicklung): 76 Schreibmaschinenseiten.

[36] Sitzung des Staatsministeriums am 15. Dezember 1909, Protokollauszug in den Akten des JM Nr. 3144 Bl. 104 ff.

[37] Der Ende Oktober 1909 gegründete „Bund der Festbesoldeten" setzte sich satzungsmäßig die Vertretung der „wirtschaftspolitischen und kulturellen

wurde aber nicht verwirklicht, und man kam schließlich von dem Gedanken an eine Staatsministerialäußerung zur interessenpolitischen Organisationsbewegung innerhalb der Beamtenschaft gänzlich ab. Sachlich war dies ohne Bedeutung. Die staatlichen Stellen beobachteten weiterhin die interessenpolitischen Aktivitäten innerhalb der Beamtenschaft mit Argwohn und schritten, sobald sie ihnen gefährlich erschienen, dagegen ein. Als beispielsweise auf den 19. November 1911 nach Berlin ein „Allgemeiner Deutscher Unterbeamtentag" einberufen wurde, auf dem auch über Besoldungsfragen gesprochen werden sollte, wurden die dem Innen- und dem Finanzministerium unterstehenden Behörden und im Bereich des Justizministeriums der Kammergerichtspräsident und der Oberstaatsanwalt beim Kammergericht angewiesen, die Beamten von der Teilnahme daran fernzuhalten[38]. 1912 wurde den Feuerwehrleuten in Berlin die Mitgliedschaft im Verein Berliner Feuerwehrmänner verboten, als sich in ihm Strömungen bemerkbar machten, die darauf abzielten, sich auch mit dienstlichen Angelegenheiten zu beschäftigen, obgleich deren Erörterung in der Satzung ausdrücklich ausgeschlossen war[39]. Die geplante Gründung eines Vereins Berliner Schutzmänner wurde 1914 von den Behörden bereits im Ansatz erstickt[40]. Der erwähnte „Bund der Festbesoldeten"[41], der häufig seine patriotischen Tendenzen betonte und zurückhaltend auftrat, blieb von behördlichen Gegenmaßnahmen im wesentlichen verschont. Allerdings kam ihm außer seiner maßvollen Haltung zugute, daß es einem an der seit 1907 erscheinenden und 1909 zum Organ des Bundes der Festbesoldeten gewordenen Zeitung „Deutsche Nachrichten" finanziell beteiligten Kommerzienrat 1907 durch Vermittlung eines Regierungsrats gelungen war, den Reichskanzler Bülow persönlich für diese Zeitung zu interessieren und dabei auf ein gewisses Wohlwollen zu stoßen, was der Regierung Bethmann Hollweg eine vorsichtige Haltung gegenüber dem Blatt und dem Bund der Festbesoldeten angezeigt erscheinen ließ.

Interessen" seiner Mitglieder zum Ziel und organisierte nicht nur Beamte, sondern auch Privatangestellte; Bericht über die Gründung des Bundes in der Zeitung „Der Tag" vom 1. November 1909, Ausschnitt in den Akten des JM Nr. 3144 Bl. 52.

[38] Akten des JM Nr. 3144 Bl. 227 ff.; es ist anzunehmen, aber nicht aktenmäßig zu belegen, daß eine derartige Anweisung nicht nur im Innen-, Finanz- und Justizministerium, sondern auch in den übrigen Ressorts erging.

[39] Siehe zu den Vorgängen um den Verein Berliner Feuerwehrmänner StenBer. AH 1912/13, Bd. 6, Sp. 8481 ff. (Sitzung am 4. Dezember 1912); Bd. 7, Sp. 8644 ff., 8687 ff. (Sitzungen am 6. und 7. Dezember 1912).

[40] Siehe hierzu StenBer. AH 1914/15, Bd. 1, Sp. 164 f., 180 (Sitzung am 14. Januar 1914); Bd. 2, Sp. 2509 ff. (Sitzung am 19. Februar 1914).

[41] Zum Folgenden die Mitte 1910 zur Frage der Behandlung des Bundes abgegebenen ministeriellen Voten, Akten des JM Nr. 3144 Bl. 209 ff.

b) Die Haltung des Oberverwaltungsgerichts und der Literatur

Das preußische Oberverwaltungsgericht hielt sich in seiner Rechtsprechung zur politischen Disziplin der Beamten weiterhin an die von ihm vor der Jahrhundertwende entwickelten Grundsätze[42]. In einem Urteil vom 24. September 1909[43] wies es ausdrücklich auf seine feststehende Rechtsprechung über die von den Beamten bei der politischen Betätigung einzuhaltenden Schranken hin und stellte den Inhalt dieser Rechtsprechung zusammenfassend dar. Gleichzeitig hob es in dieser Entscheidung hervor, daß alle Beamten, sowohl die unmittelbaren als auch die mittelbaren, nach wie vor in der durch § 2, II, 10 ALR begründeten und durch den Beamteneid bekräftigten besonderen Treuebindung zum Staatsoberhaupt stünden, das die gesamte vollziehende Gewalt in seiner Hand vereinige, und verwahrte sich dagegen, daß im Verfassungsstaat für die Treuepflicht der Beamten kein Raum mehr sei.

Gegenstand des Verfahrens, das durch das Urteil vom 24. September 1909 abgeschlossen wurde, war das Verhalten des Husumer Bürgermeisters Lothar Engelbert Schücking. Schücking, der 1908 bei den Landtagswahlen für die linksliberale Freisinnige Volkspartei kandidiert hatte[44], hatte im Februar 1908 unter der Verfasserbezeichnung „Bürgermeister X. Y. in Z." eine Schrift mit dem Titel „Die Reaktion in der inneren Verwaltung Preußens" veröffentlicht[45]. Hierin behandelte er zahlreiche ihm mißfallende Erscheinungen im staatlichen Leben Preußens und übte in polemisch scharfen Wendungen heftige Kritik an der preußischen Verwaltung, die er bezichtigte, durch und durch von reaktionärem, fortschrittsfeindlichem Geist erfüllt zu sein, und der er vorwarf, sie sei „erstarrt in Junkertum und Polizei, dem uralten Bund zwischen Feudalismus und Bürokratie"[46]. Als trotz der Anonymität bekannt wurde, daß Schücking der Verfasser der Schrift war, leitete man gegen ihn ein Disziplinarverfahren mit dem Ziel der Dienstentlassung ein[47]. Der als Disziplinargericht erster Instanz zuständige

---

[42] Vgl. oben S. 91 f. — Zur Rechtsprechung nach 1900 siehe außer dem nachstehend im Text behandelten Urteil vom 24. September 1909 die wegen Begünstigung der Sozialdemokratie ergangenen Urteile vom 29. April 1910 (PrOVG Bd. 56, S. 229), 30. September 1910 (PrOVG Bd. 58, S. 447), 15. November 1912 (PrOVG Bd. 63, S. 468), sowie die Urteile zur Rechtsstellung des Beamten bei Ausübung des Wahlrechts vom 16. Februar 1904 („Schleswiger Grenzpost" vom 29. April 1904, Ausschnitt in den Akten des JM Nr. 3143 Bl. 83 f.) und vom 10. März 1914 (PrOVG Bd. 66, S. 437).

[43] PrOVG Bd. 55, S. 467.

[44] *Lothar Engelbert Schücking,* Die Mißregierung der Konservativen unter Kaiser Wilhelm II., München 1909, S. 36.

[45] Erscheinungsort Berlin.

[46] Die Reaktion in der inneren Verwaltung Preußens, S. 49.

[47] Neben der Buchveröffentlichung waren auch mehrere von Schücking ver-

Bezirksausschuß Schleswig sah in dem Verhalten Schückings zwar eine erhebliche Pflichtverletzung, hielt sie aber nicht für so gravierend, um die Dienstentlassung zu rechtfertigen, und verhängte eine Geldbuße[48]. Sowohl die Anklagebehörde als auch Schücking legten Berufung ein. Da Schücking vor Abschluß des Berufungsverfahrens von sich aus sein Amt als Bürgermeister niederlegte, stand die Frage der Dienstentlassung vor dem Oberverwaltungsgericht schließlich nicht mehr zur Entscheidung. Vielmehr ging es dort darum, ob gegen den Angeklagten die mit einer disziplinarischen Amtsenthebung verbundenen Nebenfolgen, nämlich der Verlust des Titels und des Pensionsanspruchs, zu verhängen seien. Das Oberverwaltungsgericht zeigte sich erheblich empfindlicher als der Bezirksausschuß und kam zu dem Ergebnis, daß sich Schücking eine derart schwerwiegende Verfehlung habe zuschulden kommen lassen, daß gegen ihn die Dienstentlassung hätte verhängt werden müssen, und erkannte ihm Titel und Pensionsanspruch ab. Neben den bereits erwähnten allgemeinen Hinweisen auf die Bindungen des Beamten bei politischer Betätigung brachte das Gericht in den Urteilsgründen mit Bezug auf den konkreten Fall zum Ausdruck, daß ein Beamter sehr wohl publizistisch tätig sein und dabei an Staatseinrichtungen und Anordnungen der Obrigkeit Kritik üben dürfe, daß dies aber nur mit voller Sachlichkeit und nicht in tendenziöser Weise geschehen dürfe.

Tatsächlich ist nicht zu leugnen, daß Schückings Schrift gemessen an zeitgenössischen Maßstäben im Ton den Rahmen des Üblichen verließ. Doch erscheint die Reaktion des Oberverwaltungsgerichts auch für die damaligen Verhältnisse als ungewöhnlich scharf, zumal Schücking bereits selbst den Dienst quittiert und in seiner Amtsführung als Bürgermeister keinerlei Anlaß zu Beanstandungen gegeben hatte. Eine Erklärung für die Schärfe des Oberverwaltungsgerichts wird darin zu suchen sein, daß es vermutlich in Schücking einen verkappten Parteigänger der Sozialdemokratie erblickte[49], gegen deren Eindringen in die Beamtenschaft es nach wie vor unnachsichtig anging.

Im Bereich der Literatur zum preußischen Beamtenrecht gab es nach der Jahrhundertwende mehrere Neuerscheinungen[50]. Neue Impulse für

---

faßte Zeitungsartikel Gegenstand der Anklage, die in dem Disziplinarverfahren jedoch eine unwesentliche Nebenrolle spielten.

[48] Wortlaut des Urteils bei *Schücking*, Mißregierung, S. 42 ff.

[49] Ein Kapitel des Buchs „Die Reaktion in der inneren Verwaltung Preußens" wandte sich unter der Überschrift „Das rote Gespenst!" gegen die Verfemung der Sozialdemokratie, wobei unter anderem die weitverbreitete Furcht vor ihr als „ganz unsinnig" bezeichnet wurde (siehe a.a.O., S. 16 ff.).

[50] *Paul von Rheinbaben*, Die preußischen Disziplinargesetze, 1. Aufl., Berlin 1904, 2. Aufl., Berlin 1911; *Arthur Brand*, Das Beamtenrecht, Die Rechtsverhältnisse der preußischen unmittelbaren und mittelbaren Staatsbeamten,

die Inhaltsbestimmung der Pflicht zur politischen Treue gingen von ihnen jedoch nicht aus. Ihre Verfasser waren sämtlich Praktiker, die diesem Thema verhältnismäßig wenig Raum widmeten und sich dabei fast ausnahmslos auf eine unkritische Wiedergabe der in der behördlichen und verwaltungsgerichtlichen Praxis herausgearbeiteten Grundsätze beschränkten[51].

Erste Ansätze zu einer wissenschaftlichen Durchdringung der beamtenrechtlichen Pflicht zur politischen Treue traten außerhalb Preußens in einem Gutachten des Würzburger Rechtslehrers Robert Piloty hervor[52]. Dieser bemühte sich, den dogmatischen Hintergrund der politischen Treuepflicht zu erhellen, und führte in dem Gutachten aus[53], daß sich der Beamte in Ausübung seiner politischen Rechte deswegen nicht gegen die Grundlagen der Verfassung wenden dürfe, weil auf ihnen auch sein eigenes Amt beruhe. Dieser Gedankengang kehrte in einer 1917[54] zu dem Thema „Die Rückwirkungen der Dienstpflicht des preußischen Beamten auf seine staatsbürgerliche Stellung" erschienenen Dissertation[55] von Rudolf Manasse in vertiefter Form wieder. Manasse ging davon aus[56], daß die Existenz des konkreten Staates, dem der Beamte dienend unterworfen sei, wesentliche Voraussetzung für die eigene Existenz des Beamten als Beamter sei. Hieraus folgerte er, daß sich der Beamte, der sich bei der politischen Betätigung von den Grundprinzipien des konkreten Staates abwende, den Boden unter den Füßen entziehe und sich von selbst aus seiner Beamtenqualität heraussetze. Dort wo der Beamte sich in den Bereich dieses von Manasse als „venire contra factum proprium" bezeichneten Verhaltens begab, wollte Manasse auch die Grenze zwischen erlaubter und pflichtwidriger politischer Betätigung gezogen sehen. Im einzelnen kam Manasse etwa

Berlin 1914; *Eugen von Dultzig,* Das preußische Disziplinargesetz für die nichtrichterlichen Beamten nebst dem Disziplinargesetze für die Privatdozenten, Berlin 1914; mit starker Berücksichtigung Preußens: *Albert Lotz,* Geschichte des Deutschen Beamtentums, 1. Aufl., Berlin 1909, 2. Aufl., Berlin 1914.

51 Vgl. *v. Rheinbaben,* 1. Aufl., S. 64 f., 2. Aufl., S. 81 ff.; *Brand,* Beamtenrecht, S. 554 ff.; *v. Dultzig* S. 21 ff.; *Lotz,* 1. u. 2. Aufl., S. 435 ff.

52 *Robert Piloty,* Das Recht der Meinungsäußerung insbesondere im Bereich des bayerischen Staatsdienstes, Gutachten, veröffentlicht im Rahmen des Aufsatzes „Streitfragen aus dem Beamtenrechte", AöR, 33. Bd., 1915, S. 1 ff. (Erstveröffentlichung des Gutachtens in den bayerischen Verkehrsblättern, 27. Jahrgang 1911, Nr. 38, 40, 41, 42).

53 AöR, a.a.O., S. 23.

54 Wegen des engen sachlichen Zusammenhangs wird die Entwicklung nach 1914 bereits hier mitabgehandelt.

55 Diss. Heidelberg, Erscheinungsort Berlin. — Untertitel: „Als methodologischer Beitrag zur juristischen Lehre vom Staatszweck".

56 Zum Folgenden *Manasse* S. 50 f.

zu denselben Ergebnissen wie die Praxis[57]. Insbesondere war es Manasse ebenso wie Piloty ganz selbstverständlich, daß sich der Beamte nicht gegen die monarchische Staatsform wenden dürfe[58]. — Betrachtet man die Argumentation Pilotys und Manasses näher, ist festzustellen, daß sie einer kritischen Überprüfung nicht standhält, da sie von einer falschen Grundvoraussetzung ausging. Daß der Beamte institutionell an den Fortbestand des Staates in seiner vorhandenen Verfassungsgestalt gebunden sei, war eine den Tatsachen nicht entsprechende Behauptung, die alsbald dadurch eine deutliche Widerlegung fand, daß die Beamtenschaft nach dem Zusammenbruch der Monarchie in den Dienst der Republik übernommen wurde. In der Praxis fand Pilotys und Manasses Argumentation denn auch keinen Widerhall, was darauf hindeutet, daß man dort ihre Schwäche erkannte.

3. Die Entwicklung während des Ersten Weltkriegs

Mit dem Ausbruch des Ersten Weltkriegs veränderte sich in Deutschland und damit auch in Preußen die innenpolitische Lage grundlegend[59]. Die politischen Parteien verzichteten angesichts der von außen drohenden Gefahr darauf, ihre Gegensätze weiter auszutragen, und schlossen untereinander und mit der Staatsführung einen innenpolitischen Burgfrieden. Auch die Sozialdemokratie reihte sich in die so entstehende innere Einheitsfront ein und stimmte am 4. August 1914 im Reichstag geschlossen für die von der Regierung verlangten Kriegskredite[60]. Nachdem die Sozialdemokratie hierdurch dem bestehenden Staat die Mittel zu seiner Verteidigung bewilligt hatte, mußte sich zeigen, ob man in Preußen weiterhin daran würde festhalten können, mit der Begründung, die Sozialdemokratie sei eine staatsfeindliche Partei, den Mitgliedern und Anhängern der Sozialdemokratie das Bekleiden von Beamtenstellen zu verwehren. Die Auseinandersetzung mit dieser Frage wurde für die Regierung schon bald akut, als bei verschiedenen Kommunalaufsichtsbehörden beantragt wurde, Sozialdemokraten, die in kommunale Ämter gewählt worden waren, die zur Übernahme des Amts erforderliche staatsbehördliche Bestätigung zu erteilen.

Nach ausführlicher Abwägung des Für und Wider kam das Staatsministerium in seiner Sitzung am 31. Dezember 1914[61] zu dem Ergebnis,

---

[57] *Manasse* S. 52 ff.

[58] *Manasse* S. 53; *Piloty*, AöR, a.a.O., S. 23.

[59] Hierzu: *Bergsträsser* S. 178 ff.; *Werner Conze*, Die Zeit Wilhelms II. und die Weimarer Republik, Deutsche Geschichte 1890—1933, Tübingen 1964, S. 99.

[60] StenBer. RT 1914/18, Bd. 1, S. 8 f.

[61] Protokollauszug in den Akten des StM Nr. 2324 Bl. 132 ff.

daß angesichts der veränderten politischen Verhältnisse die Bestätigung auszusprechen sei, wenn man sich vergewissert habe, daß der zu Bestätigende den vorgeschriebenen Eid zu leisten bereit sei und daß von ihm nach seiner ganzen Persönlichkeit erwartet werden könne, daß er die dadurch übernommenen Pflichten erfüllen werde. Damit war das bislang für Regierung und Oberverwaltungsgericht geltende Dogma von der Unvereinbarkeit von Beamteneigenschaft und sozialdemokratischer Gesinnung durchbrochen. Daß dieser Grundsatz für keinen Zweig des Staatsdienstes mehr Geltung zu beanspruchen habe, wurde schließlich dadurch manifestiert, daß im August 1917 im Reich, das vor dem Krieg ebenso wie Preußen davon ausgegangen war, daß ein Sozialdemokrat nicht Beamter sein könne[62], der Sozialdemokrat August Müller zum Unterstaatssekretär im Kriegsernährungsamt ernannt wurde[63]. Mit diesem Schritt wurde auch mit Geltung für Preußen, das ja mit dem Reich aufs engste verflochten war, zum Ausdruck gebracht, daß für Sozialdemokraten keinerlei Beschränkung im Zutritt zu öffentlichen Ämtern mehr bestehe und daß ihnen Beamtenstellungen jeden Ranges offenstünden.

Mit der Änderung des Regierungsstandpunkts in der Frage des Verhältnisses von Beamtentum und Sozialdemokratie entfiel auch die Grundlage für die Fortsetzung der bisherigen oberverwaltungsgerichtlichen Rechtsprechung zu diesem Thema, da nunmehr für die Dienstaufsichtsbehörden keine Veranlassung mehr bestand, wegen Verbindung von Beamten zur Sozialdemokratie Disziplinarverfahren einzuleiten.

Abgesehen von der Überprüfung ihres Standpunkts zur Frage der Vereinbarkeit der Beamtenstellung mit der Zugehörigkeit zur Sozialdemokratie brauchte sich die Regierung während der Kriegszeit zunächst nicht mit Fragen von allgemeiner Bedeutung aus dem Bereich der beamtenrechtlichen Pflicht zur politischen Treue zu befassen. Dies änderte sich, als angesichts der unerwartet langen Dauer des Krieges in der politischen Öffentlichkeit Streit um die Kriegsziele entstand und darüber der Burgfriede zerbrach. Exponenten der unterschiedlichen Meinungen in der Auseinandersetzung um die Kriegsziele waren die im April 1917 gegründete, von der sozialdemokratischen Reichstagsfraktion abgespaltene Unabhängige Sozialdemokratische Partei (USPD), die eine sofortige annexionslose Beendigung des Krieges forderte und mangelnden Friedenswillen der in Deutschland herrschenden Schicht für seine Fortdauer verantwortlich machte, und die im September 1917

---

[62] Vgl. etwa die Ausführungen des Staatssekretärs des Reichspostamts von Podbielski in StenBer. RT 1898/1900, Bd. 1, S. 624 (Sitzung am 3. Februar 1899).

[63] *Gebhardt*, 8. Aufl., Bd. 4, S. 59 (Erdmann); *Eschenburg* S. 34.

gegründete Deutsche Vaterlandspartei, die sich die Hebung des Siegeswillens im deutschen Volke zum Ziel setzte und auf einen Siegfrieden mit Annexionen hinarbeitete und der die Haltung der politischen Führung nicht entschlossen genug erschien[64].

Als darüber geklagt wurde, daß Beamte in unzulässiger Weise unter Ausnutzung ihrer dienstlichen Stellung Propaganda für die Deutsche Vaterlandspartei betrieben hätten, gab der Reichskanzler und preußische Ministerpräsident Michaelis, der im Juli 1917 die Nachfolge Bethmann Hollwegs angetreten hatte, am 8. Oktober 1917 vor dem Hauptausschuß des Reichstags eine allgemeine Erklärung über die von den Beamten des Reichs und Preußens bei der politischen Betätigung zu beachtenden Regeln ab[65]. Er erklärte, für alle Beamten gelte politische Gesinnungsfreiheit. Jeder Beamte könne jeder Partei angehören, sofern sie nicht den Bestand des Reiches oder des Staates gefährdende Ziele verfolge. Hinsichtlich der nach außen hin in Erscheinung tretenden politischen Betätigung hätten sich alle Beamten selbstverständlich Zurückhaltung aufzuerlegen, damit beim Publikum nicht das Vertrauen in ihre Unparteilichkeit erschüttert werde. Ein Mißbrauch der dienstlichen Stellung nach der Richtung, daß ein Vorgesetzter die ihm nachgeordneten Stellen zwinge oder veranlasse, zugunsten einer bestimmten Partei Stellung zu nehmen, sei selbstverständlich durchaus unzulässig, und er, der Reichskanzler und Ministerpräsident Michaelis, wünsche nicht, daß von seiten der Vorgesetzten ein politischer Druck nach irgendeiner Richtung hin gegen die nachgeordneten Stellen ausgeübt werde. Ausdrücklich betonte Michaelis, daß diese Grundsätze für alle politischen Parteien und Richtungen in gleicher Weise Geltung hätten und auch gegenüber der Vaterlandspartei gültig seien. In der Reichstagssitzung am 9. Oktober 1917[66] gab er ergänzend zu seiner Erklärung vom Vortage zu verstehen, daß die Partei der Unabhängigen Sozialdemokraten für ihn jenseits der Linie derjenigen Parteien stehe, denen sich Beamte anschließen dürften. Damit war den Beamten ebenso, wie ihnen vor dem Krieg jegliche Verbindung mit der Sozialdemokratischen Partei verboten war, nun die Verbindung zur USPD untersagt.

Noch vor der Stellungnahme des Reichskanzlers und Ministerpräsidenten Michaelis hatte der preußische Innenminister Drews in einem

---

[64] Zu Entstehung und Haltung a) der USPD: *Bergsträsser* S. 181 ff.; *Gebhardt*, 8. Aufl., Bd. 4, S. 53 f. (Erdmann); *Heidegger* S. 104 ff.; b) der Deutschen Vaterlandspartei: *Karl Wortmann*, Geschichte der Deutschen Vaterlandspartei, Diss. Halle-Wittenberg, Teildruck Halle 1926.

[65] Wortlaut: Wolffs Telegraphisches Büro, Nr. 2755 vom 8. Oktober 1917 (Abendausgabe), Ausschnitt in den Akten des StM Nr. 2324 Bl. 146.

[66] StenBer. RT 1914/18, Bd. 5, S. 3773, 3799.

Erlaß an die Provinzialbehörden vom 1. Oktober 1917[67] für alle dem Innenressort unterstehenden Beamten ausgesprochen, daß ihnen der Beitritt zur Deutschen Vaterlandspartei ebenso wie jedem anderen Staatsbürger freistehe, daß es aber unerwünscht sei, wenn sie in Wort und Schrift für deren Bestrebungen einträten. Dieser Erlaß erregte beträchtliches Aufsehen und veranlaßte das preußische Abgeordnetenhaus, im Plenum und in einer eigens gebildeten Kommission in eine umfassende über den konkreten Fall hinausgehende Erörterung der mit der politischen Betätigung von Beamten zusammenhängenden Rechtsfragen einzutreten[68]. Als Ergebnis der Beratungen faßte man am 19. Juni 1918 im Abgeordnetenhaus eine Entschließung[69], in der die Staatsregierung ersucht wurde, „vorbehaltlich einer baldtunlichsten gesetzlichen Regelung, für alle Zweige der Staatsverwaltung eine Verfügung zu erlassen, durch die das den Staatsbeamten zustehende Recht der politischen Betätigung sichergestellt, jedoch untersagt wird, innerhalb der Diensträume oder auf dienstlichem Wege oder sonst durch Ausnutzung der Dienstgewalt zur Betätigung für politische Vereinigungen und Parteien aufzufordern".

Erfüllt wurde der Auftrag des Abgeordnetenhauses durch eine vom 21. Oktober 1918 datierende „Verfügung des Staatsministeriums betreffend die politische Betätigung der Staatsbeamten"[70]. Diese Verfügung, die auf Entwürfen des Innenministers Drews und des Justizministers Spahn basierte[71], war seit dem Erlaß des Ministeriums Hohenlohe vom 31. August 1899[72] die erste schriftliche Stellungnahme des Gesamtministeriums zu Fragen der politischen Betätigung von Beamten und zugleich die letzte Äußerung einer monarchischen Regierung zu diesem Thema. Inhaltlich umfaßte die sachlich formulierte und von jedem Pathos freie Verfügung, die von großer Liberalität und spürbarem Bemühen um einen gerechten Ausgleich zwischen den Interessen des Staates und denen der Beamten getragen war, zwei Teile, deren erster

---

[67] Wortlaut: Akten des StM Nr. 2324 Bl. 143 R; StenBer. AH 1916/18 (Anlagen), Bd. 9, S. 5297 (Drucksache Nr. 814).

[68] StenBer. AH 1916/18, Bd. 6, Sp. 6918 ff. (Sitzung am 12. Dezember 1917); StenBer. AH 1916/18, Bd. 7, Sp. 7651 ff. (Sitzung am 24. Januar 1918); StenBer. AH 1916/18, Bd. 10, Sp. 10946 ff., 10984 ff. u. 11198 (Sitzungen am 17., 18. u. 19. Juni 1918); StenBer. AH 1916/18 (Anlagen), Bd. 9, S. 5297 ff. (Drucksache Nr. 814; Kommissionsbericht); auch im Herrenhaus wurde der Gegenstand behandelt, siehe StenBer. HH 1916/18, Sp. 1155 ff. (Sitzung am 10. Juli 1918).

[69] StenBer. AH 1916/18, Bd. 10, Sp. 11198; StenBer. AH 1916/18 (Anlagen), Bd. 9, S. 5306.

[70] Text: Akten des StM Nr. 2324 Bl. 281 f. (von den Ministern eigenhändig gezeichnete Urschrift); JMBl. 1918, S. 420 f. (Publikation für den Amtsbereich des Justizministeriums); Dokumentarischer Anhang VIII.

[71] Akten des StM Nr. 2324 Bl. 223 f., 226 f.

[72] Siehe oben S. 121.

die für die politische Betätigung der Beamtenschaft geltenden Prinzipien aus allgemeiner Sicht behandelte und deren zweiter speziell der Stellung der politischen Beamten gewidmet war.

In den ersten beiden Absätzen des ersten Teils wurde durch die Aussage, daß die dem preußischen Staatsbürger verfassungsgemäß gewährleisteten staatsbürgerlichen Rechte jedem Staatsbeamten zustünden und daß die politische Betätigung der Staatsbeamten nach außen hin grundsätzlich frei sei in den Grenzen, die ihnen durch gesetzliche Bestimmungen und das Wesen ihrer amtlichen Stellung gezogen seien, nachdrücklich betont, daß den Beamten ein Freiheitsraum für politische Betätigung offenstehe. Bekräftigt und konkretisiert wurde dies durch die Feststellungen, daß der Beamte jeder politischen Partei oder Vereinigung beitreten dürfe, sofern von ihr nicht Ziele verfolgt würden, die den Bestand des Reichs oder des Staates gefährdeten, und daß den Beamten die Geltendmachung „objektiver abweichender Meinungen", was sich nur auf vom Regierungsstandpunkt abweichende Meinungen beziehen konnte, nicht verschränkt werde. — Zur Bezeichnung der Schranken für die politische Betätigungsfreiheit wurde neben dem Verbot, einer staatsfeindlichen Partei beizutreten, das zugleich ein Verbot jeglicher Förderung staatsfeindlicher Bestrebungen in sich trug, festgestellt, daß die Beamten bei der politischen Betätigung sich eine durch die Natur ihres Amtes gebotene Zurückhaltung aufzuerlegen hätten. Dies wurde nicht näher ausgeführt, sondern betont, daß die Bestimmung der gebotenen Grenzen im einzelnen Fall in der Hauptsache eine Frage des persönlichen Takts sei und daß die Staatsregierung voll darauf vertraue, daß der persönliche Takt den Beamten in dieser Hinsicht richtig leiten werde, ohne daß es bestimmter Anweisungen im einzelnen bedürfe. Ausdrücklich wurde allerdings hervorgehoben, daß das politische Engagement der Beamten unter keinen Umständen dahin führen dürfe, daß Zweifel an der völligen Unparteilichkeit ihrer Amtsführung entstehen könnten. Schließlich wurde noch besonders herausgestellt, daß jegliche Ausnutzung der Dienststellung zu parteipolitischen Zwecken unzulässig sei.

Die Pflichten der politischen Beamten wurden in der Staatsministerialverfügung wieder auf das von Bismarck in seiner Reichstagserklärung vom 24. Januar 1882 festgelegte Maß[73] zurückgeführt. Es wurde ausgesprochen, daß diese Beamten verpflichtet seien, gegenüber Verdunkelungen und Entstellungen der Politik der Staatsregierung über Absichten, Ziele und Gründe der Staatsregierung unter Zurückstellung etwaiger abweichender eigener Ansichten auf Grund der ihnen verfügbaren Kenntnis objektive Auskunft und streng sachliche Aufklärung

---

[73] Siehe oben S. 89.

zu geben und sich jeder Förderung von Bestrebungen zu enthalten, die gegen die Politik der Regierung gerichtet seien. Ein darüber hinausgehender, also nicht nur auf die Defensive beschränkter Einsatz für die Regierungspolitik, wie ihn die preußischen Regierungen seit Hohenlohe verlangt hatten[74], wurde von den politischen Beamten jetzt nicht mehr gefordert. Ausdrücklich wurde sogar hervorgehoben, daß man von diesen Beamten nicht verlange, daß sie für die Maßnahmen der Staatsregierung agitatorisch einträten oder sie als mit ihrer persönlichen Überzeugung übereinstimmend darstellten, wenn das nicht der Fall sei. — Zur parteipolitischen Betätigung von politischen Beamten wurde ausgeführt, daß sie sich an der Agitation für eine bestimmte politische Partei oder Vereinigung nach außen hin nicht beteiligen dürften, weil hierdurch das Mißverständnis erweckt werden könnte, daß sich die Ziele der Staatsregierung mit den Zielen jener Partei unter allen Umständen deckten. Durch den Gebrauch der Formulierung „Agitation ... nach außen hin", wurde zugleich klargestellt, daß der bloße Beitritt zu einer politischen Partei und eine nicht nach außen dringende parteipolitische Betätigung als erlaubt angesehen wurden. — Insgesamt betrachtet waren die Anforderungen, die die Staatsministerialverfügung an die politischen Beamten stellte, maßvoll und an dem Grundgedanken orientiert, daß diese Beamten keine willenlosen Organe zur Verwirklichung der Regierungspolitik seien, sondern daß auch ihnen das Recht auf eine eigene politische Meinung zustehe, deren Verleugnung unter keinen Umständen verlangt werden könne.

Zur parlamentarischen Betätigung von Beamten enthielt die Verfügung des Staatsministeriums keine Ausführungen. Man käme jedoch zu einem falschen Ergebnis, wollte man hieraus entnehmen, die Regierung sei davon ausgegangen, daß in diesem Bereich Beschränkungen bestünden und daß noch der unter Hohenlohe für die politischen Beamten aufgestellte Vorbehalt[75] gültig sei. Vielmehr war, wie sich aus den Umständen des Zustandekommens der Verfügung ergibt, das Gegenteil der Fall. Im Entwurf des Innenministers Drews war vorgesehen[76], in der Verfügung ausdrücklich auszusprechen, daß die parlamentarische Betätigung der Staatsbeamten verfassungsgemäß frei sei, und der Justizminister Spahn hatte vorgeschlagen[77], dies noch um die Aussage zu ergänzen, daß es auch den politischen Beamten gestattet sei, sich am Wahlkampf zu beteiligen, wenn sie selbst kandidierten. In der Beratung des Staatsministeriums am 16. September 1918[78] wurde

[74] Siehe oben S. 122, 132.

[75] Siehe oben S. 122 f.

[76] Akten des StM Nr. 2324 Bl. 224 R.

[77] Akten des StM Nr. 2324 Bl. 227 R.

[78] Protokollauszug in den Akten des JM Nr. 3145 Bl. 61 ff.

aber beschlossen, die von Drews bzw. Spahn in Aussicht genommene Stellungnahme zur parlamentarischen Betätigung als „selbstverständlich" wegfallen zu lassen. Dabei spielte die augenblicksbezogene politisch-taktische Erwägung eine Rolle, daß man es vermeiden wollte, durch Hervorheben dieses Punkts die konservativen Landräte zu ermutigen, sich bei den bevorstehenden Wahlen als Landtagskandidaten aufstellen zu lassen und gegen die Einführung des von der Regierung erstrebten gleichen Wahlrechts aufzutreten.

Unbehandelt blieb in der Staatsministerialverfügung ferner die Stellung der Beamten als Wähler. Nicht einmal bei den Vorarbeiten für die Verfügung wurde dieses Thema berührt. Die Erklärung hierfür ist darin zu sehen, daß die Frage, ob ein Beamter auch bei der Ausübung des Wahlrechts Beschränkungen unterworfen sei, nicht mehr aktuell war, weil zum damaligen Zeitpunkt schon fest mit der baldigen Einführung eines geheimen Wahlverfahrens für Preußen zu rechnen war, bei dem ohnehin jegliche Möglichkeit einer Abstimmungskontrolle entfiel. Das Abgeordnetenhaus hatte im Juli 1918 endgültig für die Einführung der geheimen Wahl gestimmt[79], und die Regierung selbst war schon in ihrer im November 1917 dem Landtag zugeleiteten Vorlage zur Wahlrechtsreform für die Abschaffung der offenen Stimmabgabe eingetreten[80] und hatte dadurch stillschweigend erklärt, daß sie den Beamten uneingeschränkte Wahlfreiheit zubillige.

Ebenfalls unerörtert blieb schließlich sowohl in der Staatsministerialverfügung als auch in den Vorentwürfen und der vorbereitenden Beratung das Gebiet der interessenpolitischen Betätigung von Beamten. Der Grund dafür dürfte darin liegen, daß der Regierung auch dieses Thema nicht mehr problematisch erschien und sie es im Gegensatz zu früher offenbar als selbstverständlich ansah, daß in diesem Bereich keine besonderen Beschränkungen, sondern dieselben Regeln gültig seien wie für die allgemeine politische Betätigung. Darauf, daß die Regierung in den Kriegsjahren nicht mehr an dem vorher verfolgten ablehnenden Kurs gegenüber der interessenpolitischen Betätigung von Beamten festhielt, deutet schon die Tatsache hin, daß die Koalitionsbewegung innerhalb der Beamtenschaft gerade während des Krieges einen merklichen, in Richtung auf einen interessenpolitischen Gesamtzusammenschluß aller deutschen Beamten zielenden Aufschwung nehmen konnte[81]. Ganz deutlich wurde die veränderte Haltung der Re-

---

[79] Siehe den im Juli 1918 beschlossenen Wahlgesetzentwurf des Abgeordnetenhauses (§ 14), abgedruckt in StenBer. HH 1916/18 (Anlagen), Bd. 2, S. 1113 ff. (Aktenstück Nr. 295, Anlage 2).

[80] Siehe Wahlgesetzentwurf der Regierung (§ 14) in StenBer. AH 1916/18 (Anlagen), Bd. 7, S. 4383 f. (Drucksache Nr. 698).

[81] Vgl. hierzu *Krause* in: Deutscher Beamtenbund, Ursprung, Weg, Ziel, I. Hauptteil, S. 19 ff.

gierung aber daran sichtbar, daß bei der Vorbereitung einer im Frühjahr 1918 durchgeführten besoldungsrechtlichen Neuregelung[82] im preußischen Finanzministerium erstmals Vertreter der organisierten Beamtenschaft angehört wurden[83]. Dies war ein Schritt, durch den von seiten der Regierung offiziell anerkannt war, daß den Beamten das Recht zustehe, ihre beruflichen Interessen selbständig durch eigene berufsständische Vertretungen wahrzunehmen[84].

Die Staatsministerialverfügung über die politische Betätigung der Beamten vom 21. Oktober 1918 hat, wie abschließend zu bemerken ist, keine praktische Bewährung mehr erfahren können. Ebensowenig konnte sie noch ins Bewußtsein der politischen Öffentlichkeit dringen. Sie ging vielmehr unter in der sich zuspitzenden politischen Entwicklung, die am 9. November 1918 im Zusammenbruch der bisherigen monarchischen Staatsordnung und der Ausrufung der Republik gipfelte.

4. Zusammenfassender Überblick (1900—1918)

In der Zeit von 1900 bis zum Ende der Monarchie bestimmten Regierung und Oberverwaltungsgericht den verbindlichen Inhalt der den Beamten obliegenden Pflicht zur politischen Treue. In der rechtswissenschaftlichen Literatur zeigten sich Bemühungen um eine wissenschaftliche Durchdringung der Grundlagen der politischen Treuepflicht, doch blieb dies ohne praktische Auswirkungen.

In der Regierungspraxis wurde an der Differenzierung nach politischen und unpolitischen Beamten festgehalten. Von den politischen Beamten wurde lange Zeit ebenso wie unter Hohenlohe-Schillingsfürst uneingeschränkte aktive Unterstützung und Förderung der Regierungspolitik gefordert. Gegen Ende des Ersten Weltkriegs reduzierte man die Anforderungen jedoch wieder auf das von Bismarck 1882 festgelegte Maß und verlangte nur noch einen auf die Defensive beschränkten Einsatz zugunsten der Regierungspolitik, indem man die politischen Beamten für verpflichtet erklärte, gegenüber Verdunkelungen und Ent-

---

82 Teuerungszulagen; siehe hierzu die Beratung im Abgeordnetenhaus, StenBer. AH 1916/18, Bd. 8, Sp. 8650 ff. (Sitzung am 15. März 1918).

83 Ausdrücklich hervorgehoben von Finanzminister Hergt in StenBer. AH, a.a.O., Sp. 8667 f.

84 Bestätigt durch die Erklärung Hergts (StenBer. AH, a.a.O., Sp. 8667), daß die Regierung die Beamtenorganisationen nunmehr „gewissermaßen als verhandlungsfähig anerkennen" könne. — Faktisch wurde also noch vor dem Ende der Monarchie die Koalitionsfreiheit für die Beamten eingeführt. Gesetzlich festgeschrieben wurde dieser Zustand allerdings erst durch den mit Gesetzeskraft ausgestatteten Aufruf des Rates der Volksbeauftragten vom 12. November 1918 (RGBl. S. 1303).

stellungen der Politik der Staatsregierung über Absichten, Ziele und Gründe der Staatsregierung unter Zurückstellung etwaiger abweichender eigener Ansichten auf Grund der ihnen verfügbaren Kenntnis objektive Auskunft und streng sachliche Aufklärung zu geben. Daneben wurde hervorgehoben, daß sie sich jeder Förderung von Bestrebungen zu enthalten hätten, die gegen die Regierungspolitik gerichtet seien.

Bei ihren Anforderungen an die übrige Beamtenschaft stellten die Regierungen nicht mehr das Gebot heraus, sich von jeder Agitation gegen die Staatsregierung fernzuhalten, sondern brachten stattdessen zum Ausdruck, daß der Beamte bei der politischen Betätigung eine gewisse Zurückhaltung üben müsse. Gleichzeitig gaben die Regierungen zu verstehen, daß es für die Geltung der Zurückhaltungspflicht keine Rolle spiele, welche Haltung die politische Richtung, für die ein Beamter sich betätige, zur Regierungspolitik einnehme. Mittelbar war damit zugleich ausgedrückt, daß es dem Beamten auch erlaubt sei, für eine nicht mit der Regierungspolitik konform gehende politische Bewegung aktiv zu sein. Überdies wurde unter Bethmann Hollweg und später von seiten der Staatsregierung ohne Einschränkung ausdrücklich kundgetan, daß sich die Beamten einer der bestehenden, die verfassungsmäßige Ordnung anerkennenden Parteien anschließen und darin ihre politische Gesinnung betätigen dürften. Diese Zusicherung läßt erkennen, daß in der Regierungspraxis eine zum Liberalen gewandelte Grundeinstellung gegenüber der politischen Betätigung von Beamten Raum gewonnen hatte. Während sich die Regierungen früher in Stellungnahmen zu diesem Thema grundsätzlich darauf beschränkt hatten, den Bereich des den Beamten Verbotenen herauszustellen, erkannte man nun positiv an, daß den Beamten eine Sphäre freier politischer Betätigung zustehe.

Als keinesfalls erlaubt, sondern als Verletzung der Treuepflicht wurde von den Regierungen die Begünstigung einer nicht auf dem Boden der verfassungsmäßigen Ordnung stehenden Partei, sowie das Bekenntnis zu ihren Anschauungen angesehen. Als Hauptgegner der bestehenden Staats-, Rechts- und Gesellschaftsordnung galt bis zum Beginn des Krieges offiziell weiterhin die Sozialdemokratie. Scharf angekämpft wurde auch gegen jegliche Verbindung zwischen der Beamtenschaft und der an Bedeutung gewinnenden, ebenfalls als staatsfeindlich geltenden polnischen Partei. Während des Krieges wurde die Sozialdemokratie nicht mehr als staatsfeindliche Partei qualifiziert, jedoch wurde es die 1917 gegründete Unabhängige Sozialdemokratische Partei.

Im Bemühen um die Verhinderung jeglicher Verbindung zwischen Beamtenschaft und staatsfeindlichen Parteien lösten sich die Regierungen zeitweilig von dem unter Bismarck 1882 aufgestellten Grundsatz, daß die Wahlrechtsausübung für die Beamten frei sei und die Stimmabgabe niemals einen Grund bilden werde, gegen einen Beamten einzuschreiten. Unter Bülow geschah dies inoffiziell, während unter Bethmann Hollweg offen zum Ausdruck kam, daß die Regierung die Stimmabgabe für eine als staatsfeindlich geltende Partei als mit den Beamtenpflichten unvereinbar ansehe und sich für berechtigt halte, hieraus dienstliche Konsequenzen, allerdings nicht disziplinarischer Art, zu ziehen. Gegen Ende des Ersten Weltkriegs bekannte sich die Staatsregierung wieder dazu, daß die Wahlrechtsausübung frei sei, indem sie für die Einführung des geheimen Abstimmungsverfahrens und damit für den Wegfall jeglicher Möglichkeit der Abstimmungskontrolle eintrat.

Gegenüber interessenpolitischen Aktivitäten innerhalb der Beamtenschaft nahmen die Regierungen zunächst weiterhin eine ablehnende Haltung ein, indem sie diese als mit den Pflichten des Staatsamts unvereinbar betrachteten und sie nach Möglichkeit zu unterdrücken suchten. Gegen Ende der Monarchie wurde jedoch anerkannt, daß die Beamten berechtigt seien, ihre beruflichen Interessen selbständig durch eigene berufsständische Vertretungen wahrzunehmen, und die interessenpolitische Betätigung von Beamten wurde nach denselben Grundsätzen beurteilt wie die allgemeine politische Betätigung.

Keine Rolle mehr spielte die Frage, ob die Beamten bei der Ausübung eines parlamentarischen Mandats Beschränkungen unterworfen seien. Im Staatsministerium wurde dieses Thema lediglich im September 1918 einmal berührt, wobei es die Minister einhellig als selbstverständlich betrachteten, daß die parlamentarische Betätigung der Beamten frei sei, und damit erkennen ließen, daß sie die unter Hohenlohe-Schillingsfürst für die politischen Beamten gemachte Einschränkung für überholt erachteten.

Das Oberverwaltungsgericht hielt sich bei seiner Disziplinarrechtsprechung in Fragen aus dem Bereich der beamtenrechtlichen Pflicht zur politischen Treue weiterhin an die von ihm vor der Jahrhundertwende entwickelten Grundsätze. Für die Fortsetzung der bisherigen Rechtsprechung zum Verhältnis von Beamtenschaft und Sozialdemokratie entfiel jedoch zu Beginn des Ersten Weltkriegs die Grundlage, als die sozialdemokratische Partei in der Regierungspolitik nicht mehr als staatsfeindlich behandelt wurde.

Betrachtet man den Zeitabschnitt zwischen der Jahrhundertwende und dem Untergang der Monarchie insgesamt, so ergibt sich, daß die Staatsregierung jetzt, wie das Oberverwaltungsgericht seit Anbeginn seiner Rechtsprechung, bei der Inhaltsbestimmung der Pflicht zur politischen Treue im allgemeinen von einer um gerechten Ausgleich zwischen den Interessen des Dienstherrn und des Beamten bemühten Einstellung ausging und daß nicht mehr die auf eine starke Einengung der politischen Betätigung der Beamten gerichtete Tendenz die Vorherrschaft hatte.

Schlußbemerkung

Überblickt man abschließend die konstitutionelle Epoche in Preußen in ihrer Gesamtheit, so ist anhand der vorliegenden Untersuchung festzustellen, daß die Inhaltsbestimmung der beamtenrechtlichen Pflicht zur politischen Treue während dieser Zeit eine reine Angelegenheit der Praxis war. Der Inhalt der Pflicht zur politischen Treue war gesetzlich nicht festgelegt, sondern wurde durch Verwaltungsanordnungen der Regierung sowie durch Disziplinarentscheidungen der Regierung und seit den achtziger Jahren des 19. Jahrhunderts auch des Oberverwaltungsgerichts bestimmt. Die Rechtswissenschaft schenkte dem Thema der Pflicht zur politischen Treue nur geringe Aufmerksamkeit und blieb auf die Entschließungen der Regierung und des Oberverwaltungsgerichts ohne Einfluß. Das Parlament war durch die Schwäche seiner verfassungsrechtlichen Stellung von der Mitwirkung an der Inhaltsbestimmung der beamtenrechtlichen Pflicht zur politischen Treue ausgeschlossen.

Die Tatsache, daß der Inhalt der Pflicht zur politischen Treue mangels einer gesetzlichen Regelung durch leicht revidierbare Verwaltungsvorschriften und Rechtsprechungsgrundsätze bestimmt wurde, hatte zur Folge, daß die politische Treuepflicht der Beamten in der konstitutionellen Epoche in Preußen keinen gleichbleibenden Gehalt hatte, sondern häufig Veränderungen unterworfen war. Im ganzen gesehen — auf die bereits ausführlich abgehandelten Einzelheiten soll an dieser Stelle nicht erneut eingegangen werden — wurde dabei ein Weg durchlaufen, der ausgehend von einer anfänglich äußerst strengen Auffassung der Pflicht zur politischen Treue im Laufe der Zeit zu einer beträchtlichen Liberalisierung führte. Zu beobachten ist, daß diese allerdings nicht immer geradlinig verlaufende Entwicklung einherging mit den Veränderungen der gesellschaftlichen und staatlichen Struktur, die der Übergang ins industrielle Massenzeitalter mit sich brachte. Je mehr der Staat für Regierte und Regierende an Intimität und Überschaubarkeit verlor und je mehr der Monarch auf Grund des wachsenden Umfangs und der zunehmenden Kompliziertheit der Führungsaufgaben an Einfluß auf die Politik des Staatsministeriums verlor und in eine repräsentative Rolle überwechselte, desto weniger konkret wurde die Treuebindung des Beamten empfunden. Bezeichnend für die Bedeutung, die in diesem Zusammenhang gerade dem politischen Gewicht des Monarchen zukam, ist es, daß die beamtenrechtliche Pflicht zur politischen Treue am großzügigsten gegen Ende des Ersten Weltkriegs aufgefaßt wurde, zu einer Zeit also, als der politische Einfluß des Monarchen am schwächsten war.

Ungeachtet der erwähnten Liberalisierungstendenz ist auf Grund der vorliegenden Untersuchung für die Ära der konstitutionellen Monarchie in Preußen festzustellen, daß insgesamt betrachtet die Beamtenschaft einer strengen politischen Disziplin unterworfen war. Dabei ist hervorzuheben, daß die Beamten in der konstitutionellen Zeit vor allem insofern unter Druck standen, als es im Beamtenverhältnis nur einen unzureichend ausgebauten Rechtsschutz gab. Für die unmittelbaren Staatsbeamten bestand keine unabhängige Disziplinargerichtsbarkeit, und alle Beamten waren völlig schutzlos gegenüber etwaigen dienstlichen Benachteiligungen nicht disziplinarrechtlicher Art, da diese nach damaliger Rechtslage keiner gerichtlichen Nachprüfung zugänglich waren.

Die im ganzen gesehen strenge Handhabung der politischen Disziplin hatte zur Folge, daß von seiten der Beamtenschaft nur in relativ geringem Umfang Kritik an der jeweiligen Regierungspolitik und den bestehenden politischen und staatlichen Verhältnissen laut wurde. Dies hatte den Vorteil, daß der Staatsapparat ein Bild der Geschlossenheit und Festigkeit bot, das dem Bürger das Gefühl der Sicherheit und Geborgenheit vermittelte. Andererseits war es gerade für Preußen angesichts der Unvollkommenheit und Verbesserungsbedürftigkeit seiner Staatsverfassung ein schwerwiegender Nachteil, daß die Beamtenschaft mit dem ihr innewohnenden bedeutenden geistigen Potential davon abgehalten wurde, die gegebene politische und staatliche Situation kritisch zu überdenken und zur Fortentwicklung und Vervollkommnung des Staatswesens kritische Aktivitäten zu entfalten.

Dokumentarischer Anhang

Inhaltsverzeichnis zum Dokumentarischen Anhang

I.

Aktenstücke zum Verfahren gegen vier auf dem Vereinigten Landtag 1847 in Opposition zum König getretene Landräte

a) **Kabinettsorder Friedrich Wilhelms IV. an das Staatsministerium vom 24. Juli 1847**
(Akten des Staatsministeriums, GStA, Rep. 90, Nr. 2322, Bl. 6; Ausfertigung):

Da diejenigen Landräthe, welche sich als Mitglieder des ersten Vereinigten Landtages der bekannten Protest=Erklärung angeschlossen oder ihre Theil=nahme an den Ausschuß= und Deputations=Wahlen verweigert haben, dadurch bekunden, daß sie die innere ständische Gesetzgebung nicht in ihrem ganzen Umfange als rechtsbeständig und verpflichtend anerkennen, ein Beharren in dieser Gesinnung aber sie unfähig machen würde, ihr Amt, namentlich die damit verbundene Einwirkung auf die ständischen Verhältnisse, auszuüben, so beauftrage Ich das Staats=Ministerium, die bezeichneten Beamten dieser=halb vernehmen zu lassen, und, je nach dem Ergebniß, ihre Dienstentlassung einzuleiten. Ueber den Erfolg will Ich demnächst Anzeige erwarten.

Sans-souci, den 24.sten Juli 1847.

Friedrich Wilhelm.

An das Staats=Ministerium.

b) **Bericht des Staatsministeriums an Friedrich Wilhelm IV. vom 10. Dezember 1847**
(Akten des Staatsministeriums, GStA, Rep. 90, Nr. 2322, Bl. 21 f.; abschließend gezeichneter Entwurf):

Berlin den 10ten Dez[em]ber 1847.

An des Königs Majestät.

Ew pp Allerhöchstem Befehle vom 24. Juli d. J. zufolge haben wir die Land=räthe von Platen, von Bardeleben, Freiherr von Vincke und Freiherr von Bockum=Dolffs, welche als Mitglieder des ersten Vereinigten Landtages ent=weder der bekannten Protest=Erklärung der 138 Abgeordneten sich ange=schlossen oder ihre Theilnahme an den Ausschuß= und Deputationswahlen verweigert haben, zu einer bestimmten protokollarischen Erklärung darüber auffordern lassen, ob sie die ständischen Gesetze vom 3. Februar d. J. in allen ihren Bestimmungen als rechtsverbindlich anerkennen und ob sie dieselben in ihrem amtlichen Beruf, soweit dieser dazu Veranlassung giebt, jederzeit unbedingt zur Ausführung zu bringen, bereit sein werden. Die hierauf von den genannten vier Landräthen abgegebenen Erklärungen sind in den aller=unterthänigst beigefügten Protokollen enthalten. Nach Ausweis derselben hat der Landrath von Platen beide ihm gestellte Fragen bejaht, jeder der übrigen drei Landräthe aber die erste Frage verneint und nur die zweite bejaht. Der Landrat Freiherr von Vincke bemerkt dabei, daß, wenn er durch eine Collision seines Gewissens mit einem Gesetze in der Ausübung seines Amtes sich be=engt und in seinem Gewissen bedrängt fühlen möchte, er zeitig seine Ent=lassung aus dem Staatsdienste nachsuchen würde. Ähnliche Erklärungen haben die Landräthe von Bardeleben und Freiherr von Bockum=Dolffs ab=gegeben.

Nach dem Resultate dieser Vernehmungen erscheint es zunächst zweifellos, daß hinsichtlich des Landraths von Platen, da er die beiden gestellten Fragen unbedingt bejaht hat, zu einem disciplinarischen Verfahren keine Veranlas=sung vorhanden ist.

Die Erklärung der drei übrigen Landräthe ist zwar nicht ganz so befrie=digend ausgefallen, indem dieselben bei ihrer auf dem Vereinigten Landtage kundgegebenen Ansicht, daß die Gesetze vom 3. Februar d. J. nicht in allen ihren Bestimmungen als rechtsverbindlich anzuerkennen seien, auch jetzt stehen geblieben sind. Da aber die *Ansicht* eines Beamten *an und für sich**, wenn sie auch noch so verwerflich ist, nach den bestehenden Gesetzen nicht dazu geeignet erscheint, ein disciplinarisches Einschreiten oder gar die Dienst=entsetzung des Beamten zu rechtfertigen und da die genannten 3 Landräthe sich bereit erklärt haben, jener Ansicht ungeachtet, die Gesetze vom 3. Fe=bruar d. J. in ihrem amtlichen Berufe, soweit dieser dazu Veranlassung gebe, und solange sie ihr Amt bekleiden würden, unbedingt zur Ausführung zu bringen, so ist, nach unserer pflichtmäßigen Überzeugung, auch gegen sie von disciplinarischen Maaßregeln kein Erfolg zu erwarten, indem ihr Benehmen und ihre Erklärungen auf dem Vereinigten Landtage, wo sie lediglich in ihrer ständischen Eigenschaft aufgetreten sind, nicht Gegenstand der Dienstdisciplin sein können. Ew pp bitten wir deshalb allerunterthänigst, huldreichst geneh=migen zu wollen, daß von weiterem disciplinarischen Einschreiten gegen die genannten Landräthe Abstand genommen werde.

Das Staats Ministerium

Mühler Rother Eichhorn Thile v. Savigny Bodelschwingh
G[raf] z[u] Stolberg Uhden Canitz Düesberg Rohr

c) **Kabinettsorder Friedrich Wilhelms IV.
an das Staatsministerium
vom 4. Januar 1848**

(Akten des Staatsministeriums, GStA,
Rep. 90, Nr. 2322, Bl. 28; Ausfertigung):

Auf den Bericht des Staats=Ministeriums vom 10. v. M. dessen Anlagen hier=bei zurückerfolgen, bin Ich zunächst ganz damit einverstanden, daß die Er=klärung des Landraths von Platen, wonach derselbe die ständischen Gesetze vom 3. Februar v. J. als rechtsverbindlich anerkannt und seine unbedingte Be=reitwilligkeit zu deren amtlicher Ausführung ausgesprochen hat, für völlig befriedigend zu erachten und in Beziehung auf den p von Platen daher nichts

---

*) Hervorhebungen entsprechend Originaltext, was auch im Folgenden gilt.

weiter zu veranlassen ist. — Auch pflichte Ich in Ansehung der Landräthe Freiherr von Vincke und von Bockum-Dolffs dem Staats-Ministerium darin bei, daß zu einem disciplinarischen Einschreiten gegen dieselben kein Grund vorliegt, da beide, wenngleich sie die Rechtsbeständigkeit jener Gesetze theilweise in Zweifel ziehen, sich doch bereit erklärt haben, solche in ihrem amtlichen Beruf jederzeit unbedingt zur Ausführung zu bringen. — Indem Ich Sie, den Minister des Innern, beauftrage, beiden Beamten hiernach die weitere geeignete Eröffnung zu machen, ermächtige Ich Sie, dem Freiherrn von Vincke dabei zu erkennen zu geben, wie Mir bei seinen sonstigen guten Eigenschaften und bei Meinem besonderen Wohlwollen für seinen verstorbenen Vater eine Umkehr von seinen irrigen Ansichten doppelt erfreulich sein würde. — In der sehr unbestimmten Erklärung des Landraths von Bardeleben kann Ich am Wenigsten die erforderliche Bürgschaft für eine gesicherte Ausführung der ständischen Gesetzgebung, soweit solche in seinem Berufe liegt, erkennen. — Ich will demselben jedoch dadurch, daß Ich es bei dieser Erklärung für jetzt bewenden lasse, die Gelegenheit geben, Meine durch sein ganzes Verhalten in der ständischen Angelegenheit wankend gewordene Achtung und Mein völlig* verlorenes Vertrauen wieder zu gewinnen, wonach Sie, der Staats-Minister von Bodelschwingh, den p v: Bardeleben zu bedeuten haben. —

Berlin, den 4.ten Januar 1848.

Friedrich Wilhelm

An das Staats-Ministerium.

*) „völlig“ im Original übergeschrieben.

II.

Anläßlich der bevorstehenden Wahlen ergangener Zirkularerlaß des Innenministers von Westphalen an sämtliche Landräte vom 7. Oktober 1852

(Akten des Staatsministeriums, GStA, Rep. 90, Nr. 111; Exemplar):

Ew. Hochwohlgeboren sind von mir mittelst Verfügung vom 30ten v. M. angewiesen worden, sofort die nöthigen Vorbereitungen zu treffen, um am 25ten dieses Monats die Wahlen der Wahlmänner und am 3ten November die der Abgeordneten zur 2ten Kammer zu bewirken.

Ew. Hochwohlgeboren werden nicht verkennen, daß mit diesen hiernach Ew. Hochwohlgeboren aufgetragenen Arbeiten Ihre Wirksamkeit in Beziehung auf diese wichtigen Acte nicht geschlossen, es vielmehr Ihre Pflicht ist, auch hier als Berather und Leiter Ihres Kreises aufzutreten.

Ich nehme keinen Anstand, mich offen darüber auszusprechen, in welcher Weise ich von Ihnen die Erfüllung dieser wichtigen Pflicht erwarte.

Von jedem tüchtigen, die wahren Interessen des Kreises fördernden Landrathe bin ich berechtigt, vorauszusetzen, daß seine Stimme bei allen wichtigen Angelegenheiten der öffentlichen Verwaltung gern und mit Erfolg im Kreise vernommen werde, von jedem pflichtgetreuen Beamten fordere ich aber auch, daß er diesen seinen Einfluß verwende, um die Bestrebungen der Staatsregierung zu unterstützen.

Es wird kaum der Bemerkung bedürfen, wie ich zunächst und vor allen Dingen zu erwarten berechtigt bin, daß Ew. Hochwohlgeboren in dem Ihrer Verwaltung anvertrauten Kreise von der Förderung oppositioneller Wahlen *entschieden* fern bleiben werden. Ich verlange aber ferner, daß Ew. Hochwohlgeboren, nachdem Sie als Organ der Staatsregierung zu fungiren bisher keinen Anstand genommen haben, auch jetzt die Pflicht erkennen, nicht allein von oppositionellen Wahlen abzumahnen, sondern auch auf die Erreichung von Wahlen hinzuwirken, welche den Intentionen der Staatsregierung zu entsprechen geeignet sind.

Ich werde hiernach die der Staatsregierung gewordene Unterstützung ebenso anzuerkennen bereit sein, als ich anderer Seits bei verfehlten Wahlen, der Prüfung mich unterziehen werde, in wiefern ein regerer Eifer ein anderes Resultat herbeigeführt haben würde.

Welche Wege Ew. Hochwohlgeboren zu dem bezeichneten Zwecke einschlagen zu müssen glauben, überlasse ich zwar Ihrem eigenen Ermessen, ich bemerke indessen, daß ich unlautere Mittel, daß ich sogenannte Wahlumtriebe entschieden mißbillige, daß ich dagegen eine Besprechung mit einflußreichen Persönlichkeiten des Wahlbezirks, eine Verständigung über die aufzustellenden Candidaten, so wie endlich eine Communication mit den betreffenden Herren Regierungs=Präsidenten für angemessen erachte. Ganz besonders erwarte ich, daß Ew. Hochwohlgeboren auf eine Consolidirung und eine Theilnahme der conservativen Partei hinwirken werden.

Das Staatsministerium verfolgt eine conservative Politik.

Es muß hiernach erwartet werden, daß die conservativen Urwähler und Wahlmänner in ihrer Gesammtheit sich vereinigen, um in sich geschlossen, jedem Oppositionscandidaten entgegen zu treten. Eine hauptsächliche Aufgabe Ew. Hochwohlgeboren wird es mithin sein, innerhalb der conservativen Partei eine allseitige Betheiligung an den Wahlen herbeizuführen, demnächst aber jede Spaltung der Conservativen fern zu halten. Zur Belebung des Interesses innerhalb der conservativen Partei an den Wahlen, wird es sich empfehlen, wenn Sie darauf hinweisen, wie das Ministerium zwar einer gänzlichen Beseitigung der Verfassung entschieden fern steht, dagegen aber erhebliche Modificationen derselben im conservativen Sinne zum Heile des Vaterlandes für erforderlich erachtet, und gerade hierauf zielende Anträge den nächsten Kammern vorzulegen beabsichtigt. Auch bei diesem Streben rechnet die Staatsregierung auf die kräftige Unterstützung der conservativen Partei im ganzen Lande, und hierdurch auch innerhalb der Kammern. Diejenigen Herren Landräthe, welche zu den Functionen eines Wahlcommissarius berufen sind, werden nach diesen Andeutungen sich auch bei diesem Geschäfte zu richten haben.

Schließlich bemerke ich noch, daß ich zwar keine Veranlassung habe, aus dem vorliegenden Erlasse irgend ein Geheimniß zu machen, daß ich es aber für ungeeignet erachte, wenn die Beamten selbst die Gelegenheit geben, amtliche Schriften der Critik der Presse zu unterwerfen. Ich untersage daher hiermit die öffentliche Verbreitung dieses an sämmtliche Herren Landräthe der Monarchie gerichteten Rescripts ausdrücklich und werde hiernach alle die Zeitschriften, in denen gleichwohl in Beziehung auf diesen Erlaß Andeutungen sich vorfinden sollten, anhalten, den Namen des Verbreiters zu nennen, um mich hierdurch in die Lage zu versetzen, gegen diesen einschreiten zu können.

Die Herren Wahlcommissare haben dem Herrn Minister=Präsidenten, so wie mir selbst sofort nach bewirkter Wahl der Abgeordneten das Resultat unter Angabe des Stimmenverhältnisses und der politischen Richtung der Erwählten direct anzuzeigen.

Berlin, den 7ten October 1852.

Der Minister des Innern
v. Westphalen

An sämmtliche Königliche Herren Landräthe.

Circular

III.

Aktenstücke zum Vorgehen gegen die im Zusammenhang mit der Revolution von 1848 auffällig gewordenen Beamten

a) **Allerhöchster Erlaß Friedrich Wilhelms IV. an das Staatsministerium vom 27. April 1853**

(Akten des Staatsministeriums, GStA, Rep. 90, Nr. 2322, Bl. 79; Ausfertigung):

Ich sehe Mich veranlaßt, dem Staats=Ministerium in Erinnerung zu bringen, was Ich demselben in seiner Gesammtheit wie den einzelnen Ministern schriftlich und mündlich eröffnet habe, daß gegen die Beamten, Geistlichen und Lehrer, welche in den Jahren der Prüfung ihre Pflicht verletzt haben, nicht eine unzeitige und dem Ganzen verderbliche Nachsicht geübt werden darf. Ich will daher ausdrücklich bestimmen, daß solche Beamte, Geistliche und Lehrer, welche in den Jahren 1848 und 1849 sich in irgend einer Weise politisch oder kirchlich vergangen haben, ohne Meine specielle ausdrückliche Genehmigung nicht befördert oder in ihrem Gehalte verbessert werden dürfen, und daß, wenn sie bereits wegen solcher Vergehen in Untersuchung gerathen, vom Amte suspendirt oder entsetzt worden sind, sie ohne eine solche Genehmigung nicht wieder zu irgend einer Art von Amtsthätigkeit zugelassen werden sollen.

Charlottenburg, den 27sten April 1853.

Friedrich Wilhelm

An das Staats=Ministerium.

b) **Protokoll der am 1. September 1853 abgehaltenen Sitzung des Staatsministeriums**

(Akten des Staatsministeriums, GStA, Rep. 90, Nr. 2322, Bl. 81; Abschrift):

Anwesend:

Minister=Präsident, Frhrr. von Manteuffel,
Staats=Minister Simons,
Staats=Minister von Raumer,
Staats=Minister von Westphalen,
Staats=Minister von Bodelschwingh.

Verhandelt Berlin den 1. September 1853.

In der heutigen Sitzung des Königlichen Staats=Ministeriums wurde der an dasselbe ergangene Allerhöchste Erlaß d. d. Charlottenburg den 27. April 1853, in Betreff der Beamten, Geistlichen und Lehrer, welche in den Jahren 1848 und 1849 sich politisch oder kirchlich vergangen haben, in Berathung gezogen.

Der Inhalt dieses Allerhöchsten Erlasses läßt es nicht zweifelhaft erscheinen, daß hiernach

1, Beamte, Geistliche und Lehrer, welche wegen ihres politischen oder kirchlichen Verhaltens in den Jahren 1848 und 1849 ihres Amtes entsetzt oder im Disciplinarwege aus dem Dienste entlassen worden sind, ohne Allerhöchste Genehmigung zu irgend einer Art von Amtsthätigkeit nicht wieder zugelassen werden dürfen,

und

2, daß ebenso die Allerhöchste Genehmigung vorbehalten ist für die Beförderung oder Gehaltsverbesserung hinsichtlich solcher Beamten, Geistlichen und Lehrer, welche aus demselben Grunde eine disciplinarische Strafe erfahren haben, jedoch im Amte verblieben sind.

Der Allerhöchste Erlaß bezieht sich indessen unbeschränkt auf alle Beamte, Geistliche und Lehrer, die sich in den Jahren 1848 und 1849 politisch oder kirchlich vergangen haben, daher auch auf solche, welche noch im Amt befindlich, und deren Vergehen durch ein besonderes Untersuchungsverfahren nicht festgestellt worden sind. Bei der letzteren Kategorie wird, wenn es sich um eine Beförderung oder Gehaltsverbesserung handelt, der Departements Chef in jedem einzelnen Falle zu prüfen und zu erwägen haben, ob nach den vorliegenden Thatsachen dem Beamten, Geistlichen oder Lehrer ein tadelnswerthes Verhalten der bezeichneten Art in den genannten Jahren zum Vorwurf gemacht werden kann, und wenn diese Frage bejaht werden muß, die Allerhöchste Genehmigung einzuholen haben.

Da jedoch die Ernennungen, Berufungen, Beförderungen und Gehaltsbewilligungen in Betreff vieler Beamten, Geistlichen und Lehrer nicht den Ministerien, sondern den Provinzialbehörden zustehen, so erscheint es nothwendig, um den Allerhöchsten Erlaß vom 27. April d. J. zur Ausführung zu bringen, daß die Provinzialbehörden angewiesen werden, sich in den bezüglichen Fällen der selbstständigen Verfügung zu enthalten, und die Entscheidung des Departements Chefs nachzusuchen.

Die einzelnen Minister werden demnach, jeder in seinem Ressort, die Chefs der Provinzialbehörden mit Anweisung versehen, und ist zu diesem Zwecke einem Jeden Abschrift dieses Protokolls mitzutheilen.

a. u. s.

(gez.:) v. Manteuffel. Simons. v. Raumer.
v. Westphalen. v. Bodelschwingh.

gesehen von der Heydt
gesehen von Bonin.

c) **Allerhöchster Erlaß Friedrich Wilhelms IV. an den Justizminister vom 14. März 1855**

(Akten des Justizministeriums, GStA, Rep. 84 a, Nr. 3140, Bl. 266; Ausfertigung):

Auf Ihren Bericht vom 11. d. Mts. will Ich Sie mit Bezug auf Meinen Erlaß vom 27. April 1853 ermächtigen, solchen Justiz-Beamten, welche sich in den Jahren 1848 und 1849 kirchlich oder politisch vergangen haben, die nach ihrem Dienstalter zulässigen etatsmäßigen Zulagen zu bewilligen, wenn sie

1, nach dem Urtheile ihrer Vorgesetzten sich seitdem völlig untadelhaft geführt und zu keinen Ausstellungen Veranlassung gegeben und
2, die Versicherung abgegeben haben, daß sie sich in Zukunft von allen regierungsfeindlichen Bestrebungen fern halten, denselben vielmehr entgegentreten und in der Treue gegen Mich nicht wanken wollen.

Indem Ich somit ihnen für ihre Verirrungen Vergebung angedeihen lasse und dieselben der Vergessenheit übergebe, hoffe Ich, daß sie durch diesen Gnadenact sich in ihrem Gewissen um so mehr gebunden fühlen werden, Mir in Zukunft jederzeit die schuldige Treue zu wahren.

Potsdam, den 14. März 1855

F[riedrich] W[ilhelm]

An den Justiz=Minister.

d) **Bericht des Staatsministeriums an den Prinzregenten Wilhelm vom 19. Oktober 1859**

(Akten des Staatsministeriums, GStA, Rep. 90, Nr. 2322, Bl. 98 f.; abschließend gezeichneter Entwurf):

Berlin, den 19ten Oktober 1859.

An
des Regenten, Prinzen von Preußen, Königliche Hoheit.

Seine Majestät der König haben in einer an das Staats=Ministerium erlassenen Allerhöchsten Ordre vom 27. April 1853. zu bestimmen geruht, daß solche Beamte, Geistliche und Lehrer, welche in den Jahren 1848 und 1849. sich in irgend einer Weise politisch oder kirchlich vergangen haben, ohne Allerhöchste spezielle und ausdrückliche Genehmigung nicht befördert oder in ihrem Gehalte verbessert werden dürfen und daß, wenn sie bereits wegen solcher Vergehen in Untersuchung gerathen, vom Amte suspendirt oder entsetzt worden, sie ohne eine solche Genehmigung nicht wieder zu irgend einer Art von Amtsthätigkeit zugelassen werden sollen.

Mit Rücksicht auf die allgemeine Fassung dieser Allerhöchsten Ordre wurde durch einen Beschluß des Staats=Ministeriums festgestellt, daß dieselbe unbeschränkt auf alle Beamte, Geistliche und Lehrer zu beziehen sei, welche sich in den Jahren 1848. und 1849. in der bezeichneten Weise vergangen hätten, daher auch auf solche, die noch im Amte befindlich und deren Vergehen nicht in einem besonderen Untersuchungs=Verfahren ermittelt worden waren. Bei der letzteren Kategorie sollte, wenn es sich um eine Beförderung oder Gehalts=Verbesserung handelte, der Departements=Chef in jedem einzelnen Falle zu prüfen und zu erwägen haben, ob nach den vorliegenden Thatsachen der Vorwurf eines in den genannten Jahren beobachteten tadelnswerthen politischen oder kirchlichen Verhaltens begründet sei, in welchem Falle die Allerhöchste Genehmigung eingeholt werden sollte.

Die in der vorgedachten Ordre enthaltene Vorschrift ist in mehrfacher Beziehung als eine durch die damaligen Zeitverhältnisse bedingte Ausnahme von den bestehenden allgemeinen Bestimmungen zu betrachten. Nach den letzteren tritt, abgesehen von den Fällen, in denen es sich um die im Gnaden=

wege herbeizuführende Beseitigung der Folgen eines richterlichen Erkenntnisses handelt, eine unmittelbare Allerhöchste Entschließung nur bei solchen Beförderungen und Auszeichnungen ein, welche mit dem Raths= oder einem noch höheren Charakter verbunden sind, wogegen in allen andern Fällen der Ernennung oder Beförderung, sowie bei Bewilligungen von Gehaltszulagen die Bestimmung lediglich dem Ermessen der geordneten Verwaltungs=Instanzen anheimgegeben ist, denen auch die wegen Wiederzulassung suspendirt gewesener Beamten zu ihrer Amtsthätigkeit nach beendigter Suspension zu treffenden Anordnungen überlassen bleiben.

Eurer Königlichen Hoheit glauben wir ehrerbietigst anheim geben zu dürfen, diesen in der hergebrachten Dienstverfassung beruhenden Zustand wieder zur Regel werden zu lassen.

Das Motiv, durch welches Seine Majestät der König bei Erlaß jener Allerhöchsten Ordre geleitet worden, ist im Eingange derselben dahin angegeben:

> daß gegen die Beamten, Geistlichen und Lehrer, welche in den Jahren der Prüfung ihre Pflicht verletzt haben, nicht eine unzeitige, dem Ganzen verderbliche Nachsicht geübt werden dürfe.

Nachdem indessen jetzt *zehn* Jahre seit jener Zeit verflossen sind, nachdem diejenigen, welche damals sich vergangen haben, durch längere Entbehrung derjenigen Vortheile, die ihren in gleichem Alter stehenden Amtsgenossen zu Theil geworden, eine oft sehr empfindliche Buße erlitten haben, dürfte die Veranlassung, welche im Jahre 1853. eine strengere Behandlung gebieten mochte, nunmehr weggefallen sein und der Geist der Vergebung und der Milde, welcher den hochherzigen Sinn Eurer Königlichen Hoheit überall bezeichnet, wo das Wohl des Ganzen es gestattet, auch hier seine Stelle wieder finden können. Von einer gleichen Auffassung geleitet, haben Seine Majestät der König Allerhöchst Selbst bereits in Betreff der Justizbeamten den Erlaß vom 27. April 1853. durch die an den ehrfurchtsvoll unterzeichneten Justiz Minister gerichtete Ordre vom 14. März 1855. theilweise außer Kraft gesetzt.

Möge es uns gestattet sein, jetzt einen Schritt weiter zu gehen, indem wir an Eure Königliche Hoheit die unterthänige Bitte richten:

> durch Allerhöchste Vollziehung der im Entwurf beigefügten Ordre huldreichst genehmigen zu wollen, daß die Bestimmungen der Ordre vom 27. April 1853. fortan außer Anwendung gelassen werden.

Berlin, den 19 Oktober 1859.

Das Staats=Ministerium.

*

An das Staats=Ministerium.

Auf den Antrag des Staats=Ministeriums in dem Berichte vom 19 Oktober d. J. genehmige Ich, daß die Bestimmungen der Allerhöchsten Ordre vom 27. April 1853. in Betreff der Behandlung derjenigen Beamten, Geistlichen und Lehrer, welche sich in den Jahren 1848 und 1849. politisch oder kirchlich vergangen haben, fortan außer Anwendung gelassen werden.

den ten

Im Namen Seiner Majestät des Königs:
(ad contrasignandum.)

v. Auerswald von der Heydt Simons Schleinitz von Bonin
v. Patow. Pückler v. Bethmann=Hollweg G[raf] v. Schwerin

e) **Allerhöchster Erlaß des Prinzregenten Wilhelm an das Staatsministerium vom 14. November 1859**

(Akten des Staatsministeriums, GStA, Rep. 90, Nr. 2322, Bl. 101; Ausfertigung):

Auf den Antrag des Staatsministeriums in dem Berichte vom 19. v. M. genehmige Ich, daß die Bestimmungen der Allerhöchsten Ordre vom 27. April 1853 in Betreff der Behandlung derjenigen Beamten, Geistlichen und Lehrer, welche sich in den Jahren 1848 und 1849 politisch oder kirchlich vergangen haben, allgemein so weit außer Anwendung gelassen werden, als solches bereits hinsichts der Justizbeamten durch die Cabinets-Ordre vom 14. März 1855 und durch Meinen heutigen Erlaß an den Justizminister, von welchem Abschrift beiliegt, geschehen ist. Zu einer weiteren Aenderung finde Ich Mich zur Zeit nicht veranlaßt.

Berlin, den 14. November 1859.

Im Namen Sr. Majestät des Königs:

Wilhelm Pr[inz von] P[reußen] R[egent]

An das Staats-Ministerium.

f) **Allerhöchster Erlaß des Prinzregenten Wilhelm an den Justizminister vom 14. November 1859**

(Akten des Justizministeriums, GStA, Rep. 84 a, Nr. 3141, Bl. 20; Ausfertigung):

Auf Ihren Antrag in dem Berichte vom 19. Oktober d. J. will Ich genehmigen, daß bei Bewilligung von Gehaltszulagen an Justizbeamte, welche sich in den Jahren 1848 und 1849 politisch oder kirchlich vergangen haben, fortan von einer ausdrücklichen Versicherung, wie sie in der Allerhöchsten Order vom 14. März 1855 erfordert worden, abgesehen und die Bewilligung nur von einer untadelhaften dienstlichen und außerdienstlichen Führung abhängig gemacht werde.

Berlin, den 14.ten November 1859.

Im Namen Seiner Majestät des Königs:

Wilhelm Pr[inz von] P[reußen] R[egent]

An den Justiz-Minister.

g) **Beschluß des Staatsministeriums vom 31. Dezember 1859**

(Akten des Staatsministeriums, GStA, Rep. 90, Nr. 2322, Bl. 105; Urschrift):

Beschluß

In dem durch den Staats-Ministerial-Beschluß vom 1. September 1853 auf Grund der Allerhöchsten Ordre vom 27. April 1853 angeordneten Verfahren bei Beförderungen und Gehalts-Verbesserungen von Beamten, welche sich in den Jahren 1848 und 1849 kirchlich oder politisch vergangen haben, ist eine Aenderung durch den Allerhöchsten Erlaß vom 14. v. M. in soweit genehmigt worden, daß in denjenigen Fällen, wo solchen Beamten lediglich die nach ihrem Dienstalter zulässigen etatsmäßigen Zulagen zu bewilligen sein würden, fortan

1. eine Immediat-Berichterstattung nicht mehr stattzufinden und
2. das Zugeständniß derartiger Gehaltsverbesserungen allein davon abzuhängen hat, ob die betreffenden Beamten nach dem Urtheile ihrer Vorgesetzten sich seit jenen Jahren dienstlich, wie außerdienstlich, untadelhaft geführt und zu keinen Ausstellungen Veranlassung gegeben haben.

Das Staats-Ministerium beschließt demgemäß, daß von jetzt an alle diejenigen, nach dem Dienstalter zulässigen etatsmäßigen Zulagen, deren Bewilligung zu den ressortmäßigen Attributionen der Provinzial-Behörden gehört, nunmehr auch wiederum von diesen Behörden ohne vorgängige Bericht-Erstattung selbstständig zu verfügen sind.

Die einzelnen Departements-Chefs werden hiernach, jeder in seinem Ressort die betreffenden Provinzial-Behörden mit der erforderlichen Anweisung versehen. Zu dem Ende ist jedem Departements-Chef Abschrift des gegenwärtigen Beschlusses mitzutheilen.

Berlin, den 31. Dezember 1859.

Königl Staats-Ministerium.

F[ürst] zu Hohenzollern v. Auerswald
von der Heydt Simons Schleinitz von Patow. Pückler
von Bethmann-Hollweg G[raf] v. Schwerin v. Roon

IV.

Zirkularerlaß des Innenministers
Friedrich Albrecht Graf zu Eulenburg
an sämtliche Regierungspräsidenten
das Verhalten der Beamten bei den Wahlen zum
Abgeordnetenhaus betreffend
vom 24. September 1863

(MBliV 1863, S. 190 f.):

Die bevorstehenden Wahlen bieten mir Veranlassung, Ew. etc. Kenntniß von einer Allerhöchsten Ordre zu geben, welche am 7. April d. J. an das Königliche Staats-Ministerium ergangen ist. Seine Majestät sprechen darin aus:

> daß Allerhöchstdieselben Sich der Wahrnehmung nicht hätten verschließen können, daß viele mittelbare und unmittelbare Staatsbeamte sich der Opposition gegen Seiner Majestät Regierung angeschlossen, und statt letztere thatkräftig zu unterstützen, ihr sogar Schwierigkeiten bereitet hätten.
>
> Das Wohl des Vaterlandes fordere gebieterisch, daß solchen, mit der Aufgabe Königlicher Beamter unverträglichen Bestrebungen mit allen Mitteln, welche die Lage der Gesetzgebung zulasse, entgegengetreten und die nothwendige Einheit aller Regierungs-Organe mit vollem Nachdruck angestrebt werde.

Das Königliche Staats-Ministerium hat sich sagen müssen, daß die Wahrnehmungen Seiner Majestät leider nur zu begründet sind; dieselben werden auch durch die Erfahrungen, welche Ew. etc. gemacht haben, vielfach bestätigt worden sein. Aber es genügt nicht das Uebel zu konstatiren, es muß demselben gründlich und nachhaltig entgegengetreten werden.

Hat sich bei einem Theile der Beamten eine laxe Auffassung der Pflichten gegen ihren Königlichen Herrn eingeschlichen, so ist es hohe Zeit, sie in eindringlichster Weise zur Erkenntniß der Bedeutung ihres Diensteides zurückzuführen, und gehen andere Beamte in der Verkennung ihrer Obliegenheiten selbst so weit, sich den Bestrebungen der, den Königlichen Willen repräsentirenden Staats-Regierung offen entgegen zu stellen, so ist, um ihren Widerstand zu brechen, die Anwendung jedes Mittels geboten, welches die Gesetze gegen Beamte an die Hand geben, die sich durch ihr Verhalten der Achtung, des Ansehens oder des Vertrauens unwürdig zeigen, welche ihr Beruf erfordert.

Ew. etc. haben, als oberster Verwaltungsbeamter des Ihnen anvertrauten Bezirks, Gelegenheit und Veranlassung, das Treiben der in demselben wirkenden Verwaltungsbeamten kennen zu lernen und zu überwachen. Ihre Verantwortlichkeit für deren untadelhafte Dienstführung steigert sich in demselben Maaße, als Sie den Verhältnissen näher stehen, wie ich. Aus diesem Grunde muß ich mich darauf verlassen können, eines Theils, daß Ew. etc.

Beobachtung nichts entgeht, was in der angedeuteten Richtung Bemerkenswerthes vorgeht, andern Theils, daß Sie und die Königliche Regierung unmittelbar und energisch einschreiten, wo solches zu Ihrer Kompetenz gehört, oder mir ohne Verzug in den Fällen Anzeige erstatten, wo Sie glauben, daß die Remedur nur von hier ausgehen kann.

Ein besonderes Augenmerk ist denjenigen Beamten zuzuwenden, deren Haltung auf die ihnen untergebenen Beamtenkreise oder auf das mit ihnen in Berührung kommende Publikum naturgemäß von weit tragendem Einfluß sein muß. Sie wissen selbst, Herr Präsident, von welcher politischen Bedeutung Ihre eigene Stellung ist. Die ersprießliche Wirksamkeit eines Regierungs-Kollegiums ist nicht denkbar, wenn dessen Präsident, einer politischen Meinung huldigend, welche von der der Staats-Regierung abweicht, den Maaßregeln der letzteren aktiv oder passiv widersteht, statt es sich angelegen sein zu lassen, denselben eine kräftige Ausführung zu sichern, und, aus eigenem Antriebe, nach allen Seiten hin, und wo sich Gelegenheit dazu bietet, im Sinne der Regierung zu wirken. In ähnlicher Weise verhält es sich mit den Landräthen. Die Staats-Regierung darf es nicht geschehen lassen, daß ein Landrath seinen Einfluß gegen dieselbe geltend macht, und durch seine Haltung die Kreiseingesessenen in ihrer Auffassung von dem, was der König und die Staats-Regierung wollen, beirrt. Aber auch ein Kreis-Sekretair ist nicht zu dulden, der seine Pflicht als Königlicher Beamter vergessend, im täglichen Umgange mit der Bevölkerung regierungsfeindliche Gesinnungen an den Tag legt und zu verbreiten sucht.

Es sind das nur Beispiele, die ich anführe. Ew. etc. überlasse ich, selbst zu ermessen, von welcher ungemeinen Wichtigkeit es ist, in den Beamtenkreisen das Bewußtsein von der Tragweite der mit dem Königlichen Dienste übernommenen Verpflichtungen wieder herzustellen, ohne Verzug aber dahin zu wirken, daß an der Zuverlässigkeit der Beamten gewisser, in dieser Beziehung besonders wichtiger Kategorien irgend ein Zweifel bei der Staats-Regierung nicht aufkommen kann. Ein solcher Zweifel würde jedoch entstehen, wenn dieselben in Fällen, wo die K. Staats-Regierung auf die volle Hingebung und Mitwirkung ihrer Organe zählt und zählen muß, in Passivität verharren und dadurch den Gegnern der Regierung zum Siege verhelfen wollten.

Wer als Beamter geschworen hat,

> „dem Könige, seinem Allergnädigsten Herrn, unterthänig, treu und gehorsam zu sein,"

ist dieses Eides weder als Wähler noch als Gewählter entbunden, und wenn Seine Majestät bestimmt den verfassungsmäßigen Weg vorzeichnet, auf welchem seine Beamten ihn begleiten sollen, so sind alle zum Gehorsam, diejenigen aber, welche des Königs Gnade aus besonderem Vertrauen in Stellen von politischer Bedeutung berufen hat, noch außerdem zu thatkräftiger Unterstützung der Königlichen Staats-Regierung verpflichtet.

Daß Ew. etc. selbst in diesem Sinne wirken werden, setze ich voraus. Lassen Sie bei den Verwaltungsbeamten Ihres Bezirks keinen Zweifel darüber, daß die Königliche Staats-Regierung bei den bevorstehenden Wahlen auch von ihnen eine Haltung erwartet und verlangt, wie sie sich für treue Königliche Beamte geziemt.

Es handelt sich im gegenwärtigen Augenblick um Fragen von zu großer Bedeutung, die hervorgetretenen Gegensätze sind zu scharf und zu weit auseinandergehend, als daß die Regierung auf das Recht, welches sie an ihre

Beamte hat, verzichten, und eine Nachsicht üben dürfte, zu der sie unter andern Umständen geneigt sein könnte. Wollte die Staats-Regierung die Feinde im eigenen Lager gewähren lassen, so würde sie dadurch zum Verräther an der Sache, deren Vertheidigung sie aus voller Ueberzeugung und mit gutem Gewissen übernommen hat.

Berlin, den 24. September 1863.

Der Minister des Innern.
Graf zu Eulenburg.

V.

Vertraulicher Zirkularerlaß des Innenministers Friedrich Albrecht Graf zu Eulenburg an sämtliche Oberpräsidenten (das Einschreiten gegen unzuverlässige Beamte im Kulturkampf betreffend) vom 14. März 1875

(Akten des Staatsministeriums, GStA, Rep. 90, Nr. 2323, Bl. 32; Abschrift):

Berlin, den 14. Maerz 1875.

Ministerium des Innern.

Immer dringender tritt das Bedürfniß der Regierung hervor, namentlich in den dem feindlichen Einflusse des Klerus besonders zugänglichen Theilen des Staates, solche Organe zur Verfügung zu haben, welche bei Bekämpfung geistlicher Übergriffe und Auflehnungen sich nicht auf äußerliche und formale Ausführung ihrer Aufträge und der Gesetze beschränken, sondern aus eigenem Antriebe innerhalb ihres Wirkungskreises mit selbstständigem Eifer die der Regierung durch staatliche Nothwendigkeit gesteckten Ziele auch ihrerseits erstreben. Es hieße die Schwere des Kampfes und die Verantwortlichkeit der Regierung für die Art seiner Führung unterschätzen, wenn vom Staate nicht *jedes* in seiner Macht stehende gesetzliche Mittel angewendet würde, um den Widerstand gegen die Autorität des Gesetzes zu brechen.

Es ist unabweisliche Pflicht der Regierung bei Ernennung und Bestätigung aller Beamten, welche irgendwie zu einer Thätigkeit in kirchenpolitischer Beziehung berufen sind, dafür zu sorgen, daß niemand zugelassen werde, dessen unbedingte Zuverlässigkeit einem Zweifel unterliegt; die im Dienste befindlichen Beamten, welche ihre Aufgabe nicht mit voller Hingebung erfüllen, müssen, soweit das Gesetz es gestattet, ohne Ansehen der Person und ohne Verzug entfernt werden, damit sichere und brauchbarere Männer an ihre Stelle treten können. Insbesondere gilt dies von Landräthen, durch deren Widerwilligkeit oder Schwäche, in ihren Kreisen die Kraft der Regierung gebrochen wird.

Ich bin gewiß, daß Ew —pp— diese Auffassung theilen und von der Nothwendigkeit ihrer Geltendmachung und Durchführung überzeugt sind. Auch die Regierungs-Präsidenten sind, meiner Wahrnehmung nach, von dem Ernste der Lage und von den ihnen daraus erwachsenden Pflichten durchdrungen. Es kommt nur darauf an, daß die ihnen untergebenen Verwaltungsbeamten sie kräftig und aus eigenem Antriebe unterstützen.

Ew: —pp— ersuche ich ganz ergebenst, die Regierungs-Präsidenten in meinem Namen vertraulich aber dringend aufzufordern mir diejenigen Landräthe ihres Bezirkes namhaft zu machen, welche der Königlichen Regierung in den schwebenden inneren Kämpfen keine verläßliche und freiwillig wirksame Unterstützung gewähren.

Der Minister des Innern.
Eulenburg.

An sämmtliche Herren Ober-Präsidenten,
an jeden besonders.

Vertraulich!

VI.

**Allerhöchster Erlaß Wilhelms I.
an das Staatsministerium
(zum Regierungssystem und zur politischen
Treuepflicht der Beamten)
vom 4. Januar 1882**

(Reichs- und Staatsanzeiger Nr. 6 vom
7. Januar 1882):

Das Recht des Königs, die Regierung und die Politik Preußens nach Eigenem Ermessen zu leiten, ist durch die Verfassung eingeschränkt, aber nicht aufgehoben. Die Regierungsakte des Königs bedürfen der Gegenzeichnung eines Ministers und sind, wie dies auch vor Erlaß der Verfassung geschah, von den Ministern des Königs zu vertreten, aber sie bleiben Regierungsakte des Königs, aus Dessen Entschließungen sie hervorgehen, und der Seine Willensmeinung durch sie verfassungsmäßig ausdrückt. Es ist deshalb nicht zulässig und führt zur Verdunkelung der verfassungsmäßigen Königsrechte, wenn deren Ausübung so dargestellt wird, als ob sie von den dafür verantwortlichen jedesmaligen Ministern, und nicht vom Könige Selbst ausginge. Die Verfassung Preußens ist der Ausdruck der monarchischen Tradition dieses Landes, dessen Entwickelung auf den lebendigen Beziehungen seiner Könige zum Volke beruht. Diese Beziehungen lassen sich auf die vom Könige ernannten Minister nicht übertragen, denn sie knüpfen sich an die Person des Königs. Ihre Erhaltung ist eine staatliche Nothwendigkeit für Preußen. Es ist deshalb Mein Wille, daß sowohl in Preußen, wie in gesetzgebenden Körpern des Reichs über Mein und Meiner Nachfolger verfassungsmäßiges Recht zur persönlichen Leitung der Politik Meiner Regierung kein Zweifel gelassen und der Meinung stets widersprochen werde, als ob die in Preußen jederzeit bestandene und durch Artikel 43 der Verfassung ausgesprochene Unverletzlichkeit der Person des Königs oder die Nothwendigkeit verantwortlicher Gegenzeichnung Meinen Regierungsakten die Natur selbstständiger Königlicher Entschließungen benommen hätte. Es ist die Aufgabe Meiner Minister, Meine verfassungsmäßigen Rechte durch Verwahrungen gegen Zweifel und Verdunkelung zu vertreten; das Gleiche erwarte Ich von allen Beamten, welche Mir den Amtseid geleistet haben. Mir liegt es fern, die Freiheit der Wahlen zu beeinträchtigen, aber für diejenigen Beamten, welche mit der Ausführung Meiner Regierungsakte betraut sind und deshalb ihres Dienstes nach dem Disziplinargesetze enthoben werden können, erstreckt sich die durch den Diensteid beschworene Pflicht auf Vertretung der Politik Meiner Regierung auch bei den Wahlen. Die treue Erfüllung dieser Pflicht werde Ich mit Danke erkennen und von allen Beamten erwarten, daß sie sich im Hinblick auf ihren Eid der Treue von jeder Agitation gegen Meine Regierung auch bei den Wahlen fernhalten.

Berlin, den 4. Januar 1882.

W i l h e l m.

An das Staats-Ministerium. von Bismarck.

VII.

Entwurf und endgültige Fassung des Staatsministerialbeschlusses zum Petitionsrecht der Beamten vom 18. April 1896

a) Entwurf für den Staatsministerialbeschluß zum Petitionsrecht der Beamten

(Akten des Staatsministeriums, GStA, Rep. 90, Nr. 2323, Bl. 102; gezeichneter Entwurf):

Es ist in neuerer Zeit mehrfach vorgekommen, daß höhere Staatsbeamte sich an Petitionen, welche die Ablehnung von Regierungsvorlagen seitens der parlamentarischen Körperschaften zum Zwecke hatten, in agitatorischer Weise betheiligten, oder daß dieselben an Versammlungen, in denen solche Petitionen berathen wurden, in einer diese Bestrebungen fördernden Weise theilnahmen.

Die Staatsregierung ist fern davon, den Beamten ihr verfassungsmäßiges Petitionsrecht verkümmern zu wollen, und erkennt an, daß dieselben durch Theilnahme an derartigen Versammlungen oft in der Lage sein werden, auf die Beschlußfassung in mildernder Weise einzuwirken.

Dagegen muß die Königliche Staatsregierung es mit der den Beamten obliegenden Dienstpflicht für durchaus unvereinbar erachten, wenn dieselben sich an Petitionen und Versammlungen gegen Durchführung von Regierungsvorlagen in agitatorischer Weise betheiligen.

Das Kgl. Staatsministerium giebt im Hinblick auf die Allerhöchste Ordre vom 4. Januar 1882 der Erwartung Ausdruck, daß die Staatsbeamten sich künftig von jeder Agitation gegen die Staatsregierung fern halten werden, und ist entschlossen, einer gegen Regierungsvorlagen gerichteten agitatorischen Thätigkeit derselben mit allen ihr zu Gebote stehenden Mitteln entgegenzutreten.

Humbert.

b) Staatsministerialbeschluß zum Petitionsrecht der Beamten vom 18. April 1896

(Akten des Staatsministeriums, GStA, Rep. 90, Nr. 2323, Bl. 101; Urschrift):

Es ist neuerdings die Wahrnehmung gemacht worden, daß Staatsbeamte Petitionen unterzeichnet haben, welche darauf abzielen, die parlamentarischen Körperschaften zu einer ablehnenden Haltung gegenüber Regierungsvorlagen oder zu einer wesentlichen Abänderung derselben zu bestimmen. Auch an öffentlichen Versammlungen, in denen solche Petitionen berathen worden sind, haben Staatsbeamte einen Antheil genommen, welcher erkennen läßt, daß es ihnen nicht um eine Abwehr, sondern vielmehr um eine Förderung der gegen Regierungsvorlagen unternommenen Agitation zu thun war.

Ein solche Verhalten ist unvereinbar mit den Pflichten eines Staatsbeamten, welche ihm gebieten, sich der Theilnahme an Bestrebungen zu enthalten, die darauf gerichtet sind, der Durchführung der Regierungspolitik Schwierigkeiten zu bereiten.

Das Staatsministerium hält es für angezeigt, die Beamten sämmtlicher Ressorts hierauf mit dem Bemerken hinzuweisen, daß die Regierung Willens ist, dieser ihrer Auffassung eintretenden Falles unnachsichtlich Geltung zu verschaffen.

Berlin 18. April 1896.

Königl. Staatsministerium.

Fürst Hohenlohe v. Boetticher Frh. v. Berlepsch Miquel
Thielen Bosse. Bronsart v. Schellendorff Marschall
v. Hammerstein Schönstedt von der Recke

VIII.

Staatsministerialverfügung betreffend die politische Betätigung der Staatsbeamten vom 21. Oktober 1918

(JMBl. 1918, S. 420 f.):

Verfügung des Staatsministeriums, betreffend die politische Betätigung der Staatsbeamten.

Für die außerdienstliche Beteiligung der Staatsbeamten am politischen Leben sind folgende Grundsätze maßgebend:

I.

Die dem preußischen Staatsbürger verfassungsgemäß gewährleisteten staatsbürgerlichen Rechte stehen jedem Staatsbeamten zu. Er genießt demgemäß politische Gesinnungsfreiheit und kann jeder politischen Partei oder Vereinigung beitreten, sofern von ihr nicht Ziele verfolgt werden, die den Bestand des Reichs oder des Staates gefährden.

Die politische Betätigung der Staatsbeamten nach außen hin, insbesondere ihr Eintreten für oder gegen einzelne Parteien durch Wort oder Schrift, ist grundsätzlich frei in den Grenzen, die ihnen durch gesetzliche Bestimmungen und durch das Wesen ihrer amtlichen Stellung gezogen sind. Danach haben Staatsbeamte sich bei ihrer politischen Betätigung nach außen hin, ohne daß ihnen die Geltendmachung objektiv abweichender Meinungen verschränkt wird, eine durch die Natur ihres Amtes gebotene Zurückhaltung aufzuerlegen. Insbesondere darf die Art ihres Eintretens für eine bestimmte politische Richtung oder Anschauung sowie die Art ihrer Stellungnahme gegen eine bestimmte politische Richtung oder Anschauung unter keinen Umständen dahin führen, daß Zweifel an der vollen Unparteilichkeit ihrer Amtsführung entstehen können.

Jeder Beamte muß diese Grenzen, die je nach der Art seines Amtes verschieden zu ziehen sind, unbedingt innehalten und ist für diese Innehaltung disziplinarisch verantwortlich. Die Bestimmung der gebotenen Grenzen im einzelnen Falle ist in der Hauptsache eine Frage des persönlichen Taktes. Die Staatsregierung hat volles Vertrauen, daß der persönliche Takt den Beamten in dieser Hinsicht richtig leiten wird, ohne daß es bestimmter Anweisungen im einzelnen bedarf. Die Pflicht jedes Staatsbeamten, sich in der öffentlichen Betätigung seiner parteipolitischen Stellung Zurückhaltung aufzuerlegen, ist naturgemäß um so weitergehend, in je höherem Maße er mit der Anordnung, Vorbereitung oder Durchführung von Maßnahmen politischer Natur befaßt ist.

Es ist unzulässig, daß ein Staatsbeamter unter unmittelbarer oder mittelbarer Ausnutzung der Befugnisse oder der Dienstgewalt, die ihm sein Amt verleiht, auf dritte Personen, insbesondere nachgeordnete Beamte, einwirkt, um sie zu bestimmen, daß sie sich einer bestimmten politischen Partei oder Vereinigung anschließen oder ihr fernbleiben oder für oder gegen sie eintreten.

Ein Staatsbeamter hat sich einer Betätigung zugunsten oder zuungunsten einzelner politischen Parteien zu enthalten, die durch Vornahme innerhalb der Amtsräume oder durch Zusammenhang mit der Erledigung von Dienstgeschäften oder in anderer Weise den Anschein amtlichen Auftretens zu erwecken geeignet ist.

II.

Eine besondere Stellung nehmen die politischen Beamten im Sinne des § 87 des Disziplinargesetzes vom 21. Juli 1852 ein. Sie dürfen wegen der Eigenart ihrer Stellung, kraft deren sie berufen sind, die Politik der Staatsregierung nach außen hin zu vertreten, sich an der Agitation für eine bestimmte politische Partei oder Vereinigung nach außen nicht beteiligen, weil hierdurch das Mißverständnis erweckt werden kann, daß sich die Ziele der Staatsregierung mit den Zielen jener Partei unter allen Umständen decken.

Von diesen Beamten wird nicht verlangt, daß sie für die Maßnahmen der Staatsregierung agitatorisch eintreten oder sie als mit ihrer persönlichen Überzeugung übereinstimmend darstellen, wenn das nicht der Fall ist. Wohl aber haben sie die Pflicht, gegenüber Verdunkelungen und Entstellungen der Politik der Staatsregierung über Absichten, Ziele und Gründe der Staatsregierung unter Zurückstellung etwaiger abweichender eigener Ansichten auf Grund der ihnen verfügbaren Kenntnis objektive Auskunft und streng sachliche Aufklärung zu geben und sich jeder Förderung von Bestrebungen zu enthalten, die gegen die Politik der Regierung gerichtet sind.

Berlin, den 21. Oktober 1918.

Das Staatsministerium.

Dr. Friedberg. von Breitenbach. Graf von Roedern.
von Waldow. Spahn. Drews. Schmidt. von Eisenhart-Rothe.
Hergt. Max Prinz von Baden. Fischbeck. Scheüch.

Literatur- und Quellenverzeichnis

1. Literatur

(Kursivdruck in Titelangaben bezeichnet beim Zitieren verwendete Kurztitel.)

Allgemeine Deutsche Biographie. Auf Veranlassung Seiner Majestät des Königs von Bayern herausgegeben durch die Historische Commission bei der Königlichen Akademie der Wissenschaften, Leipzig 1875—1912.

Anders, Georg: Zur Problematik der Institution der politischen Beamten, in: DÖV 1964, S. 109 ff.

Anderson, Eugene Newton: The Social and Political Conflict in Prussia, 1858 bis 1864, Neudruck, New York 1968.

Arons, Leo (Hrsg.): Die Actenstücke des Disciplinarverfahrens gegen den Privatdocenten Dr. Arons, Berlin 1900.

Auer, Ignaz: Nach zehn Jahren, Material und Glossen zur Geschichte des Sozialistengesetzes, I. Historisches, II. Die Opfer des Sozialistengesetzes, anonym erschienen, London 1889/1890.

Bartels, Georg: Das Verfahren vor den Verwaltungsgerichten nebst Zuständigkeitstabelle, Berlin 1907.

Bergsträsser, Ludwig: Geschichte der politischen Parteien in Deutschland, 11. Aufl., überarb. und hrsg. von Wilhelm Mommsen, München, Wien 1965 (Deutsches Handbuch der Politik, Bd. 2).

Bernstein, Aaron: Revolutions-und Reaktionsgeschichte Preußens und Deutschlands von den Märztagen bis zur neuesten Zeit, Berlin 1882, 1. Bd.: Die Märztage 1848. — 1849 Kabinets-Intriguen. — Bis nach Olmütz 1850. 2. Bd.: Die Jahre der Reaktion. 3. Bd.: Die neue Aera.

Bismarck, Otto Fürst von: Die gesammelten Werke. Bd. 6 c: Politische Schriften, 1871—1890, bearb. von Werner Frauendienst, 1. Aufl., Berlin 1935 — Bd. 14, 2: Briefe, 1862—1898, hrsg. von Wolfgang Windelband und Werner Frauendienst, 2. Aufl., Berlin 1933 — Bd. 15: Erinnerung und Gedanke, hrsg. von Gerhard Ritter und Rudolf Stadelmann, 1. Aufl., Berlin 1932.

Bluntschli, Johann Caspar: Allgemeines Staatsrecht, 1. Aufl., München 1852, 4. Aufl., 2. Bd., München 1868.

Böttcher, Reinhart: Die politische Treupflicht der Beamten und Soldaten und die Grundrechte der Kommunikation, Berlin 1967 (Schriften zum Öffentlichen Recht, Bd. 46).

Bornhak, Conrad: Preußisches Staatsrecht, 2. Bd., Freiburg i. Br. 1889.

Brand, Arthur: Das *Beamtenrecht,* Die Rechtsverhältnisse der preußischen unmittelbaren und mittelbaren Staatsbeamten, Berlin 1914 (Handbücher des Preußischen Verwaltungsrechts, Bd. 5).

Brand, Arthur: Die Preußischen *Dienststrafordnungen* vom 27. Januar 1932 nebst Ausführungs- und Ergänzungsvorschriften, 2. Aufl., Berlin 1932.

Bußmann, Walter: Das Zeitalter Bismarcks, 4. Aufl., Frankfurt a. M. 1968 (Sonderdruck aus Brandt/Meyer/Just, Handbuch der deutschen Geschichte Bd. 3, 2. Teil).

Conze, Werner: Die Zeit Wilhems II. und die Weimarer Republik, Deutsche Geschichte 1890—1933, Tübingen 1964.

Der Große Brockhaus, 16. Aufl., Wiesbaden 1957.

Dermietzel, Friedrich: Freiheitsrechte und deutsches Beamtenverhältnis unter besonderer Berücksichtigung der politischen Betätigung des Beamten, Diss., Würzburg 1967.

Die innere Politik der Preußischen Regierung von 1862 bis 1866. Sammlung der amtlichen Kundgebungen und halbamtlicher Äußerungen, ohne Angabe des Herausgebers, Berlin 1866.

Dietrich, Richard: Kleine Geschichte Preußens, Berlin 1966.

Dultzig, Eugen von: Das preußische Disziplinargesetz für die nichtrichterlichen Beamten nebst dem Disziplinargesetze für die Privatdozenten, Berlin 1914 (Guttentagsche Sammlung Preußischer Gesetze Nr. 51).

Ernsthausen, A. Ernst von: Erinnerungen eines preußischen Beamten, Bielefeld und Leipzig 1894.

Eschenburg, Theodor: Die improvisierte Demokratie, Ein Beitrag zur Geschichte der Weimarer Republik, in: Theodor Eschenburg, Die improvisierte Demokratie, Gesammelte Aufsätze zur Weimarer Republik, München 1963.

Fees, Karl: Beamten-Selbsthilfeeinrichtungen, Vom Deutschen Beamten-Wirtschaftsbund zum Deutschen Beamtenwirtschaftsring, in: Deutscher Beamtenbund, Ursprung, Weg, Ziel, Zur 50. Wiederkehr des Gründungstages am 4. Dezember 1918, hrsg. von der Bundesleitung des DBB, Bad Godesberg o. J., III. Hauptteil, S. 49 ff.

Ficker, Ludwig: Der Kulturkampf in Münster, bearb. und veröffentlicht von Otto Hellinghaus, Münster i. W. 1928 (Quellen und Forschungen zur Geschichte der Stadt Münster i. W., Bd. 5).

Fischer, Ferdinand: Preußen am Abschlusse der ersten Hälfte des 19. Jahrhunderts, Geschichtliche, culturhistorische, politische und statistische Rückblicke auf das Jahr 1849, Berlin 1876.

Forsthoff, Ernst: Deutsche Verfassungsgeschichte der Neuzeit, 3. Aufl., Stuttgart, Berlin, Köln, Mainz 1967.

Fürst, W.: Beamtenrecht (einschließlich Disziplinar- und Personalvertretungsrecht), Stuttgart 1968.

Gebhardt, Bruno: Handbuch der deutschen Geschichte, hrsg. von Herbert Grundmann. 9. Aufl., Bd. 3: Von der Französischen Revolution bis zum Ersten Weltkrieg, bearb. von Karl Erich Born, Max Braubach, Theodor Schieder und Wilhelm Treue, Stuttgart 1970 — 8. Aufl., Bd. 4: Die Zeit der Weltkriege, von Karl Dietrich Erdmann, Stuttgart 1959.

Giese, Friedrich: Das *Berufsbeamtentum* im deutschen Volksstaat, Berlin 1929.

Giese, Friedrich: Preußische Rechtsgeschichte, Übersicht über die Rechtsentwicklung der Preußischen Monarchie und ihrer Landesteile, Berlin und Leipzig 1920.

Gönner, Nicolaus Thaddäus: Der Staatsdienst aus dem Gesichtspunkt des Rechts und der Nationalökonomie betrachtet, Landshut 1808.

Goldberg, Otto: Die politischen Beamten im deutschen Rechte, insbesondere im Reiche, in Preußen und Sachsen, Dresden 1932.

Grebing, Helga: Geschichte der deutschen Arbeiterbewegung, Ein Überblick, München 1970.

Handbuch über den Königlich Preußischen Hof und Staat, (1851—1865 unter dem Titel: Königlich Preußischer Staatskalender), Berlin 1794 ff.

Hartung, Fritz: Deutsche *Verfassungsgeschichte* vom 15. Jahrhundert bis zur Gegenwart, 8. Aufl., Stuttgart 1966.

— *Studien* zur Geschichte der preußischen Verwaltung, in: Staatsbildende Kräfte der Neuzeit, Gesammelte Aufsätze von Fritz Hartung, Berlin 1961, S. 178 ff.

Heffter, Heinrich: Die deutsche Selbstverwaltung im 19. Jahrhundert, Geschichte der Ideen und Institutionen, 2. Aufl., Stuttgart 1969.

Heidegger, Hermann: Die deutsche Sozialdemokratie und der nationale Staat 1870—1920, Unter besonderer Berücksichtigung der Kriegs- und Revolutionsjahre, Göttingen, Berlin, Frankfurt a. M. 1956.

Held, Joseph von: System des Verfassungsrechts der monarchischen Staaten Deutschlands mit besonderer Rücksicht auf den Constitutionalismus, 2. Bd.: System des geltenden, den deutschen constitutionellen Monarchien gemeinsamen Staatsverfassungsrechts, Würzburg 1857.

Helfritz, Hans: Grundzüge des Beamtenrechts, Berlin, Wien 1929.

Herrfurth, Gustav: Das Beamtenrecht, 4. Aufl., Berlin 1905 (Das gesamte preußische Etats-, Kassen- und Rechnungswesen einschließlich der Rechtsverhältnisse der Staatsbeamten, Bd. 3).

Hess, Adalbert: Das Parlament das Bismarck widerstrebte, Zur Politik und sozialen Zusammensetzung des preußischen Abgeordnetenhauses der Konfliktszeit (1862—1866), Köln und Opladen 1964 (Politische Forschungen, Bd. 6).

Hintze, Otto: Der Beamtenstand, Leipzig 1911.

Horn, Hannelore: Der Kampf um den Bau des Mittellandkanals, Eine politologische Untersuchung über die Rolle eines wirtschaftlichen Interessenverbandes im Preußen Wilhelms II., Köln und Opladen 1964 (Staat und Politik, Bd. 6).

Huber, Ernst Rudolf: Deutsche *Verfassungsgeschichte* seit 1789. Bd. 1: Reform und Restauration 1789 bis 1830, 2. Aufl., Stuttgart, Berlin, Köln, Mainz 1967 — Bd. 2: Der Kampf um Einheit und Freiheit 1830 bis 1850, 2. Aufl., Stuttgart, Berlin, Köln, Mainz 1968 — Bd. 3: Bismarck und das Reich, 2. Aufl., Stuttgart, Berlin, Köln, Mainz 1970 — Bd. 4: Struktur und Krisen des Kaiserreichs, Stuttgart, Berlin, Köln, Mainz 1969.

— (Hrsg.): *Dokumente* zur deutschen Verfassungsgeschichte. Bd. 1: Deutsche Verfassungsdokumente 1803—1850, Stuttgart 1961 — Bd. 2: Deutsche Verfassungsdokumente 1851—1918, Stuttgart 1964.

Hue de Grais, Robert Graf: Handbuch der Verfassung und Verwaltung in Preußen und dem Deutschen Reiche, 12. Aufl., Berlin 1898.

Illing: Handbuch für Preußische Verwaltungsbeamte, Geschäftsmänner und Kreis- oder Gemeindevertreter, 2. Aufl., 1. Bd., Düsseldorf 1870.

Kahl, Wilhelm: Beamter, Volk, Staat, Vortrag gehalten am 10. Februar 1918 auf der erweiterten Tagung des Verbandes Deutscher Beamtenvereine in Berlin, veröffentlicht im Sitzungsbericht dieser Tagung, S. 5 ff.; Exemplar des Sitzungsberichts in den Akten des Preußischen Staatsministeriums, GStA, Rep. 90, Nr. 2324, Bl. 256 ff.

Kaltenborn, Carl von: Einleitung in das constitutionelle Verfassungsrecht, Leipzig 1863.

Kaltheuner, Herbert: Der Freiherr Georg von Vincke und die Liberalen in der preußischen zweiten Kammer 1849—1855, Ein Beitrag zur Geschichte der Reaktionszeit, Diss. Berlin, Münster 1928.

Kampffmeyer, Paul und Bruno *Altmann:* Vor dem Sozialistengesetz, Krisenjahre des Obrigkeitsstaates, Berlin 1928.

Kamptz, Karl Albert von (Hrsg.): Annalen der preußischen innern Staatsverwaltung, Berlin 1817 ff.

Kautz, Georg und Franz *Appelius:* Preußisches Kommunalbeamtenrecht, Darstellung und Erläuterung der gesamten, die Rechtsverhältnisse der Preußischen Kommunalbeamten regelnden gesetzlichen und sonstigen Bestimmungen, 2. Aufl., Berlin 1912.

Keudell, Robert von: Fürst und Fürstin Bismarck, Erinnerungen aus den Jahren 1846 bis 1872, Berlin und Stuttgart 1901.

Knemeyer, Franz-Ludwig: *Regierungs- und Verwaltungsreformen* in Deutschland zu Beginn des 19. Jahrhunderts, Köln und Berlin 1970.

— Politisches Kabinett und Verwaltungskabinett in Deutschland zu Beginn des 19. Jahrhunderts, Ein Beitrag zur Entwicklung der Ministerialkabinette in Deutschland, in: Die Verwaltung, 2. Bd., 1969, S. 411 ff.

Kosch, Wilhelm: Biographisches Staatshandbuch, Lexikon der Politik, Presse und Publizistik, fortgeführt von Eugen Kuri, 2 Bde., Bern und München 1963.

Koselleck, Reinhart: Preußen zwischen Reform und Revolution, Allgemeines Landrecht, Verwaltung und soziale Bewegung von 1791 bis 1848, Stuttgart 1967 (Industrielle Welt, Bd. 7).

Krause, Alfred: 50 Jahre Deutscher Beamtenbund, Zugleich ein Beitrag zur Problematik der Interessenpolitik einer Beamtengewerkschaft, in: Deutscher Beamtenbund, Ursprung, Weg, Ziel, Zur 50. Wiederkehr des Gründungstages am 4. Dezember 1918, hrsg. von der Bundesleitung des DBB, Bad Godesberg o. J., I. Hauptteil, S. 11 ff.

Küchenhoff, Günther und Erich *Küchenhoff:* Allgemeine Staatslehre, 7. Aufl., Stuttgart, Berlin, Köln, Mainz 1971.

Kulemann, W.: Das Koalitionsrecht der Beamten, in: DJZ 1909, Sp. 689 ff.

Laband, Paul: Das Staatsrecht des Deutschen Reiches, 2. Aufl., 1. Bd., Freiburg i. Br. 1888; 5. Aufl., 1. Bd., Tübingen 1911.

Liebscher, Otfried: Das Petitionsrecht im Beamtenverhältnis, Diss., München 1966.

Lotz, Albert: Geschichte des Deutschen Beamtentums, 1. Aufl., Berlin 1909; 2. Aufl., Berlin 1914 (Zitate, soweit nicht anders vermerkt, 2. Aufl.).

Manasse, Rudolf: Die Rückwirkungen der Dienstpflicht des preußischen Beamten auf seine staatsbürgerliche Stellung, Als methodologischer Beitrag zur juristischen Lehre vom Staatszweck, Diss. Heidelberg, Berlin 1917.

Manteuffel, Otto Freiherr von: Unter Friedrich Wilhelm IV., Denkwürdigkeiten des Ministers Otto Freiherrn von Manteuffel, hrsg. von Heinrich von Poschinger, 2. Bd.: 1851—1854, Berlin 1901.

Mascher, H. A.: Der Preußische Civil-Staatsdienst oder systematische Darstellung der Rechte und Pflichten der unmittelbaren und mittelbaren Civil-Beamten in Preußen, Ein Handbuch für die Preußischen Civil-Staatsdiener aller Klassen und alle Die, welche solche werden wollen, 2. Aufl., Leipzig 1863.

Maunz, Theodor, Günter *Dürig* und Roman *Herzog*: Grundgesetz, Kommentar, 3. Aufl., München 1969.

Meisner, Heinrich Otto: Urkunden- und Aktenlehre der Neuzeit, Leipzig 1950.

Meyer, Georg: Lehrbuch des deutschen Staatsrechtes, 2. Aufl., Leipzig 1885.

Neue Deutsche Biographie. Herausgegeben von der Historischen Kommission bei der Bayerischen Akademie der Wissenschaften, Berlin 1953 ff.

Nichols, John Alden: Germany after Bismarck, The Caprivi Era 1890—1894, Cambridge, Massachusetts 1958.

Parey, K.: Handbuch des Preußischen Verwaltungsrechts, 2. Bd.: Das materielle Verwaltungsrecht, Berlin 1887.

Piloty, Robert: Das Recht der Meinungsäußerung insbesondere im Bereich des bayerischen Staatsdienstes, Gutachten, veröffentlicht im Rahmen des Aufsatzes „Streitfragen aus dem Beamtenrechte", AöR, 33. Bd., 1915, S. 1 ff. (Erstveröffentlichung des Gutachtens in den bayerischen Verkehrsblättern, 27. Jahrgang 1911, Nr. 38, 40, 41, 42).

Preuß, Hugo: Burgfriedliche Kriegsgedanken zur Verwaltungsreform (1915), in: Hugo Preuß, Staat, Recht und Freiheit, Aus 40 Jahren Deutscher Politik und Geschichte, Tübingen 1926, S. 102 ff.

— Deutschland und die Preußische Verwaltungsreform (1925), in: Hugo Preuß, Staat, Recht und Freiheit, Aus 40 Jahren Deutscher Politik und Geschichte, Tübingen 1926, S. 129 ff.

Reinecke, J. C.: Die Einkommens- usw. Verhältnisse der preußischen unmittelbaren Staatsbeamten nebst einer Sammlung der erläuterten Gesetze über diese Verhältnisse sowie der Verordnungen über die Tagegelder, Fuhr- und Umzugskosten der Reichsbeamten, Berlin 1876.

Rheinbaben, Paul von: Die preußischen Disziplinargesetze, 1. Aufl., Berlin 1904; 2. Aufl., Berlin 1911 (Zitate, soweit nicht anders vermerkt, 2. Aufl.).

Röhl, John Charles Gerald: Deutschland ohne Bismarck, Die Regierungskrise im zweiten Kaiserreich 1890—1900, Tübingen 1969.

Rönne, Ludwig von: Das Staatsrecht der Preußischen Monarchie, 1. Aufl., 2. Bd.: Das Verwaltungsrecht, Leipzig 1863; 2. Aufl., 2. Bd.: Das Verwaltungsrecht, Leipzig 1864.

Rössler, Hellmuth und Günther *Franz: Biographisches Wörterbuch* zur deutschen Geschichte, unter Mitarbeit von Willy Hoppe, München 1952.

— Sachwörterbuch zur deutschen Geschichte, unter Mitarbeit von Willy Hoppe und anderen Fachgelehrten, München 1958.

Rosenbaum, Louis: Beruf und Herkunft der Abgeordneten zu den deutschen und preußischen Parlamenten 1847 bis 1919, Ein Beitrag zur Geschichte des deutschen Parlaments, Frankfurt a. M. 1923 (Die Paulskirche, Eine Schriftenfolge).

Rothfels, Hans: Theodor von Schön, Friedrich Wilhelm IV. und die Revolution von 1848, Halle (Saale) 1937 (Schriften der Königsberger Gelehrten Gesellschaft, Geisteswissenschaftliche Klasse, 13. Jahr, Heft 2).

Scheuner, Ulrich: Erfahrungen und Probleme des geltenden Beamtenrechts für die politische Stellung des Beamten, in: Scheuner/v. Merkatz, Die politischen Pflichten und Rechte des deutschen Beamten, Öffentlicher Dienst zwischen Parteiung und Staatsräson, Baden-Baden 1962, S. 15 ff.

— Politische Betätigung von Beamten gegen die freiheitliche demokratische Grundordnung, in: Politische Treupflicht im öffentlichen Dienst, Drei Gutachten, hrsg. vom Deutschen Bund für Bürgerrechte, Frankfurt a. M. 1951, S. 65 ff.

Schmid-Burgk, H. Cl.: Der Wartestand nach deutschem Beamtenrecht, Bonn 1913 (Kölner Studien zum Staats- und Wirtschaftsleben, Heft 3).

Schmidt, Eberhard: Rechtsentwicklung in Preußen, 2. Aufl., Berlin 1929.

Schneider, Hans: Der preußische Staatsrat 1817—1918, Ein Beitrag zur Verfassungs- und Rechtsgeschichte Preußens, München und Berlin 1952.

Schön, Theodor von: Woher und Wohin?, nebst einem Nachwort von Georg Fein, Straßburg 1842.

Schoeps, Hans-Joachim: Preußen, Geschichte eines Staates, 8. Aufl., Berlin 1968.

Schücking, Lothar Engelbert: Die *Mißregierung* der Konservativen unter Kaiser Wilhelm II., München 1909.

— Die Reaktion in der inneren Verwaltung Preußens, anonym erschienen mit der Verfasserangabe „Bürgermeister X. Y. in Z.“, Berlin 1908.

Schütz, Erwin: Disziplinarrecht des Bundes und der Länder, dargestellt an der Disziplinarordnung des Landes Nordrhein-Westfalen unter Berücksichtigung der Abweichungen der Disziplinar-(Dienststraf-)ordnungen des Bundes und der anderen Länder, Kommentar, Bielefeld 1964.

Schulze, Hermann: Das preußische Staatsrecht, Auf Grundlage des deutschen Staatsrechts, 2. Aufl., 1. Bd., Leipzig 1888.

Seydel, F.: Gesetz vom 21. Juli 1852 betreffend die Dienstvergehen der nichtrichterlichen Beamten, die Versetzung derselben auf eine andere Stelle oder in den Ruhestand und seine Ergänzungen, 1. Aufl., Berlin 1883; 2. Aufl., Berlin 1894.

Simon, Heinrich: Das preußische Staatsrecht, 1. Bd., Breslau 1844.

Smend, Rudolf: Der Einfluß der deutschen Staats- und Verwaltungsrechtslehre des 19. Jahrhunderts auf das Leben in Verfassung und Verwaltung (1939), in: Staatsrechtliche Abhandlungen und andere Aufsätze von Rudolf Smend, Berlin 1955, S. 326 ff.

Spuler, Bertold: Regenten und Regierungen der Welt (Minister-Ploetz), Teil II: 1492—1953, Bielefeld 1953.

Steinbach, Bernhard: Die politische Freiheit der Beamten unter der konstitutionellen Monarchie in Preußen und im Deutschen Reich, Diss., Bonn 1962.

Stengel, Karl Freiherr von: Das Staatsrecht des Königreichs Preußen, Freiburg i. Br. und Leipzig 1894 (Handbuch des öffentlichen Rechts II. 3.).

Stölzel, Adolf: Brandenburg-Preußens Rechtsverwaltung und Rechtsverfassung, dargestellt im Wirken seiner Landesfürsten und obersten Justizbeamten, 2. Bd., Berlin 1888.

Sturm, Eckart: Die Entwicklung des öffentlichen Dienstes in Deutschland, in: Die Entwicklung des öffentlichen Dienstes, hrsg. von Carl Hermann Ule, Köln, Berlin, München, Bonn 1961, S. 3 ff.

Thilo, G.: Die Preußische Disziplinargesetzgebung für die unmittelbaren und mittelbaren Staatsbeamten, erläutert aus den Materialien, der Rechtslehre, den Entscheidungen des Königlichen Obertribunals und den Ministerialreskripten, Berlin 1864.

Treitschke, Heinrich von: Deutsche Geschichte im 19. Jahrhundert, 5. Teil, Bis zur März-Revolution, Leipzig 1894.

Treue, Wolfgang: Deutsche Parteiprogramme seit 1861, 4. Aufl., Zürich, Berlin, Frankfurt 1968 (Quellensammlung zur Kulturgeschichte, Bd. 3).

Tsatsos, Dimitris Th.: Die parlamentarische Betätigung von öffentlichen Bediensteten, Das Problem ihrer Beschränkbarkeit, Bad Homburg v. d. H., Berlin, Zürich 1970.

Ule, Carl Hermann: Beamtenrecht, Köln, Berlin, Bonn, München 1970 (M. von Brauchitsch, Verwaltungsgesetze des Bundes und der Länder, neu herausgegeben von Carl Hermann Ule, Bd. 10, 1. Halbband).

— Zur Entstehungsgeschichte der Institution der politischen Beamten (Bemerkungen zum Aufsatz Anders in: DÖV 1964, 109 ff.), in: DÖV 1964, S. 293 ff.

Wehnert: Über den Geist der preußischen Staatsorganisation und Staatsdienerschaft, Potsdam 1833.

Wortmann, Karl: Geschichte der Deutschen Vaterlandspartei, Diss. Halle-Wittenberg, Teildruck Halle 1926.

Zachariä, Heinrich Albert: Deutsches Staats- und Bundesrecht, 2. Aufl., 2. Bd.: Das Regierungsrecht der Bundesstaaten und das Bundesrecht, Göttingen 1854; 3. Aufl., 2. Bd.: Das Regierungsrecht der Bundesstaaten und das Bundesrecht, Göttingen 1867.

2. Gesetz- und Amtsblätter, Entscheidungssammlungen, Parlamentsberichte

Bundesgesetzblatt [Bundesrepublik Deutschland].

Bundesgesetzblatt des Norddeutschen Bundes.

Der Erste Vereinigte Landtag in Berlin 1847, Hrsg.: Eduard Bleich, 4 Bde., Berlin 1847.

Deutscher Reichs-Anzeiger und Königlich Preußischer Staatsanzeiger.

Entscheidungen des Königlich Preußischen Oberverwaltungsgerichts.

Gesetz-Sammlung für die Königlichen Preußischen Staaten (ab 1907: Preußische Gesetzsammlung).

Justiz-Ministerialblatt für die Preußische Gesetzgebung und Rechtspflege.

Ministerial-Blatt für die gesamte innere Verwaltung in den Königlich Preußischen Staaten.

Reichsgesetzblatt.

Stenographische Berichte über die Verhandlungen der Preußischen Zweiten Kammer (amtlich: Stenographische Berichte über die Verhandlungen der durch die Allerhöchste Verordnung vom ... einberufenen Kammern; Zweite Kammer).

Stenographische Berichte über die Verhandlungen des Deutschen Reichstages.

Stenographische Berichte über die Verhandlungen des Preußischen Hauses der Abgeordneten (bis 1901 unter dem Titel: Stenographische Berichte über die Verhandlungen der durch die Allerhöchste Verordnung vom ... einberufenen beiden Häuser des Landtages; Haus der Abgeordneten).

Stenographische Berichte über die Verhandlungen des Preußischen Herrenhauses (bis 1898 unter dem Titel: Stenographische Berichte über die Verhandlungen der durch die Allerhöchste Verordnung vom ... einberufenen beiden Häuser des Landtages [bzw. Landtages der Monarchie]; Herrenhaus).

3. Akten*

Akten des Preußischen Staatsministeriums

(GStA, Rep. 90)

Nr.	
111	Die Einwirkung der Regierung auf die Wahlen zum Hause der Abgeordneten und zum Reichstage sowie das Verhalten der Behörden und Beamten bei denselben, Bd. I, 1849—1864
306	Wie vorstehend, Bd. III, 1883—1906
466	Die Regelung der Rechtsverhältnisse der Beamten in den neuerworbenen Landesteilen, Bd. I, 1866—1867
640—642	Die Bestimmungen über das Verfahren bei den gerichtlichen und Disziplinar-Untersuchungen gegen Beamte sowie bei der zwangs-

*) Die Aktennummern entsprechen der Zählweise des GStA.

weisen Versetzung in den Ruhestand, Bd. I—III, 1808—1827, 1828—1836, 1836—1843

643—645 Das Gesetz über das gerichtliche und Disziplinar-Strafverfahren gegen Beamte vom 29. März 1844, Bd. I—III, 1835—1840, 1841—1844, 1844—1848

661, 662 Die Generalberichte über den Geschäftsbetrieb des Disziplinarhofes für die nichtrichterlichen Beamten, Bd. I, 1850—1866; Bd. II, 1867—1879

678 Das Regelbuch der Disziplinarentscheidungen des Staatsministeriums, Bd. I, 1866—1918

814 Die einstweilige Versetzung der Beamten in den Ruhestand unter Gewährung von Wartegeld, Bd. I, 1818—1866

921 Der Präsident und die Mitglieder des Disziplinarhofes für die nichtrichterlichen Beamten, Bd. I, 1849—1870

1044 Die Landräte in der Provinz Westfalen, Bd. I, 1851—1933

2322—2324 Das politische Verhalten der Beamten, insbesondere als Mitglieder des Landtags und des Reichstags, sowie die Annahme von Mandaten für die letzteren, Bd. I—III, 1847—1870, 1871—1899, 1900—1919

2334 Die Vereidigung der Beamten im allgemeinen, Bd. I, 1799—1868

Disziplinaruntersuchungen:

Nr.

60 Die Disziplinaruntersuchung gegen den Privatdozenten Dr. Arons in Berlin

1620 Die Disziplinaruntersuchung wider den Lehrer Langscheid zu Elberfeld

1684 Die Disziplinaruntersuchung gegen den Königlichen Gesandten z. D. Wirklichen Geheimen Rat Grafen zu Limburg-Stirum auf Groß-Peterwitz bei Canth und dessen Dienstentlassung

Akten des Preußischen Justizministeriums

(GStA, Rep. 84 a)

Nr.

2715 Die Beamtenvereine (Spar- und Krankenkassen usw.), Bd. I, 1877—1890

2730 Der Disziplinarhof für nichtrichterliche Beamte, Bd. III, 1863—1867

3068, 3069 Die Dienstvergehen der nichtrichterlichen Beamten, Bd. I, 1849 bis 1851; Bd. II, 1851—1852

3071—3074 Die Dienstvergehen der nichtrichterlichen Beamten, Bd. IV—VII, 1858—1870, 1871—1881, 1881—1892, 1893—1898

3140—3143 Das Verhalten der Beamten in politischer Beziehung (Beteiligung an Verbänden, Vereinen, Zeitschriften), Bd. I—IV, 1820—1855, 1859—1896, 1897—1901, 1902—1909

3144 Die Pflichten der Beamten in bezug auf die Ausübung staatsbürgerlicher Rechte (Meinungsäußerung, Petitionsrecht, Vereinsrecht und anderes), Bd. V (gezählt in Fortsetzung von Nr. 3140 bis 3143), 1909—1913

3148 Die Berichte usw. betreffend das politische Verhalten einzelner Justizbeamter, Bd. I, 1863—1896

3637—3639 Die Reform des preußischen Disziplinarrechts, Bd. I—III, 1902 bis 1910, 1910—1913, 1914

FSC
www.fsc.org
MIX
Papier | Fördert
gute Waldnutzung
FSC® C083411

Kolibri 360 GmbH
Ferdinand-Jühlke-Straße 7
99095 Erfurt, Deutschland
produktsicherheit@kolibri360.de

Druck:
CPI Druckdienstleistungen GmbH
im Auftrag der
Kolibri 360 GmbH
Ferdinand-Jühlke-Str. 7
99095 Erfurt